제1판 | 법무사 | 법원행시 | 법원사무관승진 | 법원직 공무원 시험대비

# 이혁준
# 민사소송법
## 2차
## 핵심 암기장

이혁준 편저

10년간 9회
★ 전체 수석
합격자 배출

# 박문각 법무사

브랜드만족 1위 박문각

# 머리말

## I. 본 교재로의 초대 - 「합격 그 하나만을 위하여」

수험생들이 민사소송법을 보다 쉽고 간결하게 정리할 수 있는 방법이 무엇일까라는 고민과 그 동안 수험생들의 암기장에 대한 요구가 많았으며, 또한 강의의 편의를 위한 필요성을 이유로 본서를 출간하게 되었습니다. 바삐 서두른다고 해도 시간의 여유가 없었던 터라 본서가 출간되기까지 많은 시간이 지체되었습니다. 더 이상 늦어져서는 안 된다는 생각에 그동안 강의 때에 보조자료로 제공된 것을 모아 출간하게 되었는데, 이제야 밀린 숙제를 다 한 기분입니다.

## II. 본 교재의 특징

### 1. 합격을 위한 수험의 동선을 그리며 - 「필요를 찾는 눈으로」

본서는 민사소송법에 대한 이해와 정리에 있어 조금이나마 그 수고로움을 덜어주고자 하는 것을 목적으로 만들어졌으며 또한 철저하게 시험에 필요한 범위 내에서 그리고 가장 핵심적인 내용을 중심으로 다루고 있습니다.

### 2. 수험서로서의 적합성 - 「일격필합(一擊必合)」

이러한 목적에 부합하기 위해, 본서에서는 합격의 지침이 될 수 있는 쟁점과 판례를 중심으로 구성하였습니다. 따라서 본 교재에 담겨져 있는 쟁점을 숙지하는 것만으로도 사실상 시험에 부족함이 없습니다. 그야말로 일격필합의 정신으로 만들어진 교재이기 때문입니다.

### 3. 통합 대비서

본서는 법리의 논리적 흐름과 쓰임새를 알 수 있도록 함과 동시에 쟁점을 좀 더 선명하게 정리할 수 있도록 하여 모든 국가시험을 위한 통합 대비서로서 충분한 기능을 할 수 있도록 구성되었습니다. 이로써 민사소송법의 전체의 흐름 및 제도나 법리의 본질을 꿰뚫어 볼 수 있는 혜안이 길러질 것이라 보이고, 합격하기까지의 기간도 단축시킬 수 있다고 생각합니다.

## III. 글을 마무리 하며

본서가 나오기까지에는 많은 분들의 도움이 있었습니다. 일일이 이름을 들어 감사의 말씀을 드리지는 못하나, 다시 한 번 그 분들에게 고마움을 전하며, 마지막으로 이 책을 항상 격려와 관심 그리고 깊은 애정으로 지켜봐 주는 사랑하는 가족들에게 바칩니다.

아무쪼록 본서가 민사소송법을 공부하는 수험생 여러분들에게 조금이라도 도움이 되었으면 합니다. 앞으로도 계속적으로 다듬고 보충하여 좀 더 좋은 책이 될 수 있도록 노력할 것임을 약속드리며, 수험생 여러분들의 조속한 합격을 기원합니다.

이혁준 올림

## 차례

**CONTENTS** | **PREFACE**

### PART 01 　민사소송법 핵심 암기사항

|  |  |  |
|---|---|---|
| Set 01 | 민사소송 절차 및 쟁점 판단과 번지수에 관한 논증 | 2 |
| Set 02 | 소송물에 관한 일반론 | 2 |
| Set 03 | 비송 | 6 |
| Set 04 | 강행규정의 위반 및 효과 | 6 |
| Set 05 | 신의성실의 원칙(제1조 제2항) | 6 |
| Set 06 | 법관의 제척·기피 | 7 |
| Set 07 | 소의 의의 및 종류 | 9 |
| Set 08 | 소제기 | 11 |
| Set 09 | 소송요건의 조사 | 14 |
| Set 10 | 재판권 | 16 |
| Set 11 | 관할의 종류 – 관할위반 여부 및 간과판결의 효력 | 17 |
| Set 12 | 토지관할 | 19 |
| Set 13 | 합의관할 | 21 |
| Set 14 | 변론관할 | 22 |
| Set 15 | 소송의 이송 | 23 |
| Set 16 | 당사자의 확정 | 24 |
| Set 17 | 성명모용소송 | 25 |
| Set 18 | 사자명의소송 – 제소 전 사망자를 상대로 한 소송 | 26 |
| Set 19 | 당사자능력 | 28 |
| Set 20 | 당사자적격 | 31 |
| Set 21 | 채권자대위소송 | 34 |
| Set 22 | 압류 및 추심명령 | 38 |
| Set 23 | 소송능력 | 41 |
| Set 24 | 소송상 대리인 | 42 |
| Set 25 | 각종의 소에 공통한 소의 이익 – 공통자격 | 46 |
| Set 26 | 중복제소의 금지 | 48 |
| Set 27 | 재소금지 | 51 |
| Set 28 | 부제소특약과 소취하계약 | 54 |
| Set 29 | 이행의 소의 이익 | 56 |
| Set 30 | 확인의 소의 이익 | 59 |
| Set 31 | 처분권주의 | 65 |
| Set 32 | 변론주의 – 사실의 주장책임 | 68 |
| Set 33 | 재판상 자백 | 72 |
| Set 34 | 석명권 | 74 |
| Set 35 | 이의권의 포기와 상실 | 75 |
| Set 36 | 적시제출주의 – 실기한 공격방어방법의 각하 | 76 |
| Set 37 | 부인과 본안의 항변 구별 | 77 |
| Set 38 | 소송상 형성권 행사 | 80 |
| Set 39 | 소송행위의 취소와 철회 – 소송행위의 흠과 치유 | 81 |
| Set 40 | 기일의 해태 | 82 |
| Set 41 | 기간의 해태(부준수)와 추후보완 | 84 |
| Set 42 | 송달 | 86 |
| Set 43 | 증거조사 일반 | 89 |
| Set 44 | 서증 | 94 |
| Set 45 | 자유심증주의 | 99 |
| Set 46 | 증명책임 | 100 |
| Set 47 | 소송절차의 중단 | 103 |
| Set 48 | 소송종료선언 | 109 |
| Set 49 | 소의 취하와 청구의 포기·인낙과 소송상 화해 | 110 |
| Set 50 | 소송상 화해 | 112 |
| Set 51 | 판결 | 118 |
| Set 52 | 기판력 | 121 |
| Set 53 | 기판력의 주관적 범위(작용) | 123 |
| Set 54 | 기판력의 객관적 범위와 작용국면 | 130 |
| Set 55 | 기판력의 시적 범위(작용) | 136 |
| Set 56 | 정기금판결에 대한 변경의 소 | 138 |
| Set 57 | 판결의 편취 | 141 |
| Set 58 | 상소 | 142 |
| Set 59 | 항소심 법원의 판단 | 148 |

## CONTENTS | PREFACE

Set 60 부대항소 ········································· 152
Set 61 재심 ·············································· 153
Set 62 병합소송의 기본적 논증구도 ············ 155
Set 63 단순병합·선택적 병합·예비적 병합 ··· 156
Set 64 소의 변경 ······································ 161
Set 65 중간확인의 소 ································ 164
Set 66 반소 ·············································· 165
Set 67 다수당사자소송 ······························ 169
Set 68 통상공동소송 ································· 171
Set 69 고유필수적 공동소송 ······················ 172
Set 70 유사필수적 공동소송 ······················ 177
Set 71 예비적·선택적 공동소송 ·················· 179
Set 72 주관적·추가적 병합(추가적 공동소송) ·· 181
Set 73 선정당사자 ···································· 181
Set 74 보조참가(제71조~제77조) ··············· 183
Set 75 공동소송적 보조참가(제78조) ·········· 187
Set 76 소송고지 ······································· 189
Set 77 공동소송참가(제83조) ···················· 190
Set 78 독립당사자참가(제79조) ················· 192
Set 79 임의적 당사자변경 ························· 197
Set 80 소송승계 ······································· 199

PART
01

# 민사소송법 핵심 암기사항

# PART 01 민사소송법 핵심 암기사항

## Set 01 민사소송 절차 및 쟁점 판단과 번지수에 관한 논증

① **유형**·**성**질 → **인**정여부 → **적**법성 → **본**안심사 → **판**결 → **항**소(**적**법성/**상**불원/**불**변금/**판**단)
　　　　　　　　　　　↳ **요**건　　↳ 소송**자**료(사실자료와 증거자료)·소송절차 **진**행
② 소송요건심리의 선순위

## Set 02 소송물에 관한 일반론

### 1. 소송물의 개념과 소송물이론

① [**개념**] – 법원의 **심판대상**(소송의 객체)을 소송물(청구)이라고 한다. → ⅰ) **계쟁물 자체는 소송물이 아니고**, ⅱ) **청구취지가 다르면** 특별한 사정이 없는 한 **소송물은 다르다**.
② [**이행의 소와 형성의 소 : 소송물이론**] – **구소송물이론**에 의하면 소송물은 **청구취지와 사실관계 및 실체법상의 근거**로 구성된다고 본다. 따라서 **실체법상 권리마다 소송물이 별개**로 된다. → 실체법상 별개의 청구권인 이상 별개의 소송물에 해당
③ [**확인의 소 : 소송물이론**] – 청구취지만으로 소송물의 동일성이 특정(∵ 청구의 취지에 권리관계 및 사실관계까지 기재하는 것이 통례)
④ [**소송물이론의 상대화 경향**] – ⅰ) 소멸시효의 중단여부 및 범위, ⅱ) 일부청구, ⅲ) 중복제소, ⅳ) 재소금지, ⅴ) 기판력의 문제 등에 있어서 각각 그 제도적 취지와 함께 고려하여 소송물 특정

### 2. 소송물 특정의 필요성

| 절차의 개시 | ① 토지관할·사물관할<br>② 청구의 특정과 그 범위 따위를 결정 |
|---|---|
| 절차의 진행 | ① 처분권주의의 위배 여부<br>② 중복소송<br>③ 청구의 병합<br>④ 청구의 변경 |
| 절차의 종결 | ① 기판력의 범위<br>② 재소금지의 범위 |

| 실체법상의 효과 | ① 소제기에 의한 시효중단<br>② 제척기간준수의 효과 |
|---|---|

## 3. 판례상 문제되는 구체적 유형

(1) 금전채무불이행의 경우 원금채권과 지연손해금채권 및 확정된 지연손해금채권에 대한 지연손해금채권
  ① 금전채무불이행의 경우 원금채권과 지연손해금채권은 **별개의 소송물**에 해당한다.
  ② **확정 지연손해금에 대한 지연손해금채권**은 채권자가 신소로써 확정 지연손해금을 청구함에 따라 비로소 발생하는 채권으로서 전소의 소송물인 **원금채권이나 확정 지연손해금채권과는 별개의 소송물**이므로, 채무자는 확정 지연손해금에 대하여도 이행청구를 받은 다음 날부터 지연손해금을 별도로 지급하여야 한다(∵ 지연손해금채무는 이행지체로 인한 손해배상채무로서 이행기의 정함이 없는 채무에 해당).

(2) 등기청구
  ① [**말소등기청구**] – 소송물은 말소등기청구권으로 동일하고, **등기원인의 무효를 뒷받침하는 개개의 사유**(예 제103조, 제108조, 무권대리, 취소, 해제 등)는 **독립된 공격방어방법**에 **불과**하다.
  ② [**진정등기명의회복을 원인으로 한 소유권이전등기청구**] – 말소등기청구와 ⅰ) **실질적으로 그 목적이 동일**하고, ⅱ) 모두 소유권에 기한 방해배제청구권으로서 그 **법적 근거**와 **성질**이 **동일**하므로, **소송물은 실질상 동일**하다. 따라서 소유권이전등기말소청구소송에서 패소확정판결을 받았다면 그 기판력은 그 후 제기된 진정등기명의회복을 원인으로 한 소유권이전등기청구소송에도 미친다.
  ③ [**소유권이전등기청구**] – **등기원인별**로 **별개의 소송물**로 인정 → 매매를 원인으로 하는 소유권이전등기청구소송과 취득시효 완성을 원인으로 하는 소유권이전등기청구소송은 별개의 소송물

(3) 건물인도와 건물퇴거청구
  건물의 '**인도**'는 건물에 대한 **현실적·사실적 지배를 완전히 이전하는 것**을 의미하고, 민사집행법(제258조)상 인도 청구의 집행은 집행관이 채무자로부터 물건의 점유를 빼앗아 이를 채권자에게 인도하는 방법으로 한다. 한편 건물에서의 '**퇴거**'는 건물에 대한 채무자의 **점유를 해제하는 것을 의미할 뿐**, 더 나아가 채권자에게 **점유를 이전할 것까지 의미하지는 않는다**는 점에서 건물의 '인도'와 구별된다. 그러므로 채권자가 소로써 채무자가 건물에서 퇴거할 것을 구하고 있는데 법원이 채무자의 건물 인도를 명하는 것은 처분권주의에 반하여 허용되지 않는다. → 임대인인 원고가 임차인인 피고를 상대로 건물 3층에서의 퇴거 및 퇴거완료일까지의 차임 상당의 부당이득금 지급을 청구한 사안에서, 원심은 피고에게 이 사건 건물 3층의 인도 및 인도 완료일까지의 차임 상당의 부당이득금의 지급을 명하였는데, 이에 대해 대법원은 위와 같은 법리를 설시하면서, 원고의 청구에는 이 사건 건물 중 3층의 인도 및 인도완료일까지의 부당이득금 지급 청구가 포함되어 있

다고 할 수 없는데도 원심은 이 사건 건물 중 3층의 인도 및 인도완료일까지의 부당이득금 지급을 명하였으므로 처분권주의를 위반한 잘못이 있다고 보아, 원심을 파기·환송한 사안이다.

(4) 생명침해 또는 신체상해로 인한 손해배상청구
① [**손해3분설**] – 생명 또는 신체에 대한 불법행위로 인하여 입게 된 **적극적 손해**와 **소극적 손해** 및 **정신적 손해**는 서로 **소송물**을 **달리**하므로 그 손해배상의무의 존부나 범위에 관하여 항쟁함이 상당한지의 여부는 **각 손해마다** 따로 **판단**하여야 한다.
② [**후유증에 의한 확대손해**] – 전 소송의 소송물과는 **별개의 소송물**

(5) 부당이득반환청구
부당이득반환청구에서 **법률상의 원인 없는 사유**를 계약의 **불성립, 취소, 무효, 해제 등**으로 주장하는 것은 <u>공격방법에 지나지 않으므로, 그중 어느 사유를 주장하여 패소한 경우에 다른 사유를 주장하여 청구하는 것은 기판력에 저촉되어 허용할 수 없다</u>(※ 기판력은 그 소송의 변론종결 전에 주장할 수 있었던 모든 공격방어방법에 미치는 것이므로, 그 당시 당사자가 알 수 있었거나 또는 알고서 이를 주장하지 않았던 사항에 한해서만 기판력이 미친다고 볼 수 없다). → **패소판결이 확정된 전소에서 주장하였던 기망에 의한 의사표시의 취소의 효과로서 구하였던 매매대금반환의 성질은 부당이득반환이라고 할 것이고, 후소에서 계약해제의 효과인 원상회복으로서 구하는 것도 같은 성질의 것이라 할 것**이므로, 전소의 소송물인 부당이득반환청구권의 존부에 관한 공격방법을 후소에 다시 제출하여 전소와 다른 판단을 구하는 것은 **전소의 확정판결의 기판력에 저촉되어 허용될 수 없으며, 이는 전소에서 이행불능사실을 몰랐다고 하더라도 마찬가지이다.**

(6) 불법행위에 기한 손해배상청구와 부당이득반환청구
서로 **실체법상 별개의 청구권**으로 존재하고 **소송법적**으로도 **소송물**을 **달리**한다. → <u>우연히 손해배상청구의 소를 먼저 제기하는 바람에 과실상계 또는 공평의 원칙에 기한 책임제한 등의 법리에 따라 그 승소액이 제한되었다고 하여 그로써 제한된 금액에 대한 부당이득반환청구권의 행사가 허용되지 않는 것 아니다.</u>

(7) 불법행위에 기한 손해배상청구와 채무불이행에 기한 손해배상청구
서로 **실체법상 별개의 청구권**으로 존재하고 **소송법적**으로도 **별개의 소송물**에 해당

(8) 일부청구
일부청구임을 **명시적**으로 밝힌 경우에는 **청구한 부분만**이 **소송물**이 되고, 일부청구임을 **명시하지 아니한 경우**(묵시적 일부청구)에는 **전부**가 **소송물**이 된다.

(9) 채권자대위소송
 1) 법적 성질
  **채권자가 스스로 원고가 되어 채무자의 제3채무자에 대한 권리를 행사**하는 것으로서 법정소송담당

2) 당사자적격과 소송물

① 피**보**전채권, ② 보전의 **필**요성, ③ 채무자의 권리**불**행사는 **당사자적격의 요소**가 되나, ④ 피**대**위권리는 **소송물**에 해당

(10) 채권자취소소송

1) 법적 성질

채권자취소권은 **제3자 소송담당에 해당하지 않으며**, 자신의 실체법상 **고유한 권리를 행사**하는 경우에 해당한다.

2) 소송물의 식별

① 소송물은 민법 제406조에 기한 자신의 고유한 실체법상 권리(채권자취소권)이고, **피보전채권과 사해행위**는 단순한 공격방법에 불과하다. → 피보전채권 또는 사해행위의 변경은 소의 변경 ✗

※ [비교] (사해행위취소소송에서 피보전채권을 변경하는 것이 소의 변경에 해당하는지 여부)
 - 채권자가 사해행위의 취소를 청구하면서 그 보전하고자 하는 채권을 추가하거나 교환하는 것은 그 사해행위취소권을 이유 있게 하는 **공격방법에 관한 주장을 변경**하는 것일 뿐이지 **소송물 또는 청구 자체를 변경하는 것**이 아니므로 **소의 변경이라 할 수 없다**.

② 사해행위**취소의 소**와 **원상회복청구의 소**는 서로 **소송물과 쟁점을 달리**하는 **별개의 소**

③ 다만 **원물반환이나 가액반환을 구하는 것**은 모두 사해행위를 원인으로 하는 것으로 **소송물 동일**

※ [비교] (채권자가 사해행위취소 및 원상회복으로 수익자 명의 등기의 말소를 청구하여 승소판결이 확정된 후에 원물반환의 목적을 달성할 수 없게 된 경우, 다시 제기한 가액배상의 청구 또는 원물반환으로서 채무자 앞으로 직접 소유권이전등기절차를 이행할 것을 청구한 경우의 권리보호의 이익 유무) - 채권자가 일단 사해행위취소 및 원상회복으로서 수익자 명의 등기의 말소를 청구하여 승소판결이 확정되었다면, 어떠한 사유로 수익자 명의 등기를 말소하는 것이 불가능하게 되었다고 하더라도 **다시** 수익자를 상대로 원상회복청구권을 행사하여 **가액배상을 청구하거나** 원물반환으로서 **채무자 앞으로 직접 소유권이전등기절차를 이행할 것을 청구할 수는 없으므로**, 그러한 청구는 **권리보호의 이익이 없어 허용되지 않는다**(∵ 원물반환이나 가액반환을 구하는 것은 모두 사해행위를 원인으로 하는 것으로 소송물이 동일하므로, 전소의 기판력이 후소에 미치기 때문이다).

(11) 이혼소송

민법 제840조 소정의 **각호의 이혼사유**마다 **소송물**이 **별개**이고, 법원은 원고가 주장한 이혼사유에 관하여만 심판하여야 하며 원고가 주장하지 아니한 이혼사유에 관하여는 심판을 할 필요가 없고 그 사유에 의하여 이혼을 명하여서는 안 된다.

## Set 03 비송

### 1. 소송과 비송의 구별
비송사건은 국가에 의한 사인간의 생활관계에의 후견적 개입을 대상으로 하고, 소송사건은 법적 분쟁을 대상으로 한다. → **형식적 형성의 소**(예 공유물분할청구나 경계확정의 소)의 **실질**은 **비송**사건

### 2. 비송사건의 특징
① **처분권주의 적용 ✗**, ② **불이익변경금지의 원칙 적용 ✗**

## Set 04 강행규정의 위반 및 효과

※ 무효 판결 ─ 종류 : ① **재**판권 흠 간과, ② **사**자명의소송, ③ 소송**계**속의 흠 간과,
　　　　　　　　④ 당사자**적**격의 흠 간과
　　　　　└ 구제방법 : ① 확정 전 상소 ✗ (∵대상적격 ✗), ② 확정 후 재심 ✗ (∵대상적격 ✗)

## Set 05 신의성실의 원칙(제1조 제2항)

### 1. 적용범위
① [**주관적 적용범위**] – 원고・피고 외에 모든 소송관계인, 즉 보조참가인, 소송대리인 등에도 미친다.
② [**객관적 적용범위**] – 신의칙의 보충성 : **부제소특약에 위반하여 제기한 소는 권리보호의 이익이 없고**, 또한 **신의칙**에 **반**하여 부적법하다.

### 2. 발현형태
(1) 소송상태의 부당형성
(2) 소송상의 금반언 – 선행행위와 모순되는 거동의 금지
　① [**부제소특약・소취하계약**] – 부제소특약에 반하는 소제기, 소취하계약에 반하여 소송을 계속 유지하는 행위

② [**추완항소**] – 원심에서 피고의 추완항소를 받아들여 심리 결과 본안판단에서 피고의 항소가 이유 없다고 기각하자 추완항소를 신청했던 피고 자신이 이제 상고이유에서 그 부적법을 스스로 주장하는 것은 허용될 수 없다.

### (3) 소권의 실효
① [**항소권**] – **자백간주 형식**에 의하여 **판결**이 **편취**된 경우(허위주소지 송달에 의한 판결의 편취)에는 기간의 정함이 없이 **어느 때나 항소를 제기할 수 있는데**, 항소권과 같은 소송법상의 권리에 대하여도 **실효의 원칙**이 **적용**된다.
② [**소권자체의 실효 여부**] – 원고들이 면직된 후 바로 퇴직금을 청구하여 아무런 이의나 조건의 유보 없이 수령하였으며 면직일로부터 10년이 다 되어 새삼스럽게 면직처분무효확인의 소를 제기함은 신의성실의 원칙에 반하거나 실효의 원칙에 따라 그 권리의 행사가 허용되지 않는다.

### (4) 소권의 남용
소송 외적 목적의 추구를 위한 소송상 권능의 행사는 금지 → 소송지연을 목적으로 기피신청권을 남용(제45조), 원고가 소권(항소권을 포함한다)을 남용하여 청구가 이유 없음이 명백한 소를 반복적으로 제기한 경우에는 법원은 결정으로 500만 원 이하의 과태료에 처한다(제219조의2).

## 3. 위반의 효과
① 신의칙은 소송요건이라는 면에서 그 위반 여부는 당사자의 주장이 없어도 법원이 직권으로 조사하여야 하는 **직권조사사항**
② 신의칙 위반의 제소는 소의 이익이 없어 **소각하 판결**
③ 신의칙 위반을 간과한 판결은 당연무효의 판결이라 할 수 없고 위법·유효한 판결로서 확정 전에는 상소, 확정 후에는 재심이나 추완상소가 가능

---

# Set 06  법관의 제척·기피

## 1. 제척(제41조 각호)
① [**의의**] – 법관이 일정한 법정사유(제척이유)가 있는 경우에 법률상 당연히 직무집행을 할 수 없는 것
② [**제척이유 : 제41조 1호**] – 법관 또는 그 **배우자**나 배우자이었던 사람이 사건의 당사자가 되거나, 사건의 당사자와 **공동권리자·공동의무자** 또는 상환의무자의 관계에 있는 때 → ⅰ) [**배우자**] : 현재와 과거를 포함한 **법률상의 배우자**를 가리키고 사실혼관계나 약혼관계는 포함되지 않는다. / ⅱ) [**당사자와 공동권리자·의무자**] : 소송의 목적이 된 권리관계에 법률상 이해관계

가 있는 경우를 말한다. **예**종중소송에서 재판부의 **구성법관**이 종중의 **구성원**이면 당사자와 공동권리자·의무자의 관계에 있어 제척이유가 된다.

③ [**제척이유 : 제41조 5호**] – 법관이 불복사건의 **이전심급**의 **재판**에 **관여**하였을 때 → ⅰ) [**전심**] : 해당 사건에 관하여 **직접·간접의 하급심**, / ⅱ) [**재판**] : 불복의 대상이 된 종국판결뿐만 아니라 **중간적인** 재판도 포함, / ⅲ) [**관여**] : 재판의 성립에 **실질적으로 관여**하였음을 의미한다. 따라서 **최종변론**, **평결**(판결의 합의), **재판서의 작성에 관여한 것**을 말하고, 단순히 판결의 선고만 관여한 경우나 **최종변론 전의 변론**이나 증거조사 또는 기일지정과 같은 소송지휘상의 재판 등에 관여한 경우는 포함되지 않는다.

※ [**비교**] (**전심관여에 해당하지 않는 예**) – ① **환송·이송되기 전의 원심판결**(단, 이 경우 제436조 제3항에 의해 배제), ② **재심소송에 있어서 재심의 대상이 된 확정판결**, ③ 본안소송에 대한 관계에서 가압류·가처분에 관한 재판, ④ **기피신청사건의 재판**은 이전심급의 재판에 해당되지 않으므로 제척사유에 해당하지 않는다.

④ [**효과**] – ⅰ) 제척의 효과는 그 재판 유무에 관계없이, 당사자나 법관의 지·부지를 불문하고 당연히 발생하기 때문에 제척의 재판은 확인적 성질을 가지며, 제척사유가 있는 법관은 법률상 당연히 해당 사건에 대해 직무집행을 할 수 없다. ⅱ) 간과판결의 확정 전일 때에는 절대적 상고이유(제424조 제1항 제2호), 확정 후에는 재심사유가 된다(제451조 제1항 제2호).

2. **기피**(제43조)

(1) 의의 및 기피이유와 절차

① [**의의**] – 법률상 정해진 제척이유 외에 공정한 **재판을 기대하기 어려운 사정**(**예**약혼·사실혼관계 등)이 있는 경우에 당사자의 **신청**을 기다려 **재판**에 의하여 비로소 법관이 직무집행에서 배제되는 것을 말한다. → 제척제도의 보충성

② [**기피이유 : 공정한 재판을 기대하기 어려운 사정**] – 주관적 의혹(**예**재판장의 소송지휘에 대한 불만 등)만으로는 **기피이유에 해당되지 않고**, **통상인의 판단**으로서 법관과 사건과의 관계로 보아 불공정한 재판을 할 것이라는 **의혹**을 갖는 것이 **합리적이라고 인정될 만한 객관적인 사정이 있는 때**를 말한다.

③ [**기피신청에 대한 재판 : 제45조, 제46조, 제47조**] – ⅰ) [**간이각하**(결정)] – 기피신청이 방식에 어긋나거나 소송지연을 목적으로 하는 것이 분명한 경우에는 신청을 받은 법원 또는 법관이 직접 결정으로 신청을 각하할 수 있다(제45조 제1항). / ⅱ) [**인용 또는 기각결정**] – 제척과 달리 기피의 재판은 **형성적 의미**를 갖는다.

(2) 기피신청의 효과

1) 본안소송절차의 정지

기피신청이 각하된 경우 또는 종국판결을 선고하거나(**예**변론종결 뒤에 비로소 기피신청이 있는 때)

긴급을 요하는 행위를 하는 경우를 제외하고, 기피의 신청이 있으면 기피의 재판이 확정될 때까지 소송절차를 정지하여야 한다(제48조).

2) 절차를 정지하지 않은 경우의 효과 – 하자치유 여부

① [**기피신청 인용결정**] – 기피신청인용결정이 있으면 불공정한 재판의 우려가 있는 경우이므로, 절차정지 중에 내려진 판결은 **위법**하다(상고이유 및 재심사유가 된다. 제424조 제1항 제2호, 제451조 제1항 제2호).

② [**하자의 치유 여부**] – ⅰ) [**기피신청 기각결정**] : 기피신청을 당한 법관이 그 기피신청에 대한 재판이 확정되기 전에 한 판결의 효력은 그 후 그 기피신청이 이유 없는 것으로서 배척되고 그 결정이 확정되는 때에는 **유효**한 것으로 **된다**고 하여 **하자치유**를 **긍정**(∵ 소송경제의 도모, 기피신청인의 절차권을 해하지 않은 경우), / ⅱ) [**기피신청 각하결정**] : 기피신청에 대한 각하결정 전에 이루어진 변론기일의 진행은 민사소송법 **제48조의 규정**을 **위반하여** 쌍방불출석의 효과를 발생시킨 **절차상 흠결**이 있고, 특별한 사정이 없는 이상, 그 후 위 **기피신청을 각하하는 결정이 확정되었다는 사정만으로** 민사소송법 제48조의 규정을 위반하여 쌍방불출석의 효과를 발생시킨 **절차 위반의 흠결**이 **치유된다고 할 수 없다**(∵ 기피신청인의 절차권을 해한 경우).

# Set 07 소의 의의 및 종류

## 1. 소의 의의

원고가 피고를 상대방으로 하여 법원에 대하여 특정 청구의 당부에 관해 심판을 요구하는 신청(소송행위)이다.

## 2. 소의 종류

(1) 청구의 성질, 내용에 의한 분류

① [**이행의 소**] – **변론종결시**를 **기준**으로 이행기가 도래했는지 여부에 따라 현재이행의 소와 장래이행의 소로 나뉜다.

② [**확인의 소**] – ⅰ) 권리 또는 법률관계의 존재 또는 부존재의 확정을 목적으로 하는 적극적 확인의 소와 소극적 확인의 소로 나뉜다. ⅱ) **이행의 소와 확인의 소는 대·소 관계**에 해당하고 **이행의 소가 보다 발본적인 해결방법**이다(확인의 소의 보충성).

③ [**형성의 소**] – 명문의 규정으로 허용되는 경우에만 인정(형성의 소 법정주의)되고, 그러한 특별규정이 없이 제기된 형성의 소는 부적법하다.

> ※ 형식적 형성의 소
>
> ### 1. 공유물분할청구의 소
> (1) 의의 및 성질
>   ① 공유물의 분할방법에 관하여 공유자 간에 협의가 성립되지 아니한 때 판결에 의한 분할을 청구하는 소이다(민법 제269조 제1항).
>   ② 법원이 재량에 의해 구체적인 사정에 따라 합목적적으로 처분이 가능한 **비송**사건의 **실질**을 갖는 **형식적 형성의 소**에 해당한다.
>
> (2) 처분권주의의 적용 여부
>   ① **처분권주의**가 배제되며, **불이익변경금지의 원칙도 적용되지 아니한다.**
>   ② **원고가 현물분할을 청구하는 경우에 법원은 청구취지의 변경 없이도 경매분할을 명하는 판결을 할 수 있다.** 또한 **공유물을 공유자 중의 1인의 단독소유 또는 수인의 공유로 하되** 현물을 소유하게 되는 공유자로 하여금 **다른 공유자에 대하여** 그 지분의 적정하고도 합리적인 **가격을 배상시키는 방법**에 의한 분할도 현물분할의 하나로 **허용**된다.
>
> ### 2. (토지)경계확정의 소
> (1) 인정 여부
>   계쟁지 소유권의 귀속(경계)에 관한 분쟁의 종국적 해결이라는 **현실적 필요성**이 있음을 이유로 허용된다.
>
> (2) 법적 성질
>   ① 토지소유권의 범위나 실체상 권리의 확인을 목적으로 하는 것은 아니므로 **확인의 소의 성질을 부정**, ② 경계확정의 소가 제기되면 법원은 당사자가 **주장하는 경계선에 구속되지 않고** 진실한 **경계를 확정**해야 하므로 **실질상 비송**의 성질 → **형식적 형성의 소**에 해당한다.
>
> (3) 처분권주의의 적용 여부
>   **처분권주의**가 배제되며, **불이익변경금지의 원칙도 배제**된다. → 법원은 당사자의 **주장에 구속되지 않고 합리적인 재량**에 따라 판단할 수 있고, **항소심 법원은** 제1심판결에서 정해진 경계선과 달리 **항소인에게 불이익하게 달리 정할 수 있다.**

(2) 제소의 태양·시기에 의한 분류
  ① 단일의 소 / 병합의 소 → 객관적 병합, 주관적 병합
  ② 독립의 소 / 소송 중의 소 → 소 변경(제262조), 중간확인의 소(제264조), 반소(제269조), 공동소송인의 추가(제68조, 제70조), 공동소송참가(제83조), 독립당사자참가(제79조), 참가승계(제81조), 인수승계(제82조) 등

# Set 08 소제기

## 1. 소장의 제출

① [**소제기의 방식**] − 소를 제기하려는 자는 법원에 소장을 제출하여야 하고, 법원에 제출한 소장이 접수되면 소장이 제출된 때에 소가 제기된 것으로 본다(제248조).

② [**필수적 기재사항**] − 당사자, 법정대리인·대표자, 청구취지와 청구원인(법률효과를 발생시키는 실체법상 구성요건해당사실, 즉 주요사실)을 적어야 한다(제249조).

③ [**계약의 체결사실**] − **주**체 → **일**시(시기) → **상**대방 → **목**적 → **행**위

---

### ※ 소제기의 효과

### 1. 실체법상의 효과 − 시효의 중단(※ 민법 소멸시효 부분 참고)

(1) 중단의 **근거**

(2) 중단의 **사유** - 재판상 청구

① 일부청구와 시효중단

② 응소와 시효중단

(3) 중단의 **효력** 범위

1) **인**적 범위(주관적 범위)

2) **물**적 범위(객관적 범위 − 시효중단의 대상)

(4) **효력발생**(제265조) 및 **소멸**(민법 제170조)

① 채권자대위권에 기한 소송계속 중 피대위채권을 양수하여 양수금청구로 소를 변경한 경우라도 채권자대위소송으로 인한 시효중단의 효력이 소멸하지 않는다(채권자대위소송에 의한 소멸시효 중단의 효과는 양수금청구에도 미친다).

② 인수참가인의 청구에 대한 기각판결이 확정된 후 6개월 내에 탈퇴원고가 다시 탈퇴 전과 같은 재판상의 청구 등을 한 때, 탈퇴 전에 원고가 제기한 재판상의 청구로 인하여 발생한 시효중단의 효력이 그대로 유지되는지 여부(긍정)

③ 채무자가 제3채무자를 상대로 제기한 금전채권의 이행소송이 압류 및 추심명령에 따른 당사자적격의 상실로 각하되었으나 추심채권자가 각하판결이 확정된 날로부터 6개월 내에 제3채무자를 상대로 추심의 소를 제기한 경우, 채무자의 재판상 청구에 따른 시효중단의 효력이 추심채권자의 추심소송에서 그대로 유지되는지 여부(긍정)

> 2. 소송법상의 효과
> ① 소 제기에 의한 소장부본이 피고에게 송달된 때에 소송계속 발생(소장부본 송달시설)
> ② 소송계속에 수반되는 효과로 중복소제기의 금지(제259조)

2. 재판장의 소장심사와 후속 조치

① [**재판장의 소장심사권**] - 필수적 기재사항의 흠과 인지첨부 여부를 심사 → **소송요건을 구비한 것인지 여부** 또는 **청구가 이유 있는지 여부** 등의 실질적 **심사는 할 수 없고, 필수적 기재사항의 기재가 있는지 여부만 심사**한다. ∴ **기재되어 있다면** 비록 그것이 불명확하여 파악하기 어렵다 하더라도 그 **기재의 진실성이나 당부는 심사의 대상이 되지는 않는다.** 따라서 소장에 일응 대표자의 표시가 되어 있는 이상 설령 그 표시에 잘못(예 乙법인의 등기부 등본에는 B가 대표자로 등재되어 있는데, 소장에는 乙법인의 대표로 A라고 기재)이 있다고 하더라도 이를 정정 표시하라는 보정명령을 하고 그에 대한 불응을 이유로 소장을 각하하는 것은 허용되지 아니한다.

② [**보정명령 및 소장각하명령**] - 소장에 흠이 있는 경우 재판장은 원고에게 상당한 기간을 정하여 보정명령 + 원고가 소장의 흠을 보정하지 않을 때에는 재판장은 소장각하명령(제254조 제2항) / 다만, 소장부본이 피고에게 송달된 뒤에는 소각하판결(소장부본송달시설·소송계속시설)

③ [**불복**] - 소장각하명령에 대하여는 즉시항고를 할 수 있다(제254조 제3항). 다만, 재판장의 소장 심사권에 의하여 소장각하명령이 있었을 경우에는 즉시항고를 하고 그 흠결을 보정하였을 경우라도 이를 경정할 수 없으며 즉시항고는 이유 없다. 다시 말해 **판결과 같이 선고가 필요하지 않은 결정이나 명령과 같은 재판은** 그 원본이 **법원사무관등에게 교부되었을 때 성립**한 것으로 보아야 하므로, 이미 **각하명령이 성립한 이상** 그 명령정본이 당사자에게 고지되기 전에 부족한 인지를 보정하였다 하여 위 각하명령이 위법한 것으로 되거나 **그 명령을 취소할 수 있는 것은 아니다.** 즉, 즉시항고는 '각하명령의 성립 전'까지만 가능하다.

3. 소장부본의 송달 - 소송계속의 발생

(1) 의의

소송계속이란 **특정한 청구**에 대하여 법원이 **판결**을 위하여 필요한 행위를 할 수 있는 **상태** → ① 판결절차가 아닌 가압류절차 등에는 소송계속 ✗, ② 소가 소송요건을 갖추지 못하여 **부적법한 소라도 각하되지 않는 한 소송계속 ○**

(2) 발생범위

소송계속은 특정한 청구(소송물)에만 발생한다. 따라서 공격방법인 선결적 법률관계와 방어방법인 항변관계에 대해서는 소송계속이 발생하지 않는다.

### (3) 발생시기

소장부본의 송달에 의해 비로소 **실질적**인 **소송관계**(이당사자대립구조)가 성립되므로, 소송계속의 발생시기는 **소장부본송달시**로 본다.

### (4) 효과

소송계속이 발생하면 ① 전소 소송계속 중 동일한 후소를 제기하는 것이 금지되는 중복소제기금지의 효과(제259조)가 발생하고, ② 소송참가 및 소송고지의 기회가 생기며, 관련청구의 재판적(제25조, 제79조, 제264조, 제269조)이 인정된다.

### (5) 종료

소송계속은 소장의 각하, **소 각하**, **판결의 확정**, **소의 취하·취하간주** 등에 의해 **소멸**된다.

## 4. 피고의 대응태도

### (1) 답변서 제출의무

① 피고가 원고의 청구를 다투는 때에는 소장부본을 송달받은 날부터 30일 이내에 답변서를 제출하여야 한다. 다만, 피고가 **공시송달**의 방법에 따라 소장의 부본을 송달받은 경우에는 **답변서 제출의무가 없다**(제256조 제1항).

② 피고가 답변서를 제출하면 재판장은 원칙적으로 바로 변론기일을 정하여야 한다(제258조 제1항).

### (2) 무변론판결

① 법원은 피고가 제256조 제1항의 **답변서를 제출하지 아니한 때**에는 청구의 원인이 된 사실을 **자백한 것으로 보고 변론 없이 판결할 수 있다**(무변론판결 : 재량 - 제257조 제1항).

② 피고가 청구의 원인이 된 사실을 모두 자백하는 취지의 답변서를 제출하고 따로 항변을 하지 아니한 때에도 마찬가지이다(제257조 제2항).

---

**※ 무변론판결이 불가능하거나 부적합한 사건**

① 피고에게 **공시송달**로 소장부본을 **송달**한 경우(제256조 제1항 단서)
② **판결이 선고되기까지** 피고가 원고의 청구를 **다투는 취지의 답변서를 나중에라도 제출한 경우**(제257조 제1항 단서)
③ **직권으로 조사할 사항**(예 소송요건의 존부 등)이 있는 경우(제257조 제1항 단서)
④ 법원이 **변론기일**을 **지정**한 경우

---

※ [비교] (제1심법원이 피고의 답변서 제출을 간과한 채 민사소송법 제257조 제1항에 따라 무변론판결을 선고한 경우 위법 여부) - ① 판결이 선고되기까지 피고가 원고의 청구를 다투는 취지의 답변서를 제출한 경우에는 무변론판결을 할 수 없다(제257조 제1항). 따라서 제1심법원이 피고의 답변서 제출을 간과한 채 민사소송법 제257조 제1항에 따라 무변론판결을 선고하였다면, 이러한 제1심판결의 절차는 **법률에 어긋난 경우**에 **해당**한다. ② **항소법원은 제1심판결**

의 절차가 법률에 어긋날 때에 제1심판결을 취소하여야 한다(제417조). **다만, 항소법원이 제1심판결을 취소하는 경우 반드시 사건을 제1심법원에 환송하여야 하는 것은 아니므로**, 사건을 환송하지 않고 **직접 다시 판결할 수 있다.**

## Set 09 소송요건의 조사

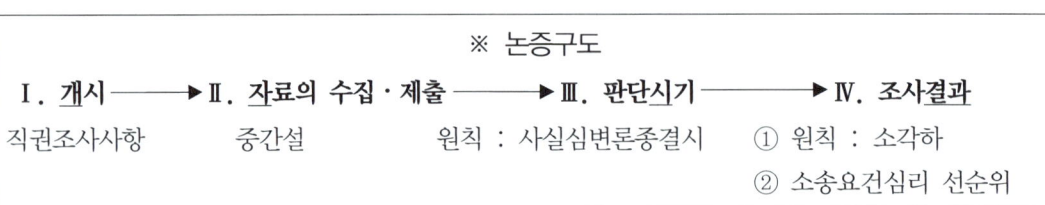

### 1. 조사의 개시 – 직권조사사항과 항변사항

① [**직권조사사항**] – 법원이 소송요건의 구비 여부에 **의심**이 있을 때에 **피고의 지적이 없더라도** 스스로 **직권으로 조사**를 **개시**하여야 하는 사항(예 당사자능력, 당사자적격, 대표권 등) → **피고의 다툼은 단지 법원의 직권발동을 촉구하는 의미에 불과**

※ [**비교**] (**부제소 합의**) – ⅰ) [**직권조사사항**] – 소가 부제소 합의에 위배되어 제기된 경우 법원은 **직권으로** 소의 적법 여부를 **판단할 수 있다**(※ 불항소 합의의 유무는 항소의 적법요건에 관한 것으로서 법원의 직권조사사항이라는 판례 참조). / ⅱ) [**지적의무 : 제136조 제4항**] – **당사자들이** 부제소 합의의 효력이나 그 범위에 관하여 **쟁점으로 삼아 소의 적법 여부를 다투지 아니하**는데도 **법원이** 직권으로 부제소 합의에 위배되었다는 이유로 소가 부적법하다고 판단하기 위해서는 그와 같은 법률적 관점에 대하여 **당사자에게 의견을 진술할 기회를 주어야 하고**, 법원이 **그와 같이 하지 않고** 직권으로 부제소 합의를 인정하여 **소를 각하하는 것은 예상외의 재판**으로 당사자 일방에게 **불의의 타격을 가하는 것**으로서 석명의무를 위반하여 필요한 심리를 제대로 하지 아니하는 것이다.

② [**항변사항**] – 피고의 **지적**을 기다려 비로소 조사를 개시하게 되는 사항(예 임의관할, 소취하계약) → **변론주의 방식**에 따라 판단·항변사항은 **피고가 증명책임**

### 2. 조사 방법 – 자료의 수집·제출 방법 : 직권조사사항

① [**중간설**] – 직권조사사항은 변론주의와 직권탐지주의와는 다른 **제3의 독자적인 방법**에 의함
② [**자백·자백간주의 대상 여부**] – 직권조사사항은 **자백의 대상이 될 수 없으므로**, 당사자의 자백에 **구속되지 않는다**. 또한 **자백간주의 대상도 될 수 없다**.

③ **[주장·증명책임]** – 직권조사사항인 소송요건에 대하여도 그 사실의 존부가 불명한 경우에는 **증명책임의 원칙**이 **적용** → 본안판결을 받는다는 것 자체가 원고에게 유리하다는 점에 비추어 직권조사사항인 소송요건에 대한 **입증책임**은 **원고**에게 있다.

※ **[비교]** (**채권자취소소송의 제척기간 도과**) – **제척기간의 도과**에 관한 **입증책임**은 채권자취소소송의 **상대방**에게 있다.

3. 존부판단의 표준시

① **[원칙]** – 소송요건의 존부를 판단하는 시기는 원칙적으로 **사실심**의 **변론종결시**이다.

※ **[비교]** (**채권자대위소송의 보전의 필요성 판단**) – 채권자대위권의 행사로서 채권자가 채권을 보전하기에 필요한 여부는 **변론종결당시를 표준**으로 판단되어야 할 것이며, 그 채권이 금전채권일 때에는 채무자가 무자력하여 그 일반재산의 감소를 방치할 필요가 있는 경우에 허용되고 이와 같은 요건의 존재사실은 **채권자**가 **주장·입증**하여야 한다.

② **[예외]** – 관할권의 존부는 제소 당시에만 갖추면 된다(제33조). 따라서 그 뒤 관할원인이 소멸하여도 관할이 없어지는 것은 아니다(관할의 항정).

4. 조사의 결과

① **[소각하판결]** – ⅰ) 흠을 보정할 수 있는 경우라면 법원은 일단 **보정명령**을 내리고(제59조), 만약 **보정이 불가능**(예 제소기간의 경과, 소의 이익 흠결)하면 부적법한 소로서 변론 없이 판결로 **소를 각하**한다(제219조). ⅱ) 다만, **관할위반의 경우**에는 **이송**하고(제34조 제1항), **소송계속 중에 당사자능력·소송능력·법정대리권의 소멸**은 소각하사유가 아니고 단지 **소송중단사유**로 되는 것에 그친다.

② **[소송요건심리의 선순위성]** – 채권자대위소송에 있어서 **피보전권리가 인정되지 아니할 경우**에는 **당사자 적격이 없게 되므로** 그 대위소송은 **부적법**하여 **소를 각하**하여야 함에도 불구하고 원심이 이를 간과하고 **본안에 관하여 심리판단한 것**은 **위법**하다.

③ **[기판력 발생]** – 소송판결의 기판력은 그 판결에서 확정한 **당해 소송요건**의 **흠결**에 관하여 미치고, 확정된 각하판결의 기판력이 새로운 청구에는 미치지 아니한다. 즉, 소송요건의 흠결이 보완된 상태에서 다시 소를 제기한 경우에는 기판력의 제한을 받지 않는다.

④ **[간과판결의 효력 및 구제방법]** – ⅰ) 재판권의 흠을 간과한 판결, 제소 전 사망을 간과한 판결, 당사자적격의 흠을 간과한 판결은 무효이다. 판례는 제소 전 사망을 간과한 판결의 경우 상소와 재심의 소는 부적법하다고 하였다. / ⅱ) **성**명모용을 간과한 판결, **대**리권의 흠이나 **소**송능력의 흠을 간과한 판결, **중**복제소임을 간과한 판결의 경우 **당연무효의 판결**은 **아니다**. 따라서 판결이 확정 전에는 상소, 확정 후에는 재심사유에 해당하는 경우에 한하여 재심의 소를 제기할 수 있다.

## Set 10 재판권

1. **대인적 제약**(인적 범위·한계)
    ① [**외국국가에 대한 국내재판권**] - (**상대적 면제주의**) : 외국국가의 <u>주권적 행위</u>에 한하여 <u>면제</u>되는 것이 원칙이고, 외국의 **사법적 행위**에 대하여는 그것이 주권적 활동에 속하는 것이거나 이와 밀접한 관련이 있어서 이에 대한 재판권의 행사가 외국의 주권적 활동에 대한 부당한 간섭이 될 우려가 있다는 등의 특별한 사정이 없는 한 해당 국가를 피고로 하여 우리나라의 법원이 **재판권**을 **행사**할 수 있다.
    ② [**외국국가를 제3채무자로 하는 채권압류 및 추심명령**] - 해당 국가가 사법적 행위로 부담하는 국가의 채무에 대하여 압류 기타 우리나라 법원에 의하여 명하여지는 강제집행의 대상이 될 수 있다는 점에 대하여 **명시적**으로 **동의**하였거나, 강제조치에 대하여 **재판권 면제 주장**을 **포기**한 것으로 볼 수 있는 경우 등에 한하여 우리나라 법원은 해당 국가를 제3채무자로 하는 **채권압류 및 추심명령을 발령할 재판권을 가지고, 추심금 소송에 대하여도 재판권을 행사할 수 있다**
    (∵ <u>제3채무자는 집행당사자가 아님에도 채권압류 및 추심명령이 있으면 집행법원의 강제력 행사의 직접적인 상대방</u>이 되어 이에 <u>복종</u>하게 되고, 더구나 <u>채권압류 및 추심명령</u>이 제3채무자에 대한 집행권원이 아니라 <u>집행채권자의 채무자에 대한 집행권원만으로 일방적으로 발령되는 것</u>인 점을 고려).

2. **대물적 제약**(물적 범위 - 국제재판관할권)
    (1) 국제재판관할권의 결정기준
        ① 국제재판관할권의 결정기준에 대해서 종래 명문의 규정이 존재하지 않아서 견해의 대립(역추지설, 조리설, 수정역추지설)이 있었으나, 현재 **개정 국제사법 제2조**에서 **입법적**으로 **해결** → 당사자 또는 분쟁이 된 **사안이** 대한민국과 **실질적 관련**이 있는 경우 + 국내법의 **관할규정을 참작** + **국제재판관할의 특수성**을 충분히 **고려**(원고·피고의 <u>소송수행의 편의</u>, 예측가능성 등 개인적 이익과 법원의 재판 편의 등 법원 내지 국가적 이익의 고려)
        ② 예 i) 일본국에 주소를 둔 재외동포 甲이 일본국에 주소를 둔 재외동포 乙을 상대로 대여금청구소송에서, 분쟁이 된 사안과 대한민국 사이에 실질적 관련성(가압류집행재산이 국내에 있는 등)이 있으므로 국제재판관할권을 인정, ii) <u>개성공업지구</u> 현지기업 사이의 민사분쟁에 대하여도 대한민국 법원의 재판관할권을 인정한다( → [**보충**] : "이행의 소는 원칙적으로 원고가 이행청구권의 존재를 주장하는 것으로서 권리보호의 이익이 인정되고, 이행판결을 받아도 집행이 사실상 불가능하거나 현저히 곤란하다는 사정만으로 그 이익이 부정되는 것은 아니다. 따라서 원고가 개성공업지구에 위치한 이 사건 건물에 관한 인도청구의 소에서 승소하더라도 그 강제집행이 곤란하다는 사정으로 소의 이익을 부정할 것은 아니다).

    (2) 국제재판관할의 합의 - 전속적 합의의 유효성
        ① 당해 사건이 대한민국 법원의 전속관할에 속하지 아니하고 + ② 지정된 외국법원이 그 외국법상 당해 사건에 대하여 관할권을 가져야 하는 외에 + ③ 당해 사건이 그 외국법원에 대하여 **합리적**

인 **관련성**을 가질 것이 요구되고 + ④ 그와 같은 전속적인 관할 합의가 현저하게 불합리하고 불공정하여 공서양속에 반하는 법률행위에 해당하지 않는 한 그 관할 합의는 유효하다.

(3) 변론관할과 국제재판관할권

당사자 또는 분쟁이 된 사안과 대한민국 사이에 실질적 관련성이 없는 경우라도 **변론관할에 의하여** 대한민국 법원에 **국제재판관할권**이 발생함을 **인정**한다.

### 3. 재판권에 흠이 있는 경우의 효과

① [**직권조사사항**] - 직권조사사항으로서 재판권에 흠이 있으면 그 소는 판결로 부적법 각하된다.
② [**흠결시 법원의 조치**] - ⅰ) 흠결이 명백한 경우에는 소장각하명령, ⅱ) 흠결이 명백하지 않은 경우에는 소장부본을 송달하고 변론의 결과 재판권의 부존재가 판명되면 판결로써 소를 각하한다.
③ [**간과판결의 효력**] - 흠을 간과하고 본안판결을 한 경우 재판권이 미치지 않는 자에 대하여 선고된 것이므로, 확정되어도 기판력·집행력 등의 판결의 효력이 미칠 수 없다는 의미에서 **무효**이다.

## Set 11 관할의 종류 - 관할위반 여부 및 간과판결의 효력

※ 논증구도

Ⅰ. 관할**위반** 여부 ──────▶ Ⅱ. 발견시 조치 ──────▶ Ⅲ. **간과**판결의 **효력** 및 구제방법

관할의 종류 ┬ 법정관할      이송
            └ 거동관할

### 1. 법정관할

(1) 직분관할

| 구분 | 1심 | | 2심 | | 3심 |
|---|---|---|---|---|---|
| 단독사건 | 소액사건 : 소가 **3,000만 원 이하** | | 2억 원 이하 | 지법합의부 | 대법원 |
| | 중액사건 : 소가 3,000만 원 초과 ~ 2억 원 이하 | | | | |
| | 고액사건 : 소가 2억 원 초과 ~ **5억 원 이하** | | 2억 원 초과 | 고등법원 | |
| 합의부사건 | **5억 원 초과** | | | | |

### (2) 사물관할

#### 1) 의의 및 소가(소송목적의 값)
① [**의의**] – 제1심 소송사건을 그 경중을 기준으로 하여 지방법원합의부와 단독판사의 어느 쪽에 재판권을 분담시킬 것인가를 정해 놓은 것을 말한다.
② [**소가**] – 원고가 **전부 승소**할 경우에 직접 받게 될 경제적 이익을 객관적으로 평가·산정하여 금전으로 산정한 금액

#### 2) 소가산정의 시기
① [**원칙**] – **소 제기시를 기준**으로 하여 산정(민사소송 등 인지규칙 제7조)
② [**예외**] – 다만, 단독사건의 계속 중 **청구취지 확장**에 의하여 그 소송목적의 값이 5억 원을 초과하게 되는 경우에는 **변론관할이 생기지 않는 한 관할위반**에 **해당**하여 합의부로 이송하여야 한다(제34조 제1항).

#### 3) 청구병합과 소가의 산정(제27조)
① [**합산의 원칙**] – 여러 청구의 값을 모두 합하여 소송목적의 값을 정한다(제27조 제1항). 이 경우 여러 개의 청구는 **경제적 이익**이 **독립**한 별개의 것(예 단순병합)이어야 한다.
② [**예외**] – ⅰ) (**중복청구의 흡수**) : 경제적 이익이 동일하거나 중복되는 경우에는 합산하지 않으며 흡수의 법리에 의하여 그 중 **가장 많은 가액**인 청구가액을 소송목적의 값으로 한다 (예 청구의 선택적·예비적 병합 등). / ⅱ) (**수단청구의 불산입**) : 수단인 청구의 가액은 소송목적의 값에 산입하지 않는다(예 건물철거청구와 함께 대지인도를 청구하는 경우에는 대지인도청구만이 소송목적의 값의 대상이 된다). 다만 수단인 청구의 가액이 다액인 때에는 그 다액을 소가로 한다. / ⅲ) (**부대청구의 불산입**) : 지연배상·위약금 또는 비용의 청구가 소송의 부대목적이 되는 경우에는 그 값은 소송목적의 값에 넣지 아니한다(제27조 제2항). 따라서 **주된 청구인 대여금청구의 원금에 부대청구인 지연손해금은 합산하지 아니한다.**

### (3) 토지관할
별도로 검토한다.

## 2. 거동관할
합의관할과 변론관할이 이에 속한다. 별도로 검토한다.

## 3. 관할위반을 간과한 판결의 효력
① 전속관할의 위반을 간과하고 본안판결을 한 경우에는 상소로써 이를 다툴 수 있지만(제411조, 제424조), ② 임의관할의 위반을 간과한 경우라면 변론관할이 발생하므로 그 하자가 치유되어 불복할 수 없다.

# Set 12  토지관할

## 1. 의의 및 재판적
① [**개념**] – 동종의 직분관할에 속하는 사건들을 **소재지**를 달리하는 동종의 법원 중 어떠한 법원에 재판권을 분담시킬 것인가를 정한 것이다. 이 토지관할을 정하는 기준이 되는 관련지점(장소)을 재판적이라고 한다.
② [**관할의 경합 및 선택의 자유**] – 재판적이 존재하는 법원에 토지관할이 인정되는데, 보통재판적에 의하여 생기는 토지관할과 특별재판적에 의하여 생기는 토지관할이 **경합**되는 경우에는 원고는 그 중 아무데나 **임의**로 **선택**하여 제소할 수 있다.

## 2. 보통재판적
소는 **피고**의 보통재판적이 있는 곳의 법원이 관할하는데(제2조), 피고가 **사람**이면 그 자의 **주소**(제3조), 법인 등 단체이면 주된 사무소 또는 영업소가 있는 곳(제5조)에 의하여 정하여 진다.

## 3. **특별재판적** – 독립재판적(제7조 ~ 제24조)
### (1) 의무이행지
#### 1) 특정물 인도 이외의 채무
① 재산권에 관한 소를 제기하는 경우에는 의무이행지의 법원에 제기할 수 있다(제8조 후단). 계약상의 의무를 전제로 한 청구로서 채무불이행에 기한 손해배상청구, 계약해제로 인한 원상회복청구는 의무이행지 법원에 소를 제기할 수 있다.
② 특정물의 인도 이외의 채무, 즉 **금전지급채무**는 **지참채무의 원칙**상 채권자의 주소지에서 이행하는 것이 원칙이다(민법 제467조). 따라서 이러한 채무의 이행을 구하는 소에 있어서는 **채권자인 원고의 주소지**가 이행의무지가 된다.

#### 2) 부동산 등기의무의 이행지
① 부동산 등기의무의 이행지는 등기소 소재지이고(제21조), 등기청구권자의 주소지가 그 의무이행지로 되는 것이 아니다.
② **사해행위취소에 따른 원상회복으로서** 소유권이전등기 **말소등기의무의 의무이행지**는 취소의 대상인 법률행위의 의무이행지가 아니라, '**취소로 인하여 형성되는 법률관계**에 있어서의 **의무이행지**'이다(※ 가액반환청구의 경우에는 지참채무의 원칙상 원고의 주소지가 의무이행지가 된다).

### (2) 부동산 소재지
① 부동산에 관한 소를 제기하는 경우에는 부동산이 있는 곳의 법원에 제기할 수 있다(제20조).
② 소유권에 기한 인도청구뿐만 아니라 매매계약에 기한 부동산 인도청구와 같이 채권에 기한 소로써 부동산 자체의 인도를 구하는 청구도 여기에 포함된다.

(3) 근무지 또는 불법행위지

① 사무소 또는 영업소에 계속하여 근무하는 사람에 대하여 소를 제기하는 경우에는 그 사무소 또는 영업소가 있는 곳을 관할하는 법원에 제기할 수 있다(제7조).
② 불법행위에 관한 소를 제기하는 경우에는 행위지의 법원에 제기할 수 있다(제18조).

4. 관련재판적

(1) 의의 및 요건

관련재판적은 원고가 하나의 소로 여러 개의 청구를 하는 경우에 그 여러 개 가운데 하나의 청구에 대하여 수소법원에 관할이 있으면 본래 그 법원에 법정관할권이 없는 나머지 청구도 그 법원에 관할이 생기는 것을 말한다(제25조). → [**요건**] : ① 한 개의 소로써 **여러 개**의 **청구**를 하는 경우일 것 + ② 수소법원이 여러 개의 청구 중 적어도 **한 청구**에 관하여 **관할권**을 가질 것 + ③ 다른 법원의 **전속관할**에 속하는 청구가 **아닐 것**(제31조)

(2) 관련재판적과 공동소송

① 종래 견해대립이 있었고, 판례는 관련재판적은 객관적 병합의 경우에 적용되고 주관적 병합에는 적용되지 않는다는 소극설의 입장이었다.
② 개정 민사소송법 **제25조 제2항**은 **제65조 전문**의 공동소송(실질적 관련성 - 권리나 의무가 여러 사람에게 공통되거나 사실상 또는 법률상 같은 원인으로 말미암아 그 여러 사람이 공동소송인으로서 당사자가 되는 경우)의 경우에만 관련재판적의 적용을 **인정**한다.

(3) 효과

① [**관할권의 창설 및 관할의 항정**] - 병합된 청구 중 하나의 청구에 대하여 관할권이 인정되면 원래 관할권이 없던 다른 청구에 대해서도 관할권이 인정되므로 피고는 관할위반의 항변을 할 수 없다. 또한 관할권이 창설된 이상 관할의 근거가 된 청구가 취하되거나 각하되어도 다른 청구에 관하여 인정된 관할권에는 영향이 없다.
② [**한계**] - 민사소송의 일방 당사자가 다른 청구에 관하여 관할만을 발생시킬 목적으로 본래 제소할 의사 없는 청구를 병합한 것이 명백한 경우에는 **관할선택권**의 **남용**으로서 신의칙에 위배되어 허용될 수 없으므로, 그와 같은 경우에는 관련재판적에 관한 민사소송법 제25조의 규정을 적용할 수 없다.

# Set 13 합의관할

## 1. 의의 및 취지

합의관할이라 함은 법정관할과 다른 관할을 정하는 당사자 사이의 소송상의 합의에 의하여 생기는 관할을 말한다(제29조). 이로 인해 당사자의 편의를 도모할 수 있다.

## 2. 요건

① **제1심 법원의 임의관할**(전속관할 ✗) + **합의의 대상인 소송의 특정**(일정한 법률관계로 말미암은 소) + **관할법원의 특정** + 합의는 **서면의 방식**으로 하여야 한다.

② **원고가 지정하는 법원을 관할법원으로 하기로 하는 합의**는 원고가 선택하는 어느 법원에나 관할권을 인정하는 합의로써 피고의 권리를 부당하게 침해하고 공평의 원칙에 어긋나 **무효**이다.

## 3. 합의의 모습 - 부가적 합의와 전속적 합의

① [문제점] - 당사자의 의사가 분명한 경우에는 그 의사에 따라 판단하면 족하나, **불분명**한 경우에는 부가적 합의인지 전속적 합의인지 여부가 문제된다.

② [구별기준] - 당사자들이 '**법정관할법원 중' 어느 하나의 법원**을 관할법원으로 하기로 약정한 경우에 그와 같은 약정은 **전속적 합의**라고 해석되지만, 그렇지 않은 경우에는 부가적 합의로 본다.

## 4. 효과

### (1) 관할의 변동

① 합의에 의하여 직접 그 내용대로 **관할의 변경**이 생긴다. 따라서 i) 부가적 합의라면 그 법원에도 관할권이 생기고, ii) 전속적 합의라면 다른 법정관할은 배제된다.

② **전속적 합의관할**의 경우에도 그 **성질상 임의관할**이므로 원고가 합의를 무시한 채 다른 법정관할법원에 소를 제기하여도 피고가 이의 없이 본안변론을 하면 **변론관할**(제30조)이 생긴다.

### (2) 효력의 주관적 범위

#### 1) 원칙

관할의 합의는 **당사자** 사이와 **상속인과 같은 일반**(포괄)**승계인에게 효력이 미치고**, 제3자에게는 **효력이 미치지 않는다**(예 채권자와 보증인 간의 합의는 주채무자에게는 미치지 않는다).

#### 2) 특정승계인에게 관할합의의 효력이 미치는지 여부

① 관할의 합의를 **실체법**적으로 보면 **권리행사의 조건**으로서 소송물을 이루는 권리관계가 **채권**과 같은 것이면 그 권리관계의 내용을 당사자가 **자유롭게 정**할 수 있는 경우로서 합의의 효력은

그 채권의 **특정승계인에게 미치지만**(∵ 계약자유의 원칙, 민법 제451조), ② 부동산에 관한 **물권의 특정승계인에게는 미치지 않는다**(∵ 민법 제185조의 물권법정주의와 공시의 원칙).

※ [비교] (물권의 특정승계인) – 부동산 양수인이 **근저당권 부담부의 소유권을 취득한 특정승계인**에 불과하다면(근저당권 부담부의 부동산의 취득자가 그 근저당권의 채무자 또는 근저당권설정자의 지위를 당연히 승계한다고 볼 수는 없다), 근저당권설정자와 근저당권자 사이에 이루어진 **관할합의의 효력**은 부동산 양수인에게 **미치지 않는다**.

## Set 14  변론관할

### 1. 의의

원고가 관할권 없는 법원에 소를 제기하였는데, 피고가 제1심 법원에서 관할위반이라고 항변하지 아니하고 본안에 대하여 변론하거나 변론준비기일에서 진술함으로써 생기는 관할을 변론관할이라고 한다(제30조).

### 2. 요건

① 소가 **관할권 없는 제1심 법원**에 제기되었을 것 + 피고가 **관할위반의 항변 없이** + **본안**에 관하여 **변론**하거나 변론준비기일에서 진술하였을 것

② '본안'에 관하여 변론이라 함은, 피고 측에서 원고의 **청구가 이유 있느냐의 여부에 관한 사실상·법률상의 진술**을 하는 것을 말한다. 따라서 실체사항이 아닌 소송에 관한 절차사항인 기피신청, 기일변경신청, 소각하 판결의 신청(예 소송요건에 관한 진술) 등은 본안에 관한 진술이 아니다.

③ 변론관할이 생기려면 피고의 본안에 관한 변론이나 변론준비기일에서의 **진술**은 **출석**하여 **현실적**인 것이어야 하므로, 피고의 불출석에 의하여 답변서 등이 법률상 **진술간주**(제148조 제1항)되는 경우는 이에 **포함되지 아니한다**.

### 3. 효과

① [**관할의 창설**] – 본래 관할권이 없었던 법원에 관할권이 발생하므로 관할위반의 문제는 없다. 따라서 이후 피고의 관할위반의 항변은 허용되지 않는다.

② [**효력의 범위**] – 변론관할은 당해 사건에 한하여 발생하므로, 소의 취하 또는 각하 후에 다시 소를 제기하는 경우에는 그 효력이 미치지 않는다.

# Set 15    소송의 이송

## 1. 관할위반에 의한 이송 – 직권이송(제34조 제1항)

(1) 이송의 원인

① 법원은 소송의 전부 또는 일부에 대하여 관할권이 없다고 인정하는 경우에는 결정으로 이를 관할법원에 이송한다.

② 관할위반은 전속관할위반에 한정되지 않으며, 사물관할위반, 토지관할위반의 경우에도 이송결정에 의하여 사건이 관할법원에 이송된다. 다만, 임의관할을 위반한 경우에는 변론관할이 생길 여지가 있으므로, 피고가 관할위반의 항변을 하면 그 때에 사건을 관할법원에 이송하여야 한다.

③ 심급관할위반의 소제기, 가사소송사건임에도 불구하고 일반 민사법원에 소를 제기한 경우, 행정소송사건을 일반민사법원에 제소한 경우에도 특별한 사정이 없는 한 이송하여야 한다.

(2) 이송신청권 인정 여부 및 불복 가부

① 수소법원에 관할권이 있고 없음은 원래 법원의 **직권조사사항**으로서 법원은 직권으로 이송결정을 하는 것이고, 소송 당사자에게 **이송신청권**이 **있는 것**이 **아니므로** 당사자가 이송신청을 한 경우에도 이는 단지 법원의 **직권발동을 촉구하는 의미밖에 없는 것**이고, 따라서 법원은 **이송신청에 대하여는 재판을 할 필요**가 **없다**.

② 법원이 당사자의 신청에 따른 직권발동으로 **이송(인용)결정**을 한 경우에 **상대방**의 즉시항고는 **허용**되지만(제39조), 당사자에게 이송신청권이 인정되지 않는 이상 **이송신청**에 대한 **기각결정**에 대하여 '**신청자**'의 즉시항고는 물론 특별항고도 **허용될 수 없고**, **항고심에서 당초의 이송결정이 위법하다는 이유로 취소되었다 하더라도** 이에 대한 신청인의 **재항고도 허용되지 않는다**.

## 2. 심판편의에 의한 재량이송

(1) 현저한 손해(사익적 규정) 또는 지연(공익적 규정)을 피하기 위한 이송(제35조)

법원은 소송에 대하여 관할권이 있는 경우라도 현저한 손해 또는 지연을 피하기 위하여 필요하면 직권 또는 당사자의 신청에 따른 결정으로 소송의 전부 또는 일부를 다른 관할법원에 이송할 수 있다(제35조 본문). 다만, **전속관할**이 정하여진 소의 경우에는 **인정되지 않는다**(제35조 단서). 따라서 **임의관할의 경우**(※ 전속적 합의관할의 경우 포함 ○)에만 **인정**된다.

(2) 지법단독판사로부터 지법합의부로의 이송(제34조 제2항)

## 3. 이송의 효과

(1) 구속력(제38조)

'**이송결정이 확정**'되면 소송을 이송받은 법원은 그 재판에 따라야 하므로, 이송받은 법원은 사건을 심리·판단하여야 하며, 다시 이송한 법원에 재이송(=반송)하거나 다른 법원에 전송할 수 없다.

### (2) 전속관할에 위반한 이송결정의 구속력 인정 여부

① 전속관할에 위반한 이송의 경우에도 이송결정의 구속력을 긍정하지만, ② **심급관할 위반의 이송의 경우**에는 ⅰ) 당사자의 **심급의 이익을 보호**하기 위해 심급관할을 위배한 이송결정의 기속력은 이송받은 **상급심법원에는 미치지 않는다**고 보아야 하고, ⅱ) 이송의 반복에 의한 **소송지연의 불합리한 결과를 방지**하기 위해 심급관할을 위배한 이송결정의 기속력은 이송받은 **하급심법원에는 미친다**고 보아야 한다(상급심 불구속설).


## Set 16  당사자의 확정

※ 논증구도

Ⅰ. 당사자확정의 기준 ──────▶ Ⅱ. 발견시 조치 ──────▶ Ⅲ. 간과판결의 효력 및 구제방법

판례 ┬ 기본 : 표시설        ① 법원의 조치 / 당사자 조치        당연무효의 판결 여부
     └ 사자명의소송         ② 보정방법 - 표시정정

### 1. 당사자확정의 기준

판례는 ① 원칙적으로 소장에 나타난 **당사자의 표시**를 비롯하여 청구원인 그 밖의 **일체의 기재사항** 등 **소장의 전체를 기준**으로 **합리적으로 해석**하여 당사자를 결정할 것이라는 (실질적) 표시설의 입장이다. 다만 ② 소제기 이전에 피고가 사망한 사실을 알지 못하고 사망자를 피고로 하여 소를 제기한 경우 <u>실질적인 피고</u>(사실상 피고)는 **사망자의 상속인**이고 다만 그 **표시를 잘못한 것에 불과**하다고 하였다. 나아가 피고의 **사망사실을 안 경우**에도 **마찬가지**로 보았다.

### 2. 발견시 조치 - 보정방법

(1) 당사자표시정정과 임의적 당사자변경의 구별기준

① 확정된 자와 당사자 자격(당사자능력, 당사자적격, 소송능력)이 있는 자로 바꾸려는 자 사이에 **동일성이 인정되면 당사자표시정정**의 방식으로, ② 그렇지 않고 **동일성이 인정되지 않는 경우**로서 새로운 사람을 끌어들이는 결과가 된다면 **임의적 당사자변경**에 의한다. 즉, 당사자의 <u>동일성 유무</u>를 그 <u>기준</u>의 한계로 삼고 있다.

(2) 당사자표시정정

1) 허용 예

① 당사자의 이름에 **오기 내지 누락**이 **명백**한 경우, ② **당사자능력이나 당사자적격이 없는 자**를 당사자로 **잘못 표시**하였음이 **명백**한 경우(예 점포주인 대신 점포 자체를 당사자로 표시, 대한민국 대

신 관계행정청을 당사자로 표시, 학교법인 대신 학교를 당사자로 표시한 경우 학교는 영조물에 불과 – 국립학교 : 국가 또는 지방자치단체가, 사립학교 : 학교법인이 당사자능력 O) 당사자표시정정이 허용된다. ③ 이처럼 당사자표시정정이 필요한 경우 법원이 이를 위한 **조치를 취하지 아니하고** 소를 **각하**하는 것은 **위법**하다.

2) 효과
① 시효중단·기간준수의 효력 등은 **최초의 소 제기시**에 **발생**한 것으로 된다.
② 변경 전후 당사자의 동일성이 인정됨을 전제로 진정한 당사자를 확정하는 표시정정의 대상으로서의 성질을 지니는 이상 비록 소송에서 피고의 표시를 바꾸면서 **피고경정의 방법**을 취하였다 해도 **피고표시정정으로서의 법적 성질 및 효과**는 그대로 유지된다. 따라서 **시효중단의 효과**는 **최초의 소 제기시**에 **발생**한다.

(3) 임의적 당사자변경

1) 허용 여부
명문에 규정이 있는 경우(**예** 필수적 공동소송인의 추가(제68조), 예비적·선택적 공동소송(제70조), 피고의 경정(제260조))를 제외하고, 판례는 **그 경위가 어떻든 간에 형식 여하를 불문하고** 일체의 당사자변경을 **불허**하며 부적법한 제소라고 봄으로써 소를 각하한다.

2) 효과
시효중단·기간준수의 효과는 제265조에 의해 피고의 **경정신청시**부터 **발생**한다.

# Set 17 성명모용소송

## 1. 당사자 확정

(실질적) 표시설 → 확정된 당사자는 피모용자

## 2. 소송계속 중 성명모용이 발견된 경우 조치

(1) 원고 측 모용소송
① 모용자는 실질적으로 **무권대리인**과 마찬가지 → **소**는 소송요건에 흠이 있으므로 **부적법 각하**
② 다만, **피모용자**가 모용자의 소송행위(유동적 무효)를 **추인**할 수 있다.

(2) 피고 측 모용소송
① 모용자는 실질적으로 **무권대리인**과 마찬가지 → 법원은 **모용자의 소송관여**를 배제하고, **피모용자에게 기일통지·출석요구**하여 소송수행케 한다.

② **피모용자**는 모용자의 소송행위(유동적 무효)를 **추인**할 수는 있다.

### 3. 간과판결의 효력과 구제수단

① [**간과판결의 효력**] - 간과판결은 **위법하나 당연무효의 판결**은 **아니고**, **판결의 효력**은 당사자로 확정된 **피모용자**(확정된 당사자)**에게 미친다**.

② [**피모용자의 구제수단**] - **무권대리인**이 대리권을 행사한 경우에 **준하여** 판결이 **확정 전**이면 **상소**를(제424조 제1항 제4호), 판결이 **확정된 후**라면 **재심의 소**에 의하여(제451조 제1항 제3호) 판결을 취소할 수 있다.

## Set 18 사자명의소송 - 제소 전 사망자를 상대로 한 소송

### 1. 당사자 확정

**실질적**인 **피고**(사실상 피고)는 사망자의 **상속인**이고, **다만 그 표시를 잘못한 것**에 **불과**하다.

### 2. 소송계속 중 당사자가 사망한 사실이 발견된 경우 조치

(1) 법원의 조치

① 당사자의 실재는 소송요건의 하나(당사자능력)이므로, 일방 당사자가 사망하였는지 여부는 법원의 **직권조사사항**이다.

② 법원은 실질적인 소송관계가 이루어질 수 있도록 **올바른 당사자능력자**로 표시를 **정정**할 수 있도록 보정명령을 하고, **보정하지 않으면 소를 부적법 각하**하여야 한다.

(2) 보정방법 - 상속인을 소송에 끌어들이는 방법

① 사망자의 **상속인이 처음부터 실질적인 피고**이고 다만 그 **표시를 잘못한 것으로 인정**된다면, 사망자의 상속인으로 피고의 **표시를 정정**할 수 있다. → 상속인은 **실제 상속인 ○ ∴ 제1순위 상속인이라도 상속을 포기한 경우**에는 이에 해당하지 아니하며, **후순위 상속인이 실제 상속인**으로서 **실질적인 피고**가 되므로 당사자표시정정에 의하여 소송을 진행하여야 한다.

② **피고경정신청**을 한 경우라도 **표시정정으로서의 법적 성질 및 효과**는 **잃지 않는다**. 따라서 소 제기에 따른 시효중단의 **효력**은 그대로 **유지**된다(소 제기시 시효중단 ○).

※ [비교] (사망사실은 알았으나 상속을 포기한 사실을 알지 못하고 1순위 상속인을 상대로 소를 제기한 경우) - 채권자가 채무자의 사망 이후 그 1순위 상속인의 상속포기 사실을 알지 못하고 1순위 상속인을 상대로 소를 제기한 경우에도 채권자가 의도한 실질적 피고의 **동일성**에 관한 전제요건이 충족되는 한 **마찬가지로 적용**되므로, 피고의 **표시를 정정할 수 있다**.

※ **[비교] (상소심에서 표시정정의 가부)** - ① **(항소심)** : 사망자를 피고로 하여 제소한 제1심에서 원고가 상속인으로 당사자표시정정을 함에 있어서 일부상속인을 누락시킨 탓으로 그 누락된 상속인이 피고로 되지 않은 채 제1심 판결이 선고된 경우에 원고는 **항소심에서 그 누락된 상속인을 다시 피고로 정정추가할 수 없다.** / ② **(상고심)** : 민사소송에서 소송당사자의 존재나 당사자능력은 소송요건에 해당하고, 이미 사망한 자를 상대로 한 소의 제기는 소송요건을 갖추지 않은 것으로서 부적법하며, 상고심에 이르러서는 당사자**표시정정의 방법으로 그 흠결을 보정할 수 없다.**

## 3. 간과한 판결의 효력 및 구제수단

### (1) 소송법상 효과

#### 1) 사망자에 대한 효력과 구제수단

① 당사자가 소제기 이전에 이미 사망한 사실을 간과한 채 본안판단에 나아간 원심판결은 **대립당사자 구조**를 요구하는 민사소송법의 **기본원칙에 반**하는 것으로서 **당연무효**의 판결이다.

② 무효인 판결에 대한 **상소나 재심의 소는 부적법**하다. 즉, 사망한 자를 상대로 한 상소나 사망자 명의의 항소는 부적법하고(∵ 상소의 대상적격 ✗), 간과판결은 당연무효로서 확정력이 없으므로 재심의 소도 부적법하다(∵ 재심의 대상적격 ✗).

③ 또한 **실질적 소송관계가 이루어지지 않은 이상** 상속인들의 **소송수계신청도 허용될 수 없다.**

#### 2) 상속인에 대한 효력 여부

이미 사망한 자를 피고로 하여 제기된 소는 부적법하여 이를 간과한 채 본안 판단에 나아간 판결은 당연무효로서 그 효력은 **상속인에게 미치지 않는다.**

### (2) 실체법상 시효중단의 효력

이미 사망한 자를 피고로 하여 제기된 소는 부적법하여 이를 간과한 채 본안 판단에 나아간 판결은 당연무효로서 그 효력이 상속인에게 미치지 않고, 채권자의 이러한 제소는 권리자의 의무자에 대한 권리행사에 해당하지 않으므로, 상속인을 피고로 하는 당사자표시정정이 이루어진 경우와 같은 특별한 사정이 없는 한, 거기에는 **애초부터 시효중단 효력이 없어 민법 제170조 제2항이 적용되지 않는다**고 봄이 타당하고, 법원이 이를 간과하여 본안에 나아가 판결을 내린 경우에도 마찬가지라고 보아야 한다.

---

※ 소제기 후 소장부본이 송달되기 전에 피고가 사망한 경우

## 1. 소제기 후 소장부본 송달 전 사망시 법적 취급

**사망자를 피고로 하는 소제기**는 원고와 피고의 **대립당사자 구조를 요구**하는 민사소송법상의 기본원칙이 무시된 부적법한 것으로서 **실질적 소송관계가 이루어질 수 없고, 제소 전 사망자를 상대로 한 소송에 관한 법리**는 소제기 후 소장부본이 송달되기 전에 피고가 사망한 경우에도 **마찬가지로 적용**된다

2. 당사자 확정

3. 간과판결의 효력 및 항소·수계신청의 적법 여부
   ① **대립당사자 구조**를 **요구**하는 민사소송법상의 **기본원칙**이 무시된 부적법한 것으로서 **실질적 소송관계가 이루어질 수 없으므로**, 그와 같은 상태에서 제1심 판결이 선고되었다 할지라도 판결은 **당연무효**이다.
   ② 판결에 대한 사망자인 피고의 상속인들에 의한 **항소**나 **소송수계신청**은 **부적법**하다.

## Set 19 당사자능력

1. 의의

    당사자능력이라 함은 소송의 주체가 될 수 있는 일반적 능력(자격)을 말한다.

2. 실질적 당사자능력자 – 제51조 : 민법상 권리능력자
   ① [**자연인**] – 태아인 경우 개별적 보호주의 → 권리능력 취득의 시기 : 정지조건설
   ② [**법인**] – **학교**는 **교육을 위한 시설**(영조물)에 불과하므로 **당사자능력** ✗

3. 형식적 당사자능력자 – 제52조 : 대표자나 관리인이 있는 비법인 사단·재단
   (1) 비법인 사단의 소송수행방안
   1) 단체의 법적 성질 – 비법인 사단과 조합의 구별기준

       조합과 비법인 사단은 **명칭**을 기준으로 구별하는 것이 **아니라 단체성의 강약**을 **기준**으로 판단 → ① 의사결정기관 및 집행기관인 대표자를 두는 등의 **조직을 갖추고 있고**, ② 기관의 의결이나 업무집행방법이 **다수결의 원칙**에 의하여 행해지며, ③ 구성원의 가입, 탈퇴 등으로 인한 변경에 관계없이 **단체** 그 자체가 **존속**되고, ④ **주요사항**에 대해 정관에 **정함**이 있는 경우에는 비법인 사단으로서의 실체를 가진다.

       ※ [비교] ① (**종중**) – 종중은 **자연발생적 집단**으로서 **특별한 조직행위를 필요로 하는 것이 아니며**, 반드시 특정한 명칭의 사용 및 서면화된 종중규약이 있어야 하거나 종중의 대표자가 계속하여 선임되어 있는 등 조직을 갖추어야 하는 것도 아니다. / ② (**종중 유사단체**) – 반드시 총회를 열어 성문화된 규약을 만들고 정식의 조직체계를 갖추어야만 비로소 단체로 성립하는 것이 아니라, **실질적으로 공동의 목적**을 달성하기 위하여 **공동의 재산**을 형성하고 일을 주도하는 사람을 중심으로 **계속적으로 사회적**인 **활동**(독자적 활동)을 하여 온 경우에는 이미

그 무렵부터 단체로서의 실체가 존재한다고 하여야 한다. / ③ (**종중 또는 종중 유사단체의 권리능력 존부 판단**) – 비법인 사단으로서의 실체를 갖추고 당사자로서의 능력이 있는지 여부는 **직권조사사항**으로서 **사실심 변론종결시를 기준**으로 하여 그 존부를 판단하여야 한다.

- ※ [**비교**] (**사단법인의 하부조직**) – **사단법인의 하부조직**의 하나라 하더라도 **스스로 단체로서의 실체를 갖추고 독자적인 활동**을 하고 있다면 사단법인과는 **별개의 독립된 비법인 사단**으로 볼 수 있다. 비법인 사단의 하부기관이 당사자능력을 가지는지에 관한 사항은 **직권조사사항**이다.

- ※ [**참고**] (**당사자능력의 유무 판단**) – 어떤 단체가 **비법인 사단으로서 당사자능력을 가지는가** 하는 것은 소송요건에 관한 것으로서 사실심의 변론종결일을 기준으로 판단하여야 한다. 원래 당사자능력의 문제는 **법원의 직권조사사항**에 속하는 것이므로 그 당사자능력 판단의 전제가 되는 사실에 관하여는 법원이 당사자의 주장에 구속될 필요 없이 직권으로 조사하여야 하고, 따라서 비법인 사단이 원고로 된 경우, 그 성립의 기초가 되는 사실에 관하여 당사자가 다양한 주장을 하는 경우, **구체적인 주장사실에 구속될 필요 없이 직권으로 단체의 실체를 파악하여 당사자능력의 존부를 판단하여야 한다.**

2) 비법인 사단의 당사자능력 인정 여부
   ① **제52조**는 법인 아닌 사단이나 재단으로서 대표자 또는 관리인이 있으면 그 이름으로 당사자가 될 수 있도록 하였다. 이를 **형식적 당사자능력자**라고 한다. 따라서 비법인 사단은 당사자능력이 인정되므로 원고가 될 수 있다.
   ② **비법인 사단**이 이러한 **사원총회 결의 없이 그 명의로 제기한 소송**은 소송요건이 **흠결**된 것으로서 **부적법하다**.
   ③ 대표자나 관리인은 법정대리인에 준하여 취급된다(제64조).

3) 비법인 사단의 구성원 전원이 소송을 수행하는 방법
   ① [**총유관계소송과 고유필수적 공동소송 해당 여부**] – 비법인 사단의 재산 소유형태는 **총유**에 해당하고(민법 제275조), **민법 제276조**에 의해 총유물의 **관리처분권**이 구성원 **전원에게 귀속**되므로 **고유필수적 공동소송**에 해당한다(실체법상 관리처분권설). 따라서 **구성원 전원이 당사자가 되어야 당사자적격을 구비한 적법한 소**가 된다.
   ② [**보존행위에 기한 소의 경우 고유필수적 공동소송 해당 여부**] – 총유재산에 관한 소송은 i) 법인 아닌 사단이 그 **단체명의로 사원총회의 결의**를 거쳐 하거나 또는 ii) 그 **구성원 전원**이 당사자가 되어 **필수적 공동소송**의 형태로 할 수 있을 뿐, iii) 그 사단의 **구성원 개인**은 설령 그가 사단의 대표자라거나 사원총회의 결의를 거쳤다 하더라도 그 소송의 **당사자가 될 수 없고**, 이러한 법리는 총유재산의 **보존행위로서 소를 제기하는 경우**에도 **마찬가지**이다.

4) 구성원이 소송을 수행하는 방법 – 임의적 소송담당 허용 여부
   ① **제53조**는 공동의 이해관계를 가진 여러 사람이 **제52조에 해당되지 않는 경우**에 **선정당사자를 활용**할 수 있도록 규정하고 있으며, ② 비법인 사단 명의로 소송수행이 가능하다는 점을 고

려하여 **명문의 규정이 없는 소송담당**도 **부정**함이 일반적이다. 따라서 비법인 사단의 구성원은 원고가 될 수 없다.

(2) 조합의 소송수행방안

1) 조합의 당사자능력 인정 여부

**제52조 적용×** → '원호대상자 광주목공조합'은 민법상 **조합의 실체**를 가지고 있으므로 **당사자능력**이 **없다**.

2) 조합의 구성원 전원이 소송을 수행하는 방법

① [**합유관계소송과 고유필수적 공동소송 해당 여부**] – 조합의 재산 소유형태는 **합유**에 해당하고(민법 제271조), **민법 제272조**에 의해서 **합유물의 처분·변경**에 관한 소송수행권은 조합원 **전원에게 귀속**되어 조합원들의 공동소송은 원칙적으로 **고유필수적 공동소송**이 된다(실체법상 관리처분권설). 따라서 **구성원 전원이 당사자가 되어야 당사자적격을 구비한 적법한 소**가 된다.

② [**보존행위에 기한 소와 조합원의 개별책임을 구하는 소송의 경우 고유필수적 공동소송 해당 여부**] – ⅰ) **보존행위**(민법 제272조 단서)에 관한 소송(예 합유물에 관하여 경료된 소유권이전등기의 말소를 구하는 경우)은 조합원 **각자**가 할 수 있고, ⅱ) **조합원의 개별책임**은 분할채무관계(민법 제712조)에 있으므로, **통상공동소송**이 된다. 따라서 이 경우에는 조합원 **각자**가 소송을 수행할 수 있다.

3) 업무집행조합원이 당사자가 되어 소송을 수행하는 방법 – 임의적 소송담당 허용 여부

① [**명문규정이 있는 선정당사자제도의 활용**] – **제53조** → 조합원 전원이 업무집행조합원을 선정당사자로 선정하여 소송을 수행케 할 수 있다. 다만, 선정은 개별적으로 해야 하고, 상대방 측에서 강제할 수 없어 소송수행의 불편은 잔존한다.

② [**명문규정이 없는 임의적 소송담당의 허부**] – **변호사대리의 원칙과 소송신탁의 금지**를 잠탈할 염려가 없고 + 이를 인정할 **합리적인 필요**가 있으면 **허용** → <u>업무집행조합원은 조합원으로부터 임의적 소송신탁을 받아 자기 이름으로 소송을 수행할 수 있다</u>.

4) 업무집행조합원이 소송대리인으로서 소송을 수행하는 방법

① [**법률상 소송대리인의 활용**] – **민법 제709조**의 업무집행조합원의 대리권 범위는 소송행위의 대리권을 포함한 업무에 관한 포괄적 대리권일 수밖에 없으므로, 업무집행조합원을 법률상의 소송대리인으로 인정(다수설)

② [**소송위임에 의한 소송대리인의 활용**] – 단독사건의 경우 가능. 단, 중액사건은 법원의 허가 要

4. 당사자능력의 조사와 그 흠결의 효과

① [**소송요건 및 소송행위의 유효요건**] – ⅰ) 당사자능력의 존재는 **소송요건**으로서 **직권조사사항**이다. 따라서 법원은 당사자능력의 흠을 인정한 때에는 판결로서 소를 각하하여야 한다. 또한 당사자능력은 **소송행위의 유효요건**이다. 따라서 당사자능력이 없는 사람의 또는 이에 대한 소

송행위는 무효이다. 다만, 당사자능력의 흠결시 무효는 **유동적 무효**이므로 후에 당사자능력을 취득한 당사자의 **추인**에 의하여 유효로 될 수 있다. ⅱ) 당사자능력의 유무는 **사실심 변론종결 시를 기준으로** 판단한다.

② [**소송계속 중 당사자능력의 상실**] - 소송계속 중에 당사자가 사망 또는 합병 등에 의하여 당사자능력을 상실한 경우 소송절차의 중단 문제(제233조, 제234조, 제238조)

③ [**간과판결의 효력과 구제방법**] - 당사자가 비실재인이거나 사망자인 경우 외에는 위법하지만 당연무효의 판결은 아니고, 확정 전이면 상소로 취소할 수 있으나 확정 후에는 재심으로 다툴 이익이 없다(비재심설 - 다수설).

# Set 20　당사자적격

## 1. 의의

당사자적격은 특정한 청구에 대하여 정당한 당사자로서 소송을 수행하고 본안판결을 받기에 적합한 자격을 말한다. → 소송수행권 · **실체법상 관리처분권**

## 2. 일반적인 경우 - 자신의 권리로 직접 행사

### (1) 이행의 소

#### 1) 판단기준

자기의 **실체법상 이행청구권**을 **주장**하는 사람이 **원고적격자**이고, 그로부터 **의무자로 주장되고 있는** 사람이 **피고적격자**이다. 즉, **주장 자체만으로 판단**한다(※ 형식적 당사자개념 - 권리 · 의무의 유무는 본안적격의 문제).

#### 2) 주의 판례

① [**소유권이전등기의 말소등기청구**] - 등기의무자, 즉 등기부상의 형식상 그 등기에 의하여 권리를 상실하거나 기타 불이익을 받을 자가 **아닌 자를 상대**로 한 등기의 말소절차이행을 구하는 소는 **당사자적격이 없는 자를 상대로 한 부적법한 소**이다.

※ [비교] (진정한 등기명의의 회복을 위한 소유권이전등기청구) - '**현재**'의 등기명의인을 상대로 하여야 하고 현재의 등기명의인이 아닌 자는 피고적격이 없다.

② [**회복등기청구**] - **회복등기의무자**가 피고적격 → 회복등기의무자는 **말소될 당시의 소유자**

③ [**(근)저당권설정등기인 주등기와 부기등기**] - (근)저당권 설정원인이 무효, 부존재 또는 피담보채무가 변제로 소멸된 경우 → ⅰ) (**피고적격**) : 근저당권 양도(가등기 이전 포함)의 부기등기는 **기존의** 근저당권설정등기(가등기 포함)에 의한 **권리의 승계**를 등기부상 명시하는 것뿐으로, 그 등기에 의하여 **새로운 권리가 생기는 것**이 아닌 만큼 **양수인만** 피고적격○(양도인

피고적격 ✗), / ⅱ) (**청구적격**) : 부기등기는 주등기와 일체를 이루는 것이고 주등기와 별개의 새로운 등기는 아니며 주등기가 말소되는 경우에는 직권으로 말소되어야 할 성질의 것이므로, **주등기가 대상적격** ○(부기등기는 대상적격 ✗)

※ [비교] (근저당권의 이전원인만이 무효로 되거나 취소 또는 해제된 경우) – 양수인을 상대로 '**부기등기**'의 말소를 구해야 한다.

### (2) 확인의 소

확인의 이익을 가지는 사람이 원고적격자이고, 원고의 이익과 반대의 이해관계를 가지는 사람이 피고적격자이다(확인의 이익 문제로 흡수).

### (3) 형성의 소

보통 실체법에서 원고적격자나 피고적격자를 정해 놓고 있다(형성의 소의 법정주의).

### (4) 특수한 경우

1) 단체의 내부분쟁 – 주주총회결의 취소와 결의무효확인·결의부존재확인의 소

① [**피고적격**] – 주주총회결의 취소와 결의무효확인·결의부존재확인 **판결**은 **대세적 효력**이 있으므로 그와 같은 소송의 피고가 될 수 있는 자는 그 **성질상 회사로 한정**된다(단체피고설 : 이사 개인은 피고적격 ✗).

② [**지적의무**] – **제136조 제4항**의 법률상 사항에 해당 ∴ 예상외 재판 또는 불의의 타격을 방지하기 위해 의견진술의 기회를 주어야 한다.

③ [**유사필수적 공동소송 해당**] – 주주총회결의의 부존재 또는 무효 확인을 구하는 소의 경우, 상법 제380조에 의해 준용되는 상법 제190조 본문에 따라 **청구를 인용하는 판결**은 **제3자에 대하여도 효력이 있으므로**(주 - 편면적 대세효), **여러 사람이 공동으로 제기한 경우** 공동소송인 사이에 **소송법상 합일확정**의 **필요성**이 **인정**되고, 상법상 회사관계소송에 관한 전속관할이나 병합심리 규정(상법 제186조, 제188조)도 당사자 간 합일확정을 전제로 하는 점 및 당사자의 의사와 소송경제 등을 함께 고려하면, 이는 **민사소송법 제67조가 적용되는 필수적 공동소송에 해당한다**(주 - 유사필수적 공동소송).

2) 고유필수적 공동소송

**전원**이 당사자가 되어야 하며, **일부라도 누락**하면 **당사자적격의 흠**으로 **부적법한 소**가 된다.

## 3. 제3자 소송담당 – 타인의 권리를 대신 행사

### (1) 법정소송담당

1) 병행형

① [**유형**] – **채권자대위소송**을 하는 채권자(민법 제404조 - ※ 별도로 검토한다), **회사대표소송**의 주주(상법 제403조), 채권질의 질권자(민법 제353조), 공유자 전원을 위해 보존행위를 하는 공유자(민법 제265조)

② **[권리주체의 참가형태]** - ⅰ) **회사대표소송 계속 중 회사**의 **공동소송참가 허용**, ⅱ) **채권자대위소송이 계속 중 다른 채권자**가 동일한 채무자를 대위하여 채권자대위권을 행사하면서 **공동소송참가신청 인정**(∵ 제83조 - 당사자적격이 있는 자로서 합일적 확정이 필요한 경우에 해당 ○, 중복제소금지에 해당 ✗)

2) 갈음형

① **[유형]** - **채권추심명령을 받은 압류채권자**(민집법 제238조, 제249조 - ※ 별도로 검토한다), 유언에 관한 소송에서 유언집행자(민법 제1101조), 파산재단에 관한 소송을 하는 파산관재인(채무자 회생 및 파산에 관한 법률 제359조)

② **[권리주체의 참가형태]** - **공동소송적 보조참가**(∵ 제78조 - 당사자적격이 없는 자로서 판결의 효력이 미치는 자)

(2) 임의적 소송담당 - 인정 여부

1) 명문의 규정이 있는 경우

허용됨은 의문이 없고, 그 예로는 ① **선정당사자**(제53조), ② 한국자산관리공사(금융회사부실자산 등의 효율적 처리 및 한국자산관리공사의 설립에 관한 법률 제26조) 등이 있다.

2) 명문의 규정이 없는 경우

① **원칙적**으로 **불허**

② 다만, **변호사대리원칙과 소송신탁금지**를 잠탈할 **우려**가 **없고** + 이를 인정할 **합리적 필요**가 있다면 허용 → ⅰ) **업무집행조합원**은 조합재산에 관한 소송에 관하여 **조합원으로부터 임의적 소송신탁을 받아 자기의 이름으로 소송을 수행하는 것**은 **허용**된다. / ⅱ) 집합건물의 관리단으로부터 집합건물의 관리업무를 위임받은 위탁관리회사는 특별한 사정이 없는 한 구분소유자 등을 상대로 자기 이름으로 소를 제기하여 관리비를 청구할 당사자적격이 있다.

(3) 제3자의 소송담당과 기판력

제3자가 소송담당자로서 소송수행한 결과 받은 판결은 권리귀속의 주체인 본인에게 미침(제218조 제3항). → 갈음형의 소송담당자, 직무상의 당사자 그리고 임의적 소송담당자의 경우 ○ / But 병행형, 특히 채권자대위소송의 경우 문제

4. 당사자적격 흠결의 효과

(1) 소송요건

**직권조사사항**으로서 당사자적격이 없는 경우 소는 **부적법 각하** → **사실심 변론종결당시**를 표준으로 판단

(2) 간과판결의 효력

정당한 당사자로 될 사람이나 소송담당의 경우 권리의 귀속주체에게 그 효력이 미치지 않으므로, 이러한 의미에서 **무효**인 판결이다.

## Set 21  채권자대위소송

### 1. 법적 성질 - 법정소송담당(병행형)

채권자가 **자기 이름**으로 채무자의 권리(피대위권리)를 행사
- 당사자적격 : **보·필·불** → 흠 : **각하**
- 소송물 : **대** → 흠 : 청구**기각**

### 2. 당사자적격 - 원고적격 [※ 피고적격은 피대위권리의 모습별로 판단]
(1) 피보전채권의 존재

---

※ 주의 판례

**1. 채권자대위소송과 계약명의신탁 사안**

제3채무자는 ① 채무자가 채권자에 대하여 가지는 항변권이나 **형성권** 등과 같이 **권리자에 의한 행사를 필요로 하는 사유**를 들어 채권자의 채무자에 대한 권리가 인정되는지 여부를 **다툴 수 없지만**, ② 채권자의 채무자에 대한 권리의 발생**원인**이 된 법률**행위가 무효라거나** 위 권리가 변제 등으로 소멸하였다는 등의 사실을 주장하여 채권자의 채무자에 대한 권리가 인정되는지 여부를 **다투는 것은 가능** → 명의신탁약정·위임약정·반환약정 : 무효

※ [비교] 제3채무자는 ① 피대위채권이 시효로 소멸되었음을 주장할 수 있으나, ② 피보전채권이 시효로 소멸했다는 주장을 할 수는 없다(∵ 직접수익자 ✗)

**2. 채권자가 채무자를 상대로 피보전권리에 관해 제기한 소송에서 승소확정판결 받은 후 채권자대위소송을 제기한 사안**

채권자가 채무자를 상대로 그 보전되는 청구권에 기한 이행청구의 소를 제기하여 승소판결이 확정되고 채권자가 그 확정판결에 기한 청구권을 피보전채권으로 하여 제3채무자를 상대로 채권자대위소송을 제기한 경우, **제3채무자는** 채권자와 채무자 사이에 확정된 그 **청구권의 존재**를 **다툴 수 없다**(∵ 승소확정판결에 의하여 피보전채권의 존재는 입증된 것과 마찬가지)

**3. 국토법 + 3자간 등기명의신탁 사안**

**피보전권리의 취득이 강행법규에 위반되어 무효**라고 볼 수 있는 경우 등에는 확정판결에도 불구하고 채권자대위소송의 '**제3채무자에 대한 관계**'에서는 **피보전권리가 존재하지 아니한다**고 보아야 한다. 이는 '확정판결 또는 그와 같은 효력이 있는 재판상 화해조서 등이 재심이나 준재심으로 취소되지 아니하여 채권자와 채무자 사이에서는 그 판결이나 화해가 무효라는 주장을 할 수 없는 경우'라 하더라도 마찬가지이다. → **허가를 배제하거나 잠탈하는**

**내용**으로 매매계약이 체결된 경우에는 **강행법규**를 **위반**한 경우로서 그러한 계약은 체결된 때부터 **확정적**으로 **무효**이다. 계약체결 후 **허가구역 지정이 해제**되거나 허가구역 지정기간 만료 이후 재지정을 하지 아니한 경우라 하더라도 이미 **확정적으로 무효로 된 계약이 유효로 되는 것**이 **아니다**.

4. 채무자가 <u>사</u>망한 사람인 경우

**채무자가** 실존인물이 아니거나 **사망한 사람인 경우** 역시 **피보전채권**인 채권자의 채무자에 대한 권리를 **인정할 수 없는 경우에 해당**하므로 그러한 채권자대위소송은 **당사자적격이 없어 부적법하다**.

### (2) 보전의 필요성

※ 주의 판례

1. 채권자의 공동상속인의 <u>지</u>분초과 사안

   공동상속인은 자신의 지분 범위 내에서만 채무자의 제3채무자에 대한 소유권이전등기의 말소등기청구권을 대위행사할 수 있고, **지분을 초과하는 부분**에 관하여는 채무자를 대위할 **보전의 필요성**이 **없다**.

2. 채권자가 채무자를 상대로 피보전권리에 관해 제기한 소송에서 **패소확정판결 받은 후 채권자대위소송을 제기한 사안**

   채권자가 채무자를 상대로 소유권이전등기절차이행의 소를 제기하였으나 패소확정판결을 받았다면 위 판결의 <u>기판력</u>으로 말미암아 <u>채권자로서는 더 이상 소유권이전등기청구를 할 수 없게 되었다</u> 할 것이므로 채권자로서는 채권자대위권을 행사함으로써 위 소유권이전등기청구권을 **보전할 필요**가 **없다**.

(3) 채무자의 권리불행사

> ※ 주의 판례
>
> 1. **채무자의 패소판결확정 후 채권자대위권 행사 사안**
>    채권자가 대위권을 행사할 당시 이미 채무자가 그 권리를 재판상 행사하였을 때에는 설사 패소의 확정판결을 받았더라도 채권자는 채무자를 대위하여 채무자의 권리를 행사할 **당사자 적격**이 **없다**.
>
> 2. **비법인 사단의 총유재산에 관한 소가 사원총회 결의의 흠결로 각하된 후 채권자대위권을 행사한 사안**
>    비법인 사단인 채무자 명의로 제3채무자를 상대로 한 소가 제기되었으나 사원총회의 결의 없이 총유재산에 관한 소가 제기되었다는 이유로 각하판결을 받고 그 판결이 확정된 경우에는 **채무자가 스스로** 제3채무자에 대한 **권리를 행사한 것으로 볼 수 없다**.
>
> ※ [비교] (**비법인 사단의 채권자가 비법인 사단의 총유재산에 관한 권리를 대위행사하는 경우, 사원총회의 결의 필요 여부**) – 비법인 사단이 총유재산에 관한 소를 제기할 때에는 정관에 다른 정함이 있는 등의 특별한 사정이 없는 한 사원총회의 결의를 거쳐야 하지만, 이는 비법인 사단의 대표자가 비법인 사단 명의로 총유재산에 관한 소를 제기하는 경우에 비법인 사단의 의사결정과 특별수권을 위하여 필요한 내부적인 절차 → **채권자대위권**은 **채무자의 의사와는 상관없이** 채무자의 권리를 대위하여 행사할 수 있는 권리로서 그 권리행사에 **채무자의 동의를 필요로 하는 것은 아니므로**, **사원총회의 결의 등** 비법인 사단의 내부적인 의사결정절차를 거칠 **필요**가 **없다**.

3. **본안심사 – 피대위권리의 존재**
   (1) 대위가 불가능한 권리(행사상 일신전속권 등)
   ① 계약의 **청약이나 승낙**은 피대위권리 ✗
   ② 후견인이 민법 제950조 제1항 각호의 행위를 하면서 친족회(현 후견감독인)의 동의를 얻지 아니한 경우의 **취소권**은 피대위권리 ✗
   ③ **채권양도의 통지**는 피대위권리 ✗ / But 양수인의 대리는 가능
   ④ **개개의 소송행위** – 예 상소의 제기, 재심의 소 제기는 피대위권리 ✗
   ⑤ **유류분반환청구권**은 유류분권리자에게 그 **권리행사의 확정적 의사**가 있다고 **인정되는 경우가 아니라면** 채권자대위권의 **목적이 될 수 없다**.
   (2) 대위가 가능한 권리
   ① **해제권**, 조합원의 **조합탈퇴권**(∵ 성질상 조합계약의 해지권), 취소권, 상계권, 등기신청권

② 이행인수에서 채무자의 인수인에 대한 청구권
③ 채권자대위권 및 채권자취소권

---

※ **공유물분할청구권**

1. **보전의 필요성 인정 여부**
    ① 보전의 필요성은 채권자가 채무자의 권리를 대위하여 행사하지 않으면 자기 채권의 완전한 만족을 얻을 수 없게 될 위험이 있어 채무자의 권리를 대위하여 행사하는 것이 자기 채권의 현실적 이행을 유효·적절하게 확보하기 위하여 필요한지 여부를 기준으로 판단하여야 하고, 채권자대위권의 행사가 채무자의 자유로운 재산관리행위에 대한 부당한 간섭이 되는 등 특별한 사정이 있는 경우에는 보전의 필요성을 인정할 수 없다.
    ② 채권자가 자신의 '금전채권'을 보전하기 위하여 채무자를 대위하여 '부동산'에 관한 공유물분할청구권을 행사하는 것은, 책임재산의 보전과 직접적인 관련이 없어 채권의 현실적 이행을 유효·적절하게 확보하기 위하여 필요하다고 보기 어렵고, 채무자의 자유로운 재산관리행위에 대한 부당한 간섭이 되므로 보전의 필요성을 인정할 수 없다.

2. **피대위권리 인정 여부**
    ① 공유물분할청구권은 공유관계에서 수반되는 형성권으로서 공유자의 일반재산을 구성하는 재산권의 일종이다. 따라서 원칙적으로 **공유물분할청구권도 채권자대위권의 목적이 될 수 있다.**
    ② **그러나 대위행사를 허용하면 여러 법적 문제가 야기되는 경우 극히 예외적인 경우가 아니라면 금전채권자는 부동산에 관한 공유물분할청구권을 대위행사할 수 없다**고 보아야 한다. 이는 채무자의 공유지분이 다른 공유자들의 공유지분과 함께 근저당권을 공동으로 담보하고 있고, 근저당권의 피담보채권이 채무자의 공유지분 가치를 초과하여 채무자의 공유지분만을 경매하면 남을 가망이 없는 경우(주 - 이른바 무잉여 경매)에도 마찬가지이다.

3. **법원의 판단 - 소송요건심리의 선순위성**
    법원은 당사자적격의 흠을 이유로 부적법 소각하 판결을 하여야 한다.

---

4. **판결**
    (1) 소송요건심리의 선순위성
    채권자대위소송에 있어서 대위에 의하여 **보전될 채권자의 채무자에 대한 권리**(피보전권리)**가 인정되지 아니할 경우**에는 **당사자적격이 없게 되므로** 그 대위소송은 **부적법**하여 **소를 각하**하여야 함에도 불구하고 원심이 이를 **간과하고** 본안에 관하여 **심리판단한 것**은 **위법**하다.

### (2) 기판력 인정 여부

민사소송법 **제218조 제3항** → **어떠한 사유**로 인하였든 적어도 채권자대위권에 의한 소송이 제기된 사실을 **채무자**가 **알았을 때**(예 증인 or 통지 등)에는 그 판결의 효력이 채무자에게 **미친다**고 보아야 한다. 이때 채무자에게도 기판력이 미친다는 의미는 ① 채권자대위소송의 **소송물인 피대위채권의 존부**에 관하여 채무자에게도 **기판력**이 **인정**된다는 것이고, ② 채권자대위소송의 **소송요건인 피보전채권의 존부**에 관하여 당해 소송의 당사자가 아닌 채무자에게 **기판력**이 **인정된다는 것**은 **아니다**. 따라서 채권자가 채권자대위권을 행사하는 방법으로 제3채무자를 상대로 소송을 제기하였다가 채무자를 대위할 피보전채권이 인정되지 않는다는 이유로 소각하 판결을 받아 확정된 경우 그 판결의 기판력이 채권자가 채무자를 상대로 피보전채권의 이행을 구하는 소송에 미치는 것은 아니다.

## Set 22 압류 및 추심명령

### 1. 법적 성질 및 당사자적격의 판단

**실체법상의 청구권**은 집행**채무자**(원래의 채권자)**에게 있으면서** 소송법상의 **관리권만**이 **추심채권자에게 이전**되는 제3자 법정소송담당의 관계에 있게 되므로, **집행채무자는 당사자적격을 상실**한다 (제3자 소송담당 : 법정소송담당 - 갈음형).

※ **[비교] (채권양도나 전부명령)** - ① 추심명령과 달리 **채권양도인이나 전부채무자**는 자기가 **이행청구권자임을 주장**하는 이상 **원고적격**을 가지며, 다만 실체법상의 청구권의 상실로 인하여 본안에서 **기각**될 뿐이다. ② 전부명령이 있는 때에는 피전부채권이 동일성을 유지한 채로 집행채무자로부터 집행채권자에게 이전되므로 **제3채무자는 채권압류 전 피전부채권자에 대하여 가지고 있었던 항변사유로 전부채권자에게 대항할 수 있다.**

※ **[비교] ((가)압류만 있는 상태에서 압류채무자의 청구)** - ① **[적법성]** : 채권에 대한 가압류가 있더라도 이는 채무자가 제3채무자로부터 현실로 급부를 **추심하는 것만**을 금지하는 것일 뿐 **채무자는 제3채무자를 상대로 그 이행을 구하는 소송을 제기할 수 있고** 법원은 가압류가 되어 있음을 이유로 이를 배척할 수는 없다. 왜냐하면 채무자로서는 **채무명의를 취득할 필요**가 있고 또는 **시효를 중단할 필요도 있기 때문이다.** / ② **[본안심판]** : i) 금전채권에 대한 압류(가압류)의 경우에는 **무조건 청구인용**을 한다. 왜냐하면 **제3채무자로서는 이행을 명하는 판결이 있더라도 집행단계에서 이를 저지하면 될 것이기 때문이다.** ii) 그러나 **소유권이전등기청구권에 대한 압류의 경우에는 압류의 해제**를 조건으로 한 **조건부 청구인용**을 하여야 한다. 소유권이전등기를 명하는 판결이 확정되면 채무자는 일방적으로 이전등기를 신청할 수 있고 제3채무자는 이를 저지할 방법이 없게 되기 때문이다.

## 2. 효력의 내용 및 발생시기

① **[효력의 내용]** – ⅰ) 추심채권자에게 채무자의 제3채무자에 대한 채권을 추심할 권능만을 부여하는 것이므로, 이로 인하여 **채무자가 제3채무자에 대하여 가지는 채권이 추심채권자에게 이전되거나 귀속되는 것은 아니어서, 추심채무자**로서는 제3채무자에 대하여 피압류채권에 기한 **동시이행 항변권**을 상실하지 않는다. ⅱ) 추심의 소에서 **피압류채권의 존재**는 채권자가 증명하여야 한다. ⅲ) 금전채권에 대한 채권압류 및 추심명령이 있는 때에는 **제3채무자는 채권이 압류되기 전에 압류채무자에게 대항할 수 있는 사유로 압류채권자에게 대항할 수 있다**(예 임대차보증금 반환채권에 대한 압류 및 추심명령이 있더라도 임대인이 임차인에 대하여 가지는 동시이행항변권을 상실하지 않는다).

※ **[비교] (추심권능에 대한 압류의 효력)** – 추심권능은 그 자체로 독립적으로 처분하여 환가할 수 있는 것이 아니어서 **압류할 수 없는 성질의 것**이고, 이에 대한 **압류명령**은 **무효**이다.

② **[효력의 발생시기]** – 효력의 발생시기는 **제3채무자**에 대한 **송달일**이고, 제3채무자에게 송달된 이상 채무자에게 송달되지 않았다 하더라도 효력발생에는 영향이 없다.

③ **[압류명령신청의 취하]** – **추심권도 당연히 소멸**하게 되며, 추심금청구소송을 제기하여 확정판결을 받은 경우라도 그 집행에 의한 변제를 받기 전에 압류명령의 신청을 취하하여 추심권이 소멸하면 **추심권능과 소송수행권**이 모두 **채무자에게 복귀**한다.

## 3. 추심금소송의 중복제소 해당 여부

### (1) 채무자의 제3채무자를 상대로 한 소송계속 중 추심금소송

채무자가 제3채무자를 상대로 제기한 이행의 소가 이미 법원에 계속되어 있는 상태에서 압류채권자가 제3채무자를 상대로 제기한 추심의 소는 **판결의 모순·저촉의 위험이 크다고 볼 수 없으므로, 제259조가 금지하는 중복된 소제기에 해당하지 않는다.**

### (2) 선행 추심금소송이 항소심에서 소취하된 후 다른 채권자가 제기한 후행 추심금소송

민사소송법 제259조는 "법원에 계속되어 있는 사건에 대하여 당사자는 다시 소를 제기하지 못한다."라고 정하고 있다. 민사소송에서 중복제소금지는 소송요건에 관한 것으로서 사실심의 변론종결시를 기준으로 판단하여야 하므로, **전소가 후소의 변론종결시까지 취하·각하 등에 의하여 소송계속이 소멸되면 후소는 중복제소금지에 위반되지 않는다.**

## 4. 추심금소송의 재소금지 해당 여부

민사소송법 제267조 제2항은 "본안에 대한 종국판결이 있은 뒤에 소를 취하한 사람은 같은 소를 제기하지 못한다."라고 정하고 있다. 이는 소취하로 그 동안 판결에 들인 법원의 노력이 무용화되고 다시 동일한 분쟁을 문제 삼아 소송제도를 남용하는 부당한 사태를 방지할 목적에서 나온 제재적 취지의 규정이다. 여기에서 **'같은 소'는 반드시 기판력의 범위나 중복제소금지에서 말하는 것과**

같은 것은 아니고, **당사자와 소송물이 같더라도** 이러한 규정의 취지에 반하지 않고 **소제기를 필요로 하는 정당한 사정이 있다면 다시 소를 제기할 수 있다.** → 후행 추심금소송은 선행 추심금소송과 별도로 **자신의 채권집행을 위해** 제기한 것으로 **새로운 권리보호이익**이 **발생**한 것으로 볼 수 있어 **재소금지 규정에 반하지 않는다.**

## 5. 추심금소송과 기판력의 주관적 범위 및 화해권고결정의 효력

(1) 추심금소송의 기판력이 변론종결 전 다른 추심채권자에게 미치는지 여부

동일한 채권에 대해 복수의 채권자들이 압류·추심명령을 받은 경우 **어느 한 채권자가 제기한 추심금소송에서 확정된 판결의 기판력은** 그 소송의 **변론종결일 이전에 압류·추심명령을 받았던 다른 추심채권자에게 미치지 않는다**고 보았다. 왜냐하면 ① **기판력의 주관적 범위는** 법률에 특별한 규정이 있는 경우로 **국한**되므로, 추심채권자들이 제기하는 추심금소송의 <u>소송물이 채무자의 제3채무자에 대한 피압류채권의 존부로서 서로 같더라도 소송당사자가 다른 이상 그 확정판결의 기판력이 서로에게 미친다고 할 수 없다.</u> ② 민사집행법 제249조 제3항과 제4항은 추심의 소를 제기당한 제3채무자는 다른 채권자더러 공동소송인으로 원고 쪽에 참가하도록 명할 것을 법원에 신청할 수 있고 그 참가명령을 받은 채권자에게는 **재판의 효력이 미친다고** 정하고 있는데, 이는 **참가명령을 받지 않은 채권자에게는 추심금소송의 확정판결의 효력이 미치지 않음을 전제로 한 것이다.** 결국 **채권자대위소송과 추심금소송은 소송물이 채무자의 제3채무자에 대한 채권의 존부로서 같다고 볼 수 있지만**, 그 '근거 규정과 당사자적격의 요건이 달라' 채권자대위소송의 기판력과 추심금소송의 기판력을 반드시 같이 보아야 하는 것은 아니다.

(2) 추심금소송에서 화해권고결정이 확정된 경우 기판력 법리의 적용 여부

<u>확정된 화해권고결정에는 재판상 화해와 같은 효력이 있다</u>(제231조). 위에서 본 추심금소송의 확정판결에 관한 법리는 <u>추심채권자가 제3채무자를 상대로 제기한 추심금소송에서 화해권고결정이 확정된 경우에도 마찬가지로 적용된다.</u> 따라서 어느 한 채권자가 제기한 **추심금소송에서 화해권고결정이 확정되었더라도 화해권고결정의 기판력은 '화해권고결정 확정일 전'에 압류·추심명령을 받았던 다른 추심채권자에게 미치지 않는다.**

# Set 23 소송능력

## 1. 의의

'**당사자**'로서 스스로 **유효하게 소송행위**를 하거나 법원·상대방으로부터 소송행위를 받기 위해 갖추어야 할 능력 → 민법상 **행위능력**에 대응 → ① **소송 외의 행위**(예 소송대리권의 수여, 관할의 합의 등)에 **필요**, ② But **증거조사방법**(예 증인신문, 당사자신문) 또는 **대리인**에 **불요**

※ [비교] (**의사능력**) – 의사능력의 유무는 **개별적**으로 **판단**하고 소송능력자라도 의사능력이 없는 경우가 있다. 의사무능력자의 소송행위는 **절대적 무효**이다.

## 2. 소송제한능력자

① 미성년자·피성년후견인, 피한정후견인 → 제55조
② 미성년자 – 민법과의 차이 ┌ **법정대리인의 동의 불문·처분을 허락받은 재산** 관련 – **소송능력 ✗**
                              └ **유동적 무효**(취소 ✗)

## 3. 소송법상 효과

(1) 소송요건 및 소송행위의 유효요건

① **직권조사사항** → 흠결 : 소는 부적법 **각하** / 다만 소송계속 중 소송능력의 흠결시 소송절차의 중단 문제(제235조, 제238조)
② 소송제한능력자에 대한 **기일통지나 송달**은 **무효**이고, 소송제한능력자의 **기일출석**은 **불출석**으로 취급된다.
③ But 소송제한능력자는 **단독**으로 **소를 취하할 수 있고**, **소송능력을 다투는 한도**에서는 **소송능력이 인정**되므로 **단독**으로 **항소를 제기할 수 있다.**
④ 위반 : 유동적 무효 → [**치유**] : 이의권 포기상실 ✗, 추인 ○(※ 무권대리에서도 적용)

(2) 추인

① **제60조** → 의의·취지 / **방법**(명시·묵시 불문) / 시**기**(제한 ✗ – 상고심에서 可) / **범위** / **효과**(소급 – 확정적 유효)
② 범위 → 전부·일괄추인 – Q. [**일부추인**] : 일부추인은 **원칙**적으로 **허용되지 않는다**. 다만 예외적으로 **소송의 혼란을 일으킬 염려가 없고 소송경제상으로도 적절하다면 일부행위만을 제외하고 나머지 소송행위를 추인하는 것은 가능**하다(예 소취하 행위만을 제외하고 나머지 소송행위를 추인).

(3) 간과판결의 효력
 1) 소송제한능력자의 패소
    판결은 **당연무효✗**(위법·유효설) → 확정 전에는 상소로, 확정 후에는 재심의 소로 다툴 수 있다.
 2) 소송제한능력자의 승소
    소송제한능력자는 상소의 이익이 없고, 패소한 상대방이 승소자의 소송능력흠결을 이유로 상소 또는 재심을 제기하는 것은 제한능력자 보호의 취지나 신의칙에 반하여 허용되지 않는다.


## Set 24  소송상 대리인

```
                          ※ 논증구도
Ⅰ. 유권 / 무권대리의 확정 ─────────→  Ⅱ. 적법성 / 본안심사 / 판결 / 항소
   대리권의 발생·범위·소멸
```

### 1. 대리권의 발생 – 소송상 대리인의 종류

(1) 법정대리인과 임의대리인
  ① [**법정대리인**] – 실체법상 법정대리인과 소송법상 특별대리인, 법인 등의 대표자(준법정대리인)
  ② [**임의대리인**] – 포괄적 대리권을 갖는 임의대리인 : 소송대리인 → 소송위임에 의한 소송대리인(좁은 의미의 소송대리인)과 법률상 소송대리인(예 지배인(상법 제11조), 업무집행조합원(민법 제709조))
  ③ [**소송상 지위**] – 소송대리인은 제3자에 불과하지만, 법정대리인은 당사자에 준하는 지위 인정
  ④ [**유사점**] – **제97조** : ⅰ) 모두 당사자✗ ∴ **기판력 등의 판결의 효력을 받지 않는다.** / ⅱ) 서면으로 대리권을 증명하여야 한다. / ⅲ) 대리권 소멸의 통지 → 대리권의 소멸은 본인 또는 대리인이 상대방에게 통지하지 않으면 그 효력이 없다(제63조). **통지 전 구대리인의 소송행위는 상대방이 소멸사유의 발생을 알든 모르든, 모른 데 대해 과실이 있든 없든 유효하다**(∵ 소송절차의 명확성과 안정성을 위함). **다만,** 개정법 **제63조 제1항 단서**를 신설하여 법원에 법정대리권의 소멸사실이 알려진 뒤에는 상대방에게 통지가 없더라도 소취하, 화해, 청구의 포기나 인낙, 소송탈퇴 등의 행위는 하지 못하도록 하였다.

(2) 발생원인

1) 법정대리인 - 법률

① [**실체법상 법정대리인과 법인 등의 대표자**] - 제51조(민법규정에 따름), 제64조

② [**소송법상의 특별대리인**] - 제62조, 제62조의2 → ⅰ) [**의의 및 요건**] : 소송제한능력자가 당사자인 경우 그에게 법정대리인이 없거나 또는 법정대리인이 대리권을 행사할 수 없는 경우(사실상의 장애뿐만 아니라 이해상반 등으로 대리권행사에 법률상 장애가 있는 경우도 포함 O) 등으로 소송절차가 지연됨으로써 손해를 볼 염려가 있는 경우 특별대리인 선임을 신청, / ⅱ) [**적용 범위**] : (ㄱ) **법인 또는 비법인 단체**에 대표자·관리인이 없거나 그가 대표권을 행사할 수 없는 경우에 **준용**되고(제64조 - 소송법상 특별대리인은 법인 또는 법인 아닌 사단의 대표자와 동일한 권한 O), (ㄴ) **의사무능력자를 위한 경우**에도 **인정**(제62조의2)

2) 소송대리인 - 소송위임에 의한 소송대리인

① [**소송대리권의 수여**] - 소송대리권의 발생이라는 소송법상의 효과를 발생시키는 **소송행위**(단독행위) ∴ **소송능력 필요**

② [**소송대리인의 자격**] - 변호사대리의 원칙, 단 단독사건의 경우 소액과 중액사건에서는 비변호사 가능

2. 대리권의 **범**위 및 제한

(1) 법정대리인

1) 법정대리권의 범위

① [**친권자**] - 제51조 → 일체의 소송행위 가능(민법 제920조), 단 제한(민법 제921조)

※ [**비교**] (수인의 미성년자와 그 친권자가 공유물분할의 소의 당사자가 된 경우) - ① 공유물분할에 관한 절차는 그 절차의 객관적 성질상 공유자들 사이에 이해의 대립이 생길 우려가 있다. 따라서 수인의 미성년자와 그 친권자가 공유물분할의 소의 당사자가 된 경우에는 **미성년자마다 특별대리인**을 선임하여 그 **특별대리인이 미성년자를 대리하여 소송행위를 하여야 한다**. 만약 **친권자가 수인의 미성년자의 법정대리인으로서 소송행위를 하였다면** 이는 **민법 제921조**에 **위반**되어 미성년자들의 적법한 추인이 없는 한 무효라고 할 것이다. ② 민사소송법 제59조 전단과 제60조는 소송능력·법정대리권 또는 소송행위에 필요한 권한의 수여에 흠이 있는 경우에는 법원은 기간을 정하여 이를 보정하도록 명하여야 하고, 소송능력·법정대리권 또는 소송행위에 필요한 권한의 수여에 흠이 있는 사람이 소송행위를 한 뒤에 보정된 당사자나 법정대리인이 이를 추인한 경우에는 그 소송행위는 이를 한 때에 소급하여 효력이 생긴다고 규정하고 있다. 그러므로 **미성년자의 법정대리인에게 법정대리권이 흠결된 경우 법원은** 그 흠을 보정할 수 없음이 명백한 때가 아닌 한 기간을 정하여 **보정을 명하여야 할 의무가 있고, 법정대리권의 보정은 항소심에서도 가능하다.**

② [**후견인**] – 제56조 → ⅰ) (**수동적 소송행위**) : 후견감독인으로부터 특별한 권한을 받을 필요가 없다. / ⅱ) (**소송종료행위 및 능동적 소송행위**) : 소의 취하, 화해, 청구의 포기·인낙 또는 소송탈퇴 및 능동적 소송행위를 하는 경우에는 후견감독인의 특별한 권한을 받아야 한다.

③ [**공동대리**] – 능동적·적극적 소송행위는 원칙적으로 대리인 전원이 행하여야 한다.

(2) 소송대리인 – 소송위임에 의한 소송대리인(제90조, 제91조)

 1) 법정범위

  **일체의 소송행위**와 **변제의 영수**(제90조 제1항) → ① 변제의 영수는 **예시**적으로 규정 ∴ 본인의 취소권, 해제권, 상계권 등의 형성권도 행사할 수 있다. ② 소송대리권에 제한을 가하지 못한다. 다만, 예외적으로 변호사가 아닌 소송대리인에 대하여는 제한이 허용된다(제91조).

 2) 특별수권사항

  ① [제90조 제2항 각호 사유] – 반소의 제기(1호), 소의 취하, 화해, 청구의 포기·인낙 또는 제80조의 규정에 따른 탈퇴(2호), **상소의 제기** 또는 취하(3호), 대리인의 선임(4호) → **특별한 권한을 따로 받지 않은 경우** 대리인의 소송행위는 **무효**이다.

  ※ [비교] (**상대방의 소취하에 대한 동의권**) – 상대방의 소취하에 대한 소송대리인의 동의는 **특별수권사항**이 아니고, 특별수권사항인 소취하를 할 수 있는 대리권을 부여한 경우에는 상대방의 소취하에 대한 동의권도 포함되어 있다고 봄이 상당하다.

  ※ [비교] – 소송상 화해나 청구의 포기에 관한 특별수권이 되어 있다면, 특별한 사정이 없는 한 그러한 소송행위에 대한 수권만이 아니라 그러한 소송행위의 전제가 되는 **당해 소송물인 권리의 처분이나 포기에 대한 권한도 수여되어 있다**고 봄이 상당하다.

  ② [심급대리의 원칙 인정 여부] – **제90조 제2항 3호** : 소송대리권의 범위는 특별한 사정이 없는 한 **당해 심급에 한정**되어, 소송대리인의 소송대리권의 범위는 수임한 **소송사무가 종료하는 시기**인 **당해 심급의 판결을 송달받은 때까지**이다(심급대리의 원칙 긍정). ∴ 1심의 대리인은 상소제기에 관한 특별한 권한을 따로 수여 받지 못했다면 상대방이 제기한 상소에 응소할 수도 없다. But 상소제기의 **특권수권이 있다면 판결정본이 송달되더라도 소송대리권은 존속**하며 **상소제기시** 소송대리권은 **소멸**한다.

  ※ [비교] (**파기환송시 소송대리권의 부활 여부**) – 상고심에서 환송되어 다시 항소심에 계속하게 된 경우 상고 전의 항소심에서의 소송대리인의 대리권은 **다시 부활**하는 것이므로 환송받은 항소심에서 환송 전의 항소심에서의 소송대리인에게 한 송달은 소송당사자에게 한 송달과 마찬가지의 효력이 있다.

 3) 개별대리의 원칙(제93조)

  당사자에게 여러 소송대리인이 있는 때에는 민사소송법 제93조에 의하여 각자가 당사자를 대리하게 되므로, 법원으로서는 판결정본을 송달함에 있어 여러 소송대리인에게 각각 송달을 하여야 하지만, 그와 같은 경우에도 소송대리인 모두 당사자 본인을 위하여 소송서류를 송달받을 지위에 있으므로 당사자에 대한 판결정본 송달의 효력은 결국 소송대리인 중 1인에게 최초로 판결정본이 송달되었을 때 발생한다. 따라서 당사자에게 여러 소송대리인이 있는 경우 항소기간은 소송대리인 중 1인에게 최초로 판결정본이 송달되었을 때부터 기산된다.

## 3. 대리권의 소멸

### (1) 법정대리인

① **당사자 본인의 사망**이나 **법정대리인이 사망**한 경우 대리권은 **소멸**한다. → **소송절차 중단 O**, But **소송대리인이 있는 경우**에는 **중단 ✗** (제238조)

② 또한 본인이 소송능력을 취득·회복한 경우에도 대리권은 소멸하나 대리권 소멸의 통지가 있어야 소멸의 효력이 생긴다(제63조).

### (2) 소송대리인

① 대리인의 사망, 성년후견개시의 심판 또는 파산(민법 제127조), 위임사무의 종료(심급대리의 원칙을 유지하는 한 해당 심급의 판결정본의 송달에 의해 대리사무가 종료된다), 기본관계의 소멸(민법 제689조, 제690조)에 따라 대리권도 소멸한다. 다만, 기본관계의 소멸의 경우에는 대리권의 소멸사실을 상대방에게 통지하지 않는 한 소멸의 효력이 생기지 않는다(제97조, 제63조).

② 그러나 **당사자의 사망**이나 소송능력의 상실, **법정대리인이 사망**한 경우에는 **소멸하지 않는다**(제95조). → 소송절차 중단 ✗, 소송대리인은 상속인의 대리인으로 인정(제238조)

## 4. 대리권의 조사와 흠결의 효과

### (1) 소송요건 및 소송행위의 유효요건

① [**직권조사사항**] – 제소단계에서의 소송대리인의 대리권 존부는 소송요건으로서 법원의 직권조사사항 → 대리권에 흠이 있는 경우 보정되지 않는 한 소를 **부적법 각하** / **대리권 존재에 대한 입증책임**은 **원고**에게 있다.

※ [비교] (**대표자의 대표권 유무**) – 비법인 사단이 당사자인 사건에서 대표자에게 **적법한 대표권이 있는지**는 **소송요건**에 관한 것으로서 **직권조사사항**이므로, 법원에 그 판단의 기초자료인 사실과 증거를 직권으로 탐지할 의무까지는 없으나, 이미 제출된 자료들에 의하여 그 대표권의 적법성을 의심할 만한 사정이 엿보인다면 상대방이 이를 구체적으로 지적하여 다투지 않더라도 이에 관하여 심리·조사할 의무가 있다.

② [**유동적 무효**] – 무권대리인의 소송행위는 유동적 무효

(2) 추인
① **제60조** → 의의・취지 / **방**법(명시・묵시 불문) / 시**기**(제한 ✗ – 상고심에서 可) / **범**위 / **효과**(소급 확정적 유효)
② 범위 → 전부・일괄추인 – Q. [**일부추인**] : 일부추인은 **원칙**적으로 **허용되지 않는다**. 다만 예외적으로 **소송의 혼란을 일으킬 염려가 없고 소송경제상으로도 적절**하다면 **일부행위만을 제외하고 나머지 소송행위를 추인하는 것**은 **가능**하다(예 소취하 행위만을 제외하고 나머지 소송행위를 추인).

(3) 간과판결의 효력 및 표현대리 법리의 적용 여부
① 대리권의 흠을 간과한 판결은 **위법**하지만 **유효**한 판결 → 확정 전에는 상소, 확정(무권대리인에 대한 송달도 일응 유효라고 보므로 확정된다) 후에는 재심(제451조 제1항 제3호)
② 강제집행을 하여도 이의가 없다는 강제집행수락의 의사표시는 소송행위라 할 것이고, 이러한 **소송행위**에는 **민법상 표현대리의 규정**이 **적용 또는 유추적용될 수 없다**.


## Set 25 각종의 소에 공통한 소의 이익 – 공통자격

### 1. 요건
청구가 **소**구 가능한 구체적인 권리관계 그 밖의 법률관계 존부에 대한 주장일 것 + 제소가 **금**지되어 있지 않을 것 + 제소의 **장**애사유가 없을 것(특별구제절차가 없을 것) + **승**소확정판결이 없을 것(동일・모순관계) + **신**의칙위반의 제소가 아닐 것

### 2. 금지사유(※ 별도로 검토한다)

```
┌ 법률상 금지 ┬ 중복제소금지(제259조)
│             └ 재소금지(제267조 제2항)
└ 계약상 금지 ┬ 부제소 특약(합의)
              └ 소취하 합의(계약)
```

### 3. 승소확정판결이 없을 것
동일 청구에 대하여 이미 승소의 확정판결을 얻고 있는 경우(기판력 있는 재판이 있는 경우) ① **원칙**적으로 **소의 이익**이 **없다**. ② 다만, **예외**적으로 **시**효중단의 필요, ② 판결내용의 불특정으로 **집**행불가능, ③ 판결원본의 **멸**실 등의 특별한 사정이 있는 경우에는 **소의 이익**이 **인정**된다.

※ 승소 확정판결 후 시효중단을 위한 재소의 이익 유무와 그 방식 및 법원의 조치

1. **재소의 이익 유무**

   ① 확정된 승소판결에는 기판력이 있으므로 **승소 확정판결을 받은 당사자**가 그 상대방을 상대로 다시 승소 확정판결의 전소와 동일한 청구의 소를 제기하는 경우 그 **후소는 권리보호의 이익이 없어 부적법**하다. ② 그러나 **예외적으로** 확정판결에 의한 채권의 **소멸시효기간인 10년의 경과가 '임박'한 경우**에는 그 시효중단을 위한 소는 소의 이익이 있다. ③ 또한 후소가 전소 판결이 확정된 후 10년이 지나 제기되었다 하더라도 곧바로 소의 이익(시효중단을 구할 이익)이 없다고 하여 소를 각하해서는 안 된다.

2. **재소의 방식 – 새로운 방식의 확인소송의 허용 여부**

   권리 위에 잠자는 것이 아님을 표명한 것으로 볼 수 있는 때에는 널리 시효중단사유로서 재판상의 청구에 해당하는 것으로 해석하여 왔으므로 **후소의 형태**로서 항상 **전소와 동일한 이행청구만**이 시효중단사유인 '**재판상의 청구**'에 해당한다고 볼 수는 없고, 시효중단을 위한 후소로서 이행소송 외에 '재판상의 청구가 있다'는 점에 대하여 확인을 구하는 형태의 '**새로운 방식의 확인소송**'이 허용되고, 채권자는 두 가지 형태의 소송 중 **선택**하여 제기할 수 있다.

3. 후소 법원의 **판단**

   ① 후소 법원으로서는 그 **확정된 권리**를 주장할 수 있는 **모든 요건이 구비되어 있는지 여부**에 관하여 **다시 심리할 수 없다**.

   ② 다만 전소의 변론종결 후에 발생한 **변제, 상계, 면제 등**과 같은 **채권소멸사유는 후소의 심리대상이 된다**. 따라서 채무자인 피고는 후소 절차에서 위와 같은 사유를 들어 항변할 수 있고 심리 결과 **그 주장이 인정되면 법원은 원고의 청구를 기각하여야 한다**.

   ③ **이는** 채권의 소멸사유 중 하나인 **소멸시효 완성의 경우에도 마찬가지**이다. 따라서 채무자인 피고의 항변에 따라 원고의 채권이 **소멸시효 완성으로 소멸하였는지**에 관한 **본안판단**을 하여야 한다.

## Set 26  중복제소의 금지

```
                    ※ 논증구도
Ⅰ. 의의 및 취지 ──────▶ Ⅱ. 요건 ──────▶ Ⅲ. 효과
                   당 / 소 / 계
```

### 1. 의의 및 취지

이미 법원에 소송계속 중인 사건과 동일한 사건에 관하여 당사자는 다시 소를 제기하지 못한다(제259조). → **판결의 모순·저촉의 방지**를 위함.

### 2. 요건

(1) 당사자 동일

① [**역전형**] – 원고와 피고가 전소와 후소에서 서로 바뀌어도 인정

② [**판결의 효력을 받는 사람**] – 당사자가 다르더라도 후소의 당사자가 **전소판결의 효력**(기판력 또는 반사효)을 **받게 될 경우**에는 **인정** → 예 ⅰ) 변론종결 후 **승**계인, ⅱ) **목**적물 소지자, ⅲ) 제3자 소송담당에 있어서 권리**귀**속주체

---

**※ 채권자대위소송**

**1. 채권자대위소송 계속 중 채무자의 소제기**

양 소송은 비록 그 **당사자는 다르다 할지라도 실질상으로는 동일소송**이므로, **채무자가 대위소송이 제기된 것을 알든 모르든** 민사소송법 제259조 소정의 **중복소송 금지규정에 저촉된다.**

**2. 채무자의 소송계속 중 채권자대위소송 제기**

① 양 소송은 **실질상 동일소송**이므로 후소는 중복제소금지규정에 저촉된다.

② 다만 당사자적격의 흠으로 본 판례도 존재한다. 즉, 채권자대위권을 행사할 당시에 이미 채무자가 재판상 그 권리를 행사하였을 때에는 채권자는 당사자적격이 없다.

**3. 채권자대위소송이 경합**

① **시간적으로 나중에 계속하게 된 소송**은 중복제소금지의 원칙에 **위배**하여 제기된 부적법한 소송이 된다. 즉, 양 소송은 비록 당사자는 다르지만 실질상으로는 동일소송이라는 것이다.

② **채무자**가 대위소송이 제기된 것을 **알든 모르든 불문**한다.

※ [비교] – 채권자취소소송

1. 1인의 채권자취소소송이 중복된 경우

　　채권자가 사해행위취소 및 원상회복청구를 하면서 **보전하고자 하는 채권을 추가하거나 교환**하는 것은 사해행위취소권과 원상회복청구권을 이유 있게 하는 **공격방법에 관한 주장을 변경하는 것일 뿐**이지 **소송물** 또는 청구 자체를 **변경하는 것이 아니므로**, 채권자가 보전하고자 하는 채권을 달리하여 동일한 법률행위의 취소 및 원상회복을 구하는 채권자취소의 소를 이중으로 제기하는 경우 전소와 후소는 **소송물이 동일**하다고 보아야 한다.

2. 수인의 채권자취소소송이 경합된 경우

　　채권자취소권의 요건을 갖춘 **각 채권자**는 <u>고유한 권리</u>로 채무자의 재산처분행위를 취소·원상회복을 구할 수 있으므로 **여러 명의 채권자가 동시에 또는 시기를 달리하여 사해행위취소 및 원상회복청구의 소를 제기한 경우** 이들 소가 **중복제소에 해당하지 않는다.**

---

※ 추심금소송

1. 채무자의 제3채무자를 상대로 한 소송계속 중 추심금소송

　(1) 압류 및 추심명령의 성질 및 효과와 효력발생 시기

　(2) 추심금소송의 중복제소 해당 여부

　　1) 중복제소금지의 의의·취지 및 요건

　　2) 중복제소 해당 여부

　　　채무자가 제3채무자를 상대로 제기한 이행의 소가 이미 법원에 계속되어 있는 상태에서 압류채권자가 제3채무자를 상대로 제기한 추심의 소는 **판결의 모순·저촉의 위험이 크다고 볼 수 없으므로**, 민사소송법 제259조가 금지하는 중복된 소제기에 **해당하지 않는다.**

2. 선행 추심금소송이 항소심에서 소취하된 후 다른 채권자가 제기한 후행 추심금소송

　　민사소송법 <u>제259조</u>는 "법원에 계속되어 있는 사건에 대하여 당사자는 다시 소를 제기하지 못한다."라고 정하고 있다. 민사소송에서 <u>중복제소금지는 소송요건에 관한 것으로서 사실심의 변론종결시를 기준으로 판단하여야 하므로</u>, **전소가 후소의 변론종결시까지 취하·각하 등에 의하여 소송계속이 소멸되면 후소는 중복제소금지에 위반되지 않는다.**

## (2) 소송물(청구) 동일

청구의 취지가 같지만 청구의 원인을 이루는 실체법상 권리가 다른 경우 → **소송물이론**으로 식별

---

※ 주의 판례

1. **선결적 법률관계**

   전소의 선결적 법률관계가 후소의 소송물이 된 경우 양 소는 **소송물**이 **다르**므로 중복제소에 해당하지 않는다(※ 중간확인의 소를 제기할 수 있다).

2. **심판형식의 차이 – 동일권리에 관한 이행청구와 확인청구**

   ① 채권자가 채무인수자를 상대로 제기한 **채무이행청구소송**(전소)과 채무인수자가 채권자를 상대로 제기한 원래 채무자의 채권자에 대한 **채무부존재확인소송**(후소)은 그 **청구취지와 청구원인이 서로 다르므로 중복제소에 해당하지 않는다.**

   ② **다만** 채무인수자가 별소로 그 **채무의 부존재확인**을 구하는 것은 **소의 이익**이 **없다**(∵ 채무인수자는 채권자가 제기한 채무이행청구소송에서 청구기각의 판결을 구함으로써 채권의 존부를 다툴 수 있기 때문이다. 즉, 위 확인의 소는 무용·무의미하다).

3. **일부청구와 잔부청구**

   ① 전소에서 **일부청구임을 명시**하였을 때에는 **청구한 부분만**이 소송물이 되므로 **잔부청구**의 별소는 **중복제소에 해당되지 않으나**, ② 일부청구임을 **명시하지 않은 경우**에는 **전부가 소송물**이 되므로 **잔부청구**의 별소는 **중복소송**에 **해당**한다(명시적 일부청구설).

4. **상계항변과 중복제소**

   (1) 중복제소금지의 의의·취지 및 요건

   (2) 상계항변과 중복제소 해당 여부

   ① **이부·이송 또는 변론병합** 등을 **시도**함으로써 **기판력의 저촉·모순**을 **방지**함과 아울러 **소송경제를 도모**함이 **바람직**하였다고 할 것이나, **그렇다고 하여** 특별한 사정이 없는 한 **별소로 계속 중인 채권을 자동채권으로** 하는 소송상 **상계의 주장**이 **허용되지 않는다고 볼 수는 없다**(후항변 사안).

   ② 마찬가지로 먼저 제기된 소송에서 상계 항변을 제출한 다음 그 소송계속 중에 **자동채권과 동일한 채권에 기한 소송을 별도의 소나 반소로 제기하는 것도 가능하다**(선항변 사안).

---

## (3) 전소 소송계속 중 후소의 제기

① [**전소와 후소의 구별**] – 소장제출시를 기준으로 하는 것이 아니라 **소장**이 피고에게 **송달된 때의 선후**를 **기준**으로 한다. 또한 보전절차(가압류·가처분 등)의 선후는 기준이 될 수 없다.

② [**전소가 부적법한 경우**] – 전소가 소송요건을 흠결하여 부적법하다고 할지라도 **후소의 변론종결시까지 취하·각하 등에 의하여 소송계속이 소멸되지 아니하는 한 후소는 중복제소금지에 위배**하여 각하를 면치 못하게 된다.

3. 효과
   ① [소극적 소송요건] – **직권조사사항** → 중복된 소제기에 해당되면 후소는 부적법 **각하**
   ② [간과판결의 효력] – 당연무효의 판결 ✗ (위법·유효) → 확정 전에는 상소 가능, But 재심사유 ✗

## Set 27 재소금지

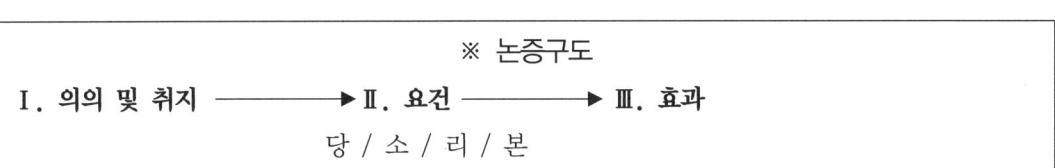

1. 의의 및 취지
   본안에 관한 종국판결이 선고된 후 소를 취하한 경우에는 동일한 소에 대해 다시 소 제기하는 것이 금지되는데(제267조 제2항), 이는 **소취하로 인하여** 그 동안 판결에 들인 법원의 노력이 무용화되고 **종국판결**이 당사자에 의하여 **농락**당하는 것을 **방지**하기 위한 제재적 취지

2. 요건
   (1) **당사자 동일**
   재소금지의 제재를 받는 것은 전소의 원고(포괄승계인 포함 O)만이고, 전소의 피고나 보조참가인 등은 재소금지의 제재를 받지 않는다.

   ※ 주의 판례

   1. **특정승계인**
      ① 민사소송법 제267조 제2항 소정의 "**소를 취하한 자**"에는 변론종결 후의 **특정승계인을 포함**하나, ② "**동일한 소**"라 함은 **권리보호의 이익도 같아야 하므로** 전소 취하 후에 이 사건 토지를 양수한 원고는 그 **소유권**을 **침해**하고 있는 피고에 대하여 그 배제를 구할 **새로운 권리보호의 이익**이 **있다**고 할 것이니 위 전소와 본건 소는 동일한 소라고 할 수 없다.

> **2. 채권자대위소송을 한 채권자의 소취하 후 채무자의 소제기**
> 채권자대위소송이 제기된 사실을 **채무자가 알았을 때**에는 그 **판결의 효력**(기판력)은 채무자에게 **미치므로**, 채권자대위소송이 제기된 사실을 채무자가 **알게 된 이상** 채무자도 **재소금지 규정의 적용**을 받아 대위소송과 동일한 소를 제기하지 못한다.

(2) 소송물 동일
① [**소송물이론**] - 소송물의 동일여부 식별
② [**선결관계와 재소금지**] - 동일한 소라 함은 반드시 기판력의 범위나 중복제소금지의 경우와 같이 풀이할 것은 아니고, **후소가 전소의 소송물을 선결적 법률관계로 하는 것일 때에는 비록 소송물은 다르지만**, 원고는 **전소의 목적이었던 권리 내지 법률관계의 존부에 대하여는 다시 법원의 판단을 구할 수 없는 관계**상 후소에 대하여도 동일한 소로써 판결을 구할 수 없다고 풀이함이 상당하다.

※ [**정리**] ('같은 소'의 의미) - ① 후소가 **전소의 소송물**을 전제로 하거나 **선결적 법률관계**에 해당하는 것일 때에는 **비록 소송물은 다르지만** 위 제도의 취지와 목적에 비추어 전소와 '**같은 소**'로 보아 판결을 구할 수 없다고 풀이하는 것이 타당하다. ② 그러나 여기에서 '**같은 소**'는 반드시 기판력의 범위나 중복제소금지의 경우와 같이 풀이할 것은 아니므로, **재소의 이익이 다른 경우에는 '같은 소'라 할 수 없다**. ③ 또한 본안에 대한 종국판결이 있은 후 소를 취하한 사람이더라도 민사소송법 제267조 제2항의 취지에 반하지 아니하고 **소를 제기할 필요가 있는 정당한 사정**이 있다면 **다시 소를 제기할 수 있다**.

(3) 권리보호이익의 동일
전·후 양소의 권리보호이익이 동일하여야 한다(※ 중복제소금지의 원칙과 차이) → [**새로운 권리보호이익을 인정한 경우**] : ① 피고가 소유권 침해를 중지하여서 소를 취하하였는데 그 뒤 **재침해**하는 경우, ② 피고가 **소취하의 전제조건인 변제 등을 확약**하여 취하하였는데 그 후 **약정사항을 이행하지 않은 경우**, ③ 약정이 해제·실효되는 등의 **사정변경**이 발생한 경우, ④ **소취하 후 토지거래허가를 받고 나서 다시 소유권이전등기를 구하는 경우** 등은 동일한 소가 아니다. 즉, 새로운 권리보호이익이 있다.

※ [**비교**] (**토지거래허가 사안**) - 매수인이 매도인을 상대로 부동산에 관하여 매매를 원인으로 한 소유권이전등기절차 이행의 소를 제기하여 승소판결을 받았지만, 항소심에서 매매에 따른 토지거래허가신청절차의 이행을 구하는 소로 변경하여 당초의 소는 **종국판결 선고 후 취하된 것**으로 되었다 하더라도, 그 후 **토지거래허가를 받고 나서 다시 소유권이전등기절차의 이행을 구하는 것**은 취하된 소와 **권리보호의 이익이 달라 재소금지원칙이 적용되지 않는다**.

(4) **본안에 대한 종국판결선고 후의 소취하**
① [**본안에 대한 종국판결**] – ⅰ) **소송판결**(예 소각하판결, 소송종료선언의 판결 등)이 있은 뒤에 소를 취하하여도 **재소금지의 제재는 없다.** ⅱ) **본안에 대한 종국판결**은 **유효**한 것이어야 한다. 따라서 사망자를 상대로 한 판결과 같이 당연무효의 판결이 있은 뒤에 소를 취하하여도 재소금지의 제한을 받지 않으므로, 다시 소를 제기할 수 있다.
② [**항소심에서의 소의 교환적 변경과 재소금지**] – 소의 **교환적 변경**은 **신소 제기와 구소 취하**의 **결합**형태로 볼 것이므로 본안에 대한 종국판결이 있은 후 구청구를 신청구로 교환적 변경을 한 다음 다시 본래의 구청구로 교환적 변경을 한 경우에는 **종국판결이 있은 후 소를 취하하였다가 동일한 소를 다시 제기한 경우**에 **해당**하여 부적법하다.

---

※ 주의 판례

1. **상계항변의 철회와 재소금지**
　(1) 재소금지의 의의·취지 및 요건
　(2) 상계항변의 철회의 경우 재소금지 적용 여부
　　① **소의 취하와 달리 소송상 방어방법으로서의 상계 항변**은 그 **수동채권의 존재가 확정되는 것을 전제**로 하여 행하여지는 일종의 예비적 항변으로서 **상대방의 동의 없이 이를 철회할 수 있고**, 그 경우 **법원은 처분권주의의 원칙상 이에 대하여 심판할 수 없다.**
　　② **따라서** 먼저 제기된 소송의 **제1심에서 상계 항변을 제출하여 제1심판결로 본안에 관한 판단을 받았다가 항소심에서 상계 항변을 철회하였더라도** 이는 **소송상 방어방법의 철회에 불과**하여 민사소송법 제267조 제2항의 **재소금지 원칙**이 **적용되지 않**으므로, 그 자동채권과 동일한 채권에 기한 소송을 별도로 제기할 수 있다.

2. **본안의 종국판결 후 소취하 합의의 내용으로 화해권고결정이 확정된 경우**
　① 화해권고결정에 '원고는 소를 취하하고, 피고는 이에 동의한다.'는 화해조항이 있고, 이러한 화해권고결정에 대하여 양 당사자가 이의하지 않아 확정되었다면, **화해권고결정의 확정으로 당사자 사이에 소를 취하한다는 내용의 소송상 합의를 하였다고 볼 수 있다.** 따라서 **본안에 대한 종국판결이 있은 뒤에 이러한 화해권고결정이 확정되어 소송이 종결된 경우**에는 **소취하한 경우와 마찬가지로** 민사소송법 **제267조 제2항의 규정에 따라 같은 소를 제기하지 못한다.**
　② **다만,** 재소금지의 취지에 반하지 아니하고 **소제기를 필요로 하는 정당한 사정**(※ 주 – 승계참가신청을 통해 대여금청구 소송을 승계할 정당한 사정)이 있는 등 취하된 소와 **권리보호이익이 동일하지 않은 경우**(새로운 권리보호이익 인정)에는 **다시 소를 제기할 수 있다.**

### 3. 효과

① [**직권조사사항**] – 소극적 소송요건으로서 직권조사사항 → 재소금지에 해당되면 부적법 소각하

② [**실체법상 효과**] – 재소금지의 효과는 동일한 당사자 사이에 같은 소송물에 관하여 다시 소를 제기하지 못하게 하는 것일 뿐 **실체상의 권리는 소멸하지 않는다**.

※ [비교] (양자간 등기명의신탁과 재소금지 및 손해배상청구의 가부) – 甲이 乙 앞으로 마쳐준 부동산 소유권이전등기가 명의신탁에 의한 것으로 무효라고 주장하면서 乙을 상대로 소유권이전등기말소청구의 소를 제기하여 제1심과 항소심 모두 승소하였으나 상고심 계속 중 소를 취하하였는데, 그 후 재차 乙을 상대로 소유권이전등기의 말소를 구하는 소를 제기하였다가 부동산 가액 상당 손해배상을 구하는 것으로 청구를 변경한 사안에서, ① **불법행위로 인한 재산상 손해는 위법한 가해행위로 생긴 재산상 불이익**, 즉 위법행위가 없었더라면 존재하였을 재산상태와 위법행위가 가해진 현재의 재산상태의 차이를 말하므로, 부동산 교환가치 전액이 甲의 손해가 되려면 乙의 행위 때문에 부동산이 멸실되거나 **甲이 소유권을 잃는 등의 결과가 사회통념상 현실적으로 발생해야 하는데**, 양자간 등기명의신탁의 경우 부동산 실권리자명의 등기에 관한 법률에 따라 **명의신탁 약정과 그에 터 잡은 등기가 무효이므로**, 甲이 부동산 소유권을 여전히 보유하고 있는 이상 乙 앞으로 마친 소유권이전등기로 인하여 **어떠한 손해를 입게 되는 것은 아니며**, ② 재소금지의 효과는 동일한 당사자 사이에 같은 소송물에 관하여 다시 소를 제기하지 못하게 하는 것일 뿐 **실체상의 권리는 소멸하지 않는다**. 따라서 甲이 종전 소송을 취하함에 따라 원인무효인 乙 명의 소유권이전등기의 말소를 소송을 통해 강제할 수 없을 뿐 부동산 소유권은 계속 甲에게 남아 있고, 乙이 부동산을 제3자에게 처분할 경우에 비로소 甲이 소유권을 상실하게 되는데도, 이와 달리 乙이 원인무효인 소유권이전등기의 말소를 거부하고 있을 뿐인데도 甲의 소유권이 침해되어 부동산 가액 상당 손해가 발생했다고 보아 그 금액의 배상을 명한 원심판단은 법리오해의 잘못이 있다.

## Set 28 부제소특약과 소취하계약

※ 논증구도

Ⅰ. 의의 및 존재 인정여부 ──→ Ⅱ. 유효요건 ──→ Ⅲ. 법적 성질 및 위반시 조치
　　　　　　　　　　　　　　　처 / 특 / 예 / 불

### 1. 의의 및 존재 인정여부

① [**부제소특약**] – 당사자 간에 제소하지 않기로 하는 소송 외에서 합의

② [**소취하계약**] - 이미 계속 중인 소를 취하하기로 하는 당사자 간의 소송 외에서의 합의

③ [**합의서 제출 사안**] - **처분문서**로 **진정성립이 인정**된다면 그 **기재된 대로 법률행위의 존재와 내용**을 **인정**하여야 한다.

※ [비교] (**소송행위의 의의**) - 요건 및 효과가 소송법에 의하여 규율되는 행위가 소송행위라고 하는 요건 및 효과설이 통설·판례이다.

## 2. 허용 여부 및 유효요건

① 당사자가 **처**분할 수 있는 권리범위 내의 것으로서 + ② **특**정한 권리관계에 관한 합의일 것 + ③ 당사자가 그 합의의 법적 효과의 의미를 명확하게 **예**견(예상)할 수 있는 경우일 것 + ④ 특약자체가 **불**공정한 방법으로 이루어지지 않았을 것이 요구된다.

※ [비교] (**민법 제104조와 부제소특약**) - 매매계약과 같은 쌍무계약이 급부와 반대급부와의 불균형으로 말미암아 민법 제104조에서 정하는 '**불공정한 법률행위**'에 **해당**하여 **무효**라고 한다면, 그 계약으로 인하여 불이익을 입는 당사자로 하여금 위와 같은 불공정성을 소송 등 사법적 구제수단을 통하여 주장하지 못하도록 하는 **부제소합의 역시** 다른 특별한 사정이 없는 한 **무효**이다.

※ [비교] (**강행법규를 위반한 계약에 부수하여 이루어진 부제소특약의 효력 유무**) - 강행법규인 임대주택법 등 관련 법령에서 정한 산정기준에 따른 금액을 초과한 분양전환가격으로 분양계약을 체결하면서 이에 부수하여 부제소합의를 한 때와 같이, **부제소합의로 인해 그 계약이 강행법규에 반하여 무효임을 주장하지 못하게 됨으로써 강행법규의 입법취지를 몰각하는 결과가 초래되는 경우** 그 **부제소합의는** 특별한 사정이 없는 한 **무효**라고 봄이 타당하다.

## 3. 법적 성질 및 위반시 조치

(1) 부제소특약(합의)

① [**직권조사사항**] - 직권조사사항으로서 소가 부제소 합의에 위배되어 제기된 경우 법원은 **직권으로 소의 적법 여부를 판단**할 수 있다.

② [**권리보호이익의 흠결**] - 부제소특약에 위반한 경우 그 소는 **권리보호의 이익**이 없고, 또한 **신의칙**에도 **반**하는 것이므로 **각하**되어야 한다.

③ [**지적의무**] - **당사자들이 부제소 합의의 효력이나 그 범위에 관하여 쟁점으로 삼아 소의 적법 여부를 다투지 아니하는데도** 법원이 **직권으로 부제소 합의에 위배되었다는 이유로 소가 부적법하다고 판단하기 위해서는** 그와 같은 법률적 관점에 대하여 당사자에게 **의견을 진술할 기회를 주어야 하고**, 법원이 그와 같이 하지 않고 직권으로 부제소 합의를 인정하여 소를 각하하는 것은 예상외의 재판으로 당사자 일방에게 불의의 타격을 가하는 것으로서 석명의무를 위반하여 필요한 심리를 제대로 하지 아니하는 것이다.

(2) 소취하계약(합의)

① [**권리보호이익의 흠결**] – ⅰ) 강제집행취하계약에 위배했다고 하여 직접 소송으로서 그 취하를 구할 수 없다고 하여 의무이행소구설을 배척하였고, ⅱ) 소취하계약에 위반한 경우 그 소는 **권리보호의 이익**이 **없으므로 각하**되어야 한다.

② [**항변사항**] – 당사자 사이에 **항소취하의 합의**가 있는데도 항소취하서가 제출되지 않는 경우 상대방은 이를 **항변으로 주장할 수 있고**, 이 경우 항소심법원은 **항소의 이익**이 **없다고 보아** 그 **항소**를 **각하**함이 원칙이다.

③ [**묵시적 합의해제**] – 소취하 계약도 당사자 사이의 **합의에 의하여 해제할 수 있음**은 물론이고 계약의 합의해제는 명시적으로 이루어진 경우뿐만 아니라 **묵시적으로 이루어질 수도 있는 것**으로, 계약의 성립 후에 당사자 쌍방의 계약실현의사의 결여 또는 포기로 인하여 쌍방 모두 이행의 제공이나 최고에 이름이 없이 장기간 이를 방치하였다면, 그 계약은 당사자 쌍방이 계약을 실현하지 아니할 의사가 일치됨으로써 묵시적으로 합의해제되었다고 해석함이 상당하다.

④ [**조건부 소취하계약**] – 조건부 소취하의 합의를 한 경우에는 **조건의 성취사실이 인정되지 않는 한 그 소송을 계속 유지할 법률상의 이익**을 부정할 수 없다.

⑤ [**민법 제109조에 기한 착오취소의 가부**] – 소취하 합의의 의사표시 역시 민법 제109조에 따라 법률행위의 내용의 중요 부분에 착오가 있는 때에는 취소할 수 있을 것이다. 의사표시의 동기에 착오가 있는 경우에는 당사자 사이에 그 동기를 의사표시의 내용으로 삼았을 때에 한하여 의사표시의 내용의 착오가 되어 취소할 수 있는 것이며, 법률행위의 중요 부분의 착오라 함은 표의자가 그러한 착오가 없었더라면 그 의사표시를 하지 않으리라고 생각될 정도로 중요한 것이어야 하고 보통 일반인도 표의자의 처지에 섰더라면 그러한 의사표시를 하지 않았으리라고 생각될 정도로 중요한 것이어야 한다. 이때 착오를 이유로 의사표시를 취소하는 자는 법률행위의 내용에 착오가 있었다는 사실과 함께 착오가 의사표시에 결정적인 영향을 미쳤다는 점, 즉 만일 착오가 없었더라면 의사표시를 하지 않았을 것이라는 점을 증명하여야 한다.

## Set 29 이행의 소의 이익

### 1. 현재이행의 소의 이익

(1) 판단

현재이행의 소는 **변론종결 당시 변제기**가 **도래**한 이행청구권을 주장하는 소로서 원고가 이행청구권을 **주장**하는 것 **자체에 의하여 소의 이익**은 **인정**된다. 다만, 몇 가지 문제되는 경우가 있다.

(2) 집행이 불가능하거나 현저히 곤란한 청구

1) 소의 이익 인정

**판결절차와 강제집행절차**는 **별도의 독자적 존재의의**가 있고, 피고에 대한 심리적 압박이 가능하다는 점에서 소의 이익 긍정

2) 구체적 사안

① [**순차 경료된 소유권이전등기의 말소등기청구**] - 각 말소등기청구소송은 **통상공동소송**이므로 그 중의 어느 한 등기명의자만을 상대로 말소를 구할 수 있고, **최종 등기명의자를 상대로 한 말소등기청구가 패소확정**되어서 중간 등기명의자의 말소등기의 집행이 불가능하더라도, **중간 등기명의자에 대하여 등기말소를 구할 소의 이익**이 **있다**.

② [**가압류만 있는 상태에서 압류채무자의 청구**] - ⅰ) [**적법성**] : 채권에 대한 가압류가 있더라도 이는 채무자가 제3채무자로부터 현실로 급부를 **추심하는 것만을 금지**하는 것일 뿐 **채무자는 제3채무자를 상대로 그 이행을 구하는 소송을 제기할 수 있고** 법원은 가압류가 되어 있음을 이유로 이를 배척할 수는 없다. 왜냐하면 채무자로서는 **채무명의를 취득할 필요**가 있고 또는 **시효를 중단할 필요도 있기 때문이다**. / ⅱ) [**본안심판**] : (ㄱ) 금전채권에 대한 **압류(가압류)의 경우에는 무조건 청구인용**을 한다. 왜냐하면 **제3채무자**로서는 이행을 명하는 판결이 있더라도 **집행단계에서 이를 저지하면 될 것이기 때문이다**. (ㄴ) 그러나 **소유권이전등기청구권에 대한 압류의 경우**에는 **압류의 해제**를 조건으로 한 **조건부 청구인용**을 하여야 한다.

(3) 목적의 실현 또는 실익 없는 청구

① **근저당권설정등기의 말소등기절차의 이행을 구하는 소송 도중**에 그 근저당권설정등기가 **경락을 원인으로** 하여 **말소된 경우**에는 더 이상 근저당권설정등기의 말소를 구할 **소의 이익**이 **없다**.

② 원인 없이 말소된 근저당권설정등기의 회복등기절차 이행과 회복등기에 대한 승낙의 의사표시를 구하는 소송 도중에 근저당목적물인 부동산에 관하여 경매절차가 진행되어 매각허가결정이 확정되고 매수인이 매각대금을 완납하였다면 매각부동산에 설정된 근저당권은 당연히 소멸하므로, 더 이상 원인 없이 말소된 근저당권설정등기의 회복등기절차 이행이나 회복등기에 대한 승낙의 의사표시를 구할 법률상 이익이 없게 된다.

## 2. 장래이행의 소의 이익

(1) 의의 및 취지

장래의 이행의 소는 변론종결시를 표준으로 하여 이행기가 장래에 도래하는 이행청구권을 주장하는 소이다(제251조). 이는 채무자의 **임의이행의 거부에 대비**하기 위한 것으로, 강제집행의 곤란에 대비하기 위한 것이 아니다.

## (2) 청구적격

1) 판단기준

장래이행의 소에서의 청구적격은 "① 현재 청구권 발생의 **기초관계**가 **존재**하여야 하고, ② **변론종결 당시**에 **청구권 발생의 가능성이 확실히 예상**(침해상태 계속의 확실성)"되어야 한다.

2) 기한부·정지조건부 청구권

① 기한부청구권은 기한의 도래가 확실하므로 청구적격이 인정된다.
② 조건부청구권은 **조건성취**의 **개연성**이 인정되어야 청구적격이 인정 → ⅰ) **학교법인**이 **감독청의 허가 없이 기본재산**인 부동산에 관한 **매매계약**을 체결하고, 매수인이 **감독청의 허가를 조건으로 부동산에 관한 소유권이전등기절차의 이행을 구한 경우** 이를 **허용**. / ⅱ) 그러나 **토지거래허가를 조건으로 하는 소유권이전등기청구**에 대하여는 **허가를 받기 전에는 매매계약은 물권적 효력은 물론 채권적 효력도 발생하지 아니하여 무효이므로 부정**하였다.

3) 장래의 부당이득반환·손해배상청구

① **원고가 주장하는** 장래의 **시점까지 침해상태가 계속**(존속)될 것이 변론종결 당시에 **확정적으로 예정**되어야 한다. 그 이전에 채무자(불법행위자)의 침해가 중단될 사정 등 사정변경이 생길 가능성이 있으면 부적법하다. 따라서 책임 기간이 불확실하여 변론종결 당시에 확정적으로 예정할 수 없는 경우에는 장래의 이행을 명하는 판결을 할 수 없다.
② 불법점유자를 상대로 한 임료상당의 손해배상 또는 부당이득을 구하는 경우, 통상 청구취지는 "~ 건물의 **인도완료일까지** 월 00원의 비율에 의한 금원을 지급하라."는 식으로 기재하고, 이것이 인정되는 경우 주문도 이와 마찬가지로 기재된다. 또한 동시이행항변이나 유치권항변에 기한 점유의 경우에도 마찬가지로 "**인도완료일**(시)**까지**"를 종기로 정함이 일반적이다 (※ [참고] – 개인 소유의 도로를 불법점유한 사안에서, 판례는 "도로폐쇄로 인한 피고의 점유종료일(= 인도 완료일) 또는 원고의 도로 소유권 상실일"까지의 부당이득반환청구를 인정한 바 있었는데, 최근 판례는 "원고의 소유권 상실일까지의 기재는 바람직하지 않다"고 하여 그 입장을 변경·제한하였다. 왜냐하면 소유권 상실일 전에 점유를 종료할 수도 있기 때문이다).

## (3) 권리보호이익 – 미리 청구할 필요

1) 판단기준

미리 청구할 필요가 있는가는, ① 의무의 성질과 ② **의무자의 태도**를 고려하여 **개별적**으로 **판단**해야 한다. 구체적으로 문제가 되는 경우는 다음과 같다.

2) 미리 청구할 필요가 인정되는 경우

① [**현재 이행기 도래분의 불이행**] – 현재 이행기 도래분에 대하여 다투거나 불이행이 있는 이상, 그러한 태도에 비추어 장래 부분의 이행도 기대할 수 없으므로 미리 청구할 필요가 있다.
② [**선이행청구**] – ⅰ) (**원칙**) : 자기 채무의 이행이 있어야 비로소 상대방 채무의 이행기가 도래하는 선이행청구는 원칙적으로 **허용되지 않는다**(예 자신의 채무를 먼저 변제하여야만 비로

소 그 채무를 담보하기 위하여 경료되었던 저당권설정등기나 담보가등기의 말소를 청구할 수 있다). / ⅱ) (**예외**) : 채권자가 **피담보채무의 액수를 다툰다든지** 또는 그 **가등기 등이 채권담보의 목적으로 경료된 것이 아니라고 다투는 경우**(계약의 성질 등을 다툼)에는 채무자가 채무를 변제하더라도 채권자가 이에 협력할 의무를 이행할 것으로 기대되지 않는 경우이므로 미리 청구할 필요가 있다(※ 변제를 조건으로 말소등기청구의 소 제기 가능).

- ※ [**비교**] (**현재이행의 소에 대한 장래이행판결의 가부**) – 채무자가 **피담보채무 전액**을 **변제**하였다고 주장하면서 **저당권설정등기의 말소등기청구의 소를 제기한 경우에도 피담보채무가 일부 남아 있는 경우**, ① 채무자의 **다른 반대의 의사표시가 없는 한** 채무자의 청구에는 **잔존 피담보채무의 선이행을 조건으로 회복을 구한다는 취지**(잔존채무를 변제하고 그 다음에 위 등기의 말소를 구한다는 취지)까지 **포함**되어 있는 것으로 해석하여야 하고, ② 그러한 경우에는 **피담보채무의 액수를 다투는 경우**이므로 **장래이행의 소로서 미리 청구할 필요도 있다.** ③ 따라서 법원은 피담보채무가 전액 변제되지 않았다는 이유만으로 **원고의 청구를 기각할 것이 아니라** 근저당권설정등기의 피담보채무 중 잔존원금 및 지연손해금의 액수를 심리·확정한 후 그 **변제를 조건으로 근저당권설정등기의 말소를 명하여야 한다.** ④ 이는 **채무의 담보를 위하여 설정된 지상권설정등기 말소청구의 경우에도 마찬가지이다.**

# Set 30 확인의 소의 이익

## 1. 의의

확인의 소는 당사자 간의 권리 또는 법률관계의 존부의 확정을 목적으로 하는 소이다. 기본적으로 대상이 무한정이고 남소의 우려가 있으므로 소의 이익이 가장 문제되는 소의 유형이다.

- ※ [**비교**] (**확인의 소 – 당사자적격과 확인의 이익**) – **비법인 사단인 교회의 교인총회 결의에 대하여 부존재확인의 소를 제기할 수 있는 사람이 누구인지에 관하여** 민법 등에 특별한 규정이 없으므로, **일반적인 확인의 소의 경우처럼 확인의 이익이나 법률상 이해관계를 가지는 사람은 누구든지 원고적격을 가진다.** 교회에 확인의 이익이 인정되는 경우에는 **교회 스스로 원고가 되어 교인총회 결의의 존재를 주장하는 교인 등을 상대로 그 결의의 부존재확인의 소를 제기할 수도 있다.**

## 2. 청구적격

### (1) 원칙적 기준

**자**기의 **현**재 권리 또는 **법**률관계를 대상으로 한다.

(2) '**자기**'의 권리 또는 법률관계

확인의 소는 반드시 당사자간의 법률관계에 한하지 아니하고, **당사자의 일방과 제3자 사이** 또는 **제3자 상호간의 법률관계**도 그 **대상**이 될 수 있다.

(3) '**현재**'의 권리 또는 법률관계

① [과거] - 원칙적으로 과거의 권리관계의 존부확인은 **대상적격 ✗** / But ⅰ) **현재의 권리·법률관계에 관련되어 있거나**(선해적합성), ⅱ) **과거의 포괄적 법률관계**로서 **일체분쟁의 직접적·획일적 해결에 유효한 수단**이 되는 경우(예 사실혼관계에 있던 당사자 일방이 사망한 경우 사실혼관계 존부확인청구)에는 **확인의 이익**이 **인정 ○**

※ [비교] (매매계약 무효확인의 소) - 과거의 법률행위인 매매계약무효의 확인을 구하는 것으로 볼 것이 아니라 **현재 매매계약에 기한 채권·채무가 존재하지 않는다는 확인을 구하는 취지를 간결하게 표현한 것**으로 **선해**하여야 한다(※ 계약 해제에 의한 무효확인을 구하는 경우도 동일).

※ [비교] (이혼 후 혼인관계 무효확인의 소) - 이혼으로 혼인관계가 이미 해소되었다면 기왕의 혼인관계는 과거의 법률관계가 된다. 그러나 신분관계인 혼인관계는 그것을 전제로 하여 수많은 법률관계가 형성되고 그에 관하여 일일이 효력의 확인을 구하는 절차를 반복하는 것보다 **과거의 법률관계인 혼인관계 자체의 무효확인을 구하는 편이 관련된 분쟁을 한꺼번에 해결하는 유효·적절한 수단일 수 있으므로**, 특별한 사정이 없는 한 **혼인관계가 이미 해소된 이후라고 하더라도 혼인무효의 확인을 구할 이익**이 인정된다고 보아야 한다.

② [장래] - 장래의 권리의무 또는 법률관계는 확인의 소의 대상 ✗ / But 조건부권리나 기한부권리는 확인의 소의 대상 ○

(4) 권리 또는 **법률관계**(법률적 지위)

**사실관계**는 원칙적으로 **대상적격 ✗** / But 증서의 진정 여부를 확인하는 소송은 명문의 규정으로 인정되고 있다(제250조).

## 3. 확인의 이익 - 권리보호의 이익 내지 필요

(1) 원칙적 기준

① 권리 또는 **법**률상 지위(이익)에 **현**존하는 위험·불안이 있고 이를 제거함에 확인판결을 받는 것이 가**장** 유효·적절한 수단인 경우이어야 한다.

② 확인판결을 받는 것이 **무용·무의미**하여 그 **필요성**이 **없는 경우**에는 **확인의 이익**이 **없다**.

※ [비교] (취득시효가 완성된 점유자인 국가를 상대로 소유권이전등기절차를 이행해 주어야할 지위에 있는 미등기 토지의 소유자가 소유권의 확인을 구할 법률상 이익이 있는지 여부) - 국가가 미등기 토지를 20년간 점유하여 취득시효가 완성된 경우, 그 미등기 토지의 소유자로서는 국가에게 이를 원인으로 하여 **소유권이전등기절차를 이행하여 줄 의무**를 부담하고 있는 관계

로 **국가에 대하여 그 소유권을 행사할 지위에 있다고 보기 어렵고**, 또 그가 소유권확인판결을 받는다고 하여 이러한 지위에 변동이 생기는 것도 아니라고 할 것이므로, 이와 같은 사정하에서는 그 소유자가 굳이 국가를 상대로 토지에 대한 소유권의 **확인을 구하는 것은 무용·무의미**하다고 볼 수밖에 없어 확인판결을 받을 **법률상 이익이 있다고 할 수 없다.**

※ **[비교] (단체 내부분쟁)** – 법인 아닌 사단의 대표자 또는 구성원의 지위에 관한 확인소송에서 **대표자 또는 구성원 개인을 상대로 제소하는 경우에는** 청구를 인용하는 판결이 내려진다 하더라도 그 판결의 효력이 해당 단체에 미친다고 할 수 없기 때문에 대표자 또는 구성원의 지위를 둘러싼 당사자들 사이의 분쟁을 근본적으로 해결하는 유효적절한 방법이 될 수 없으므로, 그 단체를 상대로 하지 않고 대표자 또는 구성원 개인을 상대로 한 청구는 **확인의 이익이 없어 부적법하다.**

(2) 법률상 이익 – 권리 또는 법률상 지위
① 법률상 이익이 아닌 반사적으로 받게 될 **사실상·경제상 이익은 포함되지 않는다.**
② **이른바 담보지상권**은 당사자의 약정에 따라 **담보권의 존속과** 지상권의 존속이 서로 **연계되어 있을 뿐**이고, 이러한 경우에도 지상권의 **피담보채무가 존재하는 것은 아니다**. 따라서 **지상권설정등기에 관한 피담보채무의 범위 확인을 구하는 청구**는 원고의 권리 또는 법률상의 지위에 관한 청구라고 보기 어려우므로, **확인의 이익이 없어 부적법하다.**

---

※ 근저당권자의 유치권부존재확인의 소

1. 경매절차에서 **유치권이 주장**된 경우

 (1) 담보목적물이 매각되기 전
  ① **[적법성 심사]** – ⅰ) **(청구적격)** : 당사자의 일방과 제3자 사이 또는 제3자 상호간의 법률관계도 그 대상이 될 수 있다. / ⅱ) **(확인의 이익)** : **유치권자는** 자신의 피담보채권이 변제될 때까지 **유치목적물인** 부동산의 **인도를 거절할 수 있어** 경매목적 부동산이 그만큼 **낮은 가격에 낙찰될 우려**가 있다. 또한 저가낙찰로 인해 경매를 신청한 **근저당권자의 배당액이 줄어들거나 거액의 유치권 신고로 매각 자체가 불가능하게 될 위험은 단순한 사실상·경제상의 이익이라고 볼 수는 없다.** 따라서 근저당권자는 유치권 신고를 한 사람을 상대로 유치권의 부존재 확인을 구할 **법률상 이익이 있다.**
  ② **[본안심사]** – **소극적 확인소송**에서는 원고가 먼저 청구를 특정하여 채무발생원인 사실을 부정하는 주장을 하면 채권자인 **피고는 권리관계의 요건사실에 관하여 주장·증명책임**을 부담하므로, 유치권 부존재 확인소송에서 유치권의 요건사실인 유치권의 **목적물과 견련관계 있는 채권의 존재**에 대해서는 **피고가 주장·증명**하여야 한다.
  ③ **[처분권주의**(제203조)**]** – 심리 결과 유치권 신고를 한 사람이 유치권의 **피담보채권으로** 주장하는 금액의 **일부만이** 경매절차에서 유치권으로 대항할 수 있는 것으로 **인정되는 경**

우에는 법원은 특별한 사정이 없는 한 그 유치권 부분에 대하여 **일부패소의 판결**을 하여야 한다.

※ [비교] (**유치권의 주장이 권리남용인 경우**) - 채무자가 채무초과의 상태에 이미 빠졌거나 그러한 상태가 임박함으로써 채권자가 원래라면 자기 채권의 충분한 만족을 얻을 가능성이 현저히 낮아진 상태에서 이미 채무자 소유의 목적물에 저당권 기타 담보물권이 설정되어 있어서 유치권의 성립에 의하여 저당권자 등이 그 채권 만족상의 불이익을 입을 것을 잘 알면서 자기 채권의 우선적 만족을 위하여 위와 같이 취약한 재정적 지위에 있는 채무자와의 사이에 의도적으로 유치권의 성립요건을 충족하는 내용의 거래를 일으키고 그에 기하여 목적물을 점유하게 됨으로써 유치권이 성립하였다면, 유치권자가 그 **유치권을 저당권자 등에 대하여 주장하는 것**은 다른 특별한 사정이 없는 한 **신의칙에 반하는** 권리행사 또는 **권리남용으로서 허용되지 아니한다**. 그리고 **저당권자 등**은 경매절차 기타 채권실행절차에서 위와 같은 **유치권**을 배제하기 위하여 그 **부존재의 확인** 등을 **소로써 청구할 수 있다**.

(2) 담보목적물이 매각된 경우

경매절차에서 유치권이 주장되었으나 소유부동산 또는 담보목적물이 **매각되어** 그 소유권이 이전되어 소유권을 상실하거나 **근저당권이 소멸하였다면**, 소유자와 **근저당권자는** 유치권의 **부존재확인을 구할 법률상 이익이 없다**.

2. 경매절차에서 **유치권**이 **주장되지 아니한 경우**

① 경매절차에서 유치권이 주장되지 아니한 경우에는, 담보목적물이 매각되어 그 소유권이 이전됨으로써 근저당권이 소멸하였더라도 **채권자는** 유치권의 존재를 알지 못한 **매수인으로부터 민법 제575조, 제578조 제1항, 제2항에 의한 담보책임을 추급당할 우려**가 있고, 위와 같은 위험은 채권자의 법률상 지위를 불안정하게 하는 것이므로, **채권자인 근저당권자로서는** 위 불안을 제거하기 위하여 **유치권 부존재확인을 구할 법률상 이익**이 **있다**.

② **반면 채무자가 아닌 소유자(예 물상보증인)**는 위 각 규정에 의한 **담보책임을 부담하지 아니하므로, 유치권의 부존재확인을 구할 법률상 이익이 없다**.

(3) **현**존하는 위험·불안의 존재

권리 또는 법률상 지위가 다른 사람으로부터 **부인**당하거나 이와 **양립하지 않는 주장을 당하는 경우**에 인정된다. 따라서 당사자 사이에 **아무런 다툼이 없으면 확인의 이익이 없다**. → 현재 금전채무가 없다는 점에 대하여 당사자 사이에 다툼이 없다면 원고의 법적 지위에 어떠한 불안·위험이 있다고 할 수 없으므로 특별한 사정이 없는 한 그 **채무의 부존재확인을 구할 확인의 이익이 없다**.

> ※ 국가를 상대로 한 토지소유권존재의 확인소송
>
> ① 국가를 상대로 한 토지소유권확인청구는 어느 토지가 **미등기**이고, 토지대장이나 임야대장상에 **등록명의자가 없거나 등록명의자가 누구인지 알 수 없을 때**와 그 밖에 **국가가 등록명의자인 제3자의 소유를 부인하면서 계속 국가 소유를 주장**하는 등 특별한 사정이 있는 경우에 한하여 그 **확인의 이익이 있다.**
>
> ※ [비교] (**건물의 경우**) - 가옥대장이나 건축물관리대장의 비치·관리업무는 당해 지방자치단체의 고유사무로서 국가사무라고 할 수도 없는데다가 당해 건물의 소유권에 관하여 국가가 이를 특별히 다투고 있지도 아니하다면 국가는 그 소유권 귀속에 관한 직접 분쟁의 당사자가 아니어서 이를 확인해 주어야 할 지위에 있지 않으므로, 국가를 상대로 미등기 건물의 소유권 확인을 구하는 것은 그 확인의 이익이 없어 부적법하다.
>
> ② 토지대장상의 소유자 표시 중 **주소 기재의 일부가 누락**된 경우는 **등록명의자가 누구인지 알 수 없는 경우**에 **해당**하므로, 토지대장상 토지소유자의 채권자는 소유권보존등기의 신청을 위하여 토지소유자를 대위하여 **국가를 상대로 소유권확인을 구할 이익이 있다.**
>
> ※ [비교] (**주소나 인적사항에 관해 아무런 기재가 없는 경우**) - 미등기토지에 대하여 토지대장이나 임야대장의 소유자 명의인 표시란에 구체적 주소나 인적사항에 관한 기재가 없어서 그 명의인을 특정할 수 없는 경우에는 그 소유명의인의 채권자가 국가를 상대로 소유명의인을 대위하여 소유권확인의 확정판결을 받더라도 이 확인판결에는 소유자가 특정되지 않아 특정인이 위 토지의 소유자임을 증명하는 확정판결이라고 볼 수 없다

### (4) 불안제거에 가장 유효·적절한 수단

#### 1) 적극적 확인의 소와 소극적 확인의 소

적극적 확인을 구하는 것이 보다 유리하고 발본적인 해결방법 → ① 자기의 권리 또는 법률상의 지위를 부인하는 상대방이 자기 주장과는 양립할 수 없는 제3자에 대한 권리 또는 법률관계를 주장한다고 하여 상대방 주장의 그 제3자에 대한 권리 또는 법률관계의 **부존재확인을 구하는 것**은 자기의 권리 또는 법률적 지위에 현존하는 불안·위험을 해소시키기 위한 유효적절한 수단이 될 수 없으므로 **확인의 이익이 없다.** ② 토지의 일부에 대한 소유권의 귀속에 관하여 다툼이 있는 경우에 적극적으로 그 부분에 대한 자기의 소유권확인을 구하지 아니하고 소극적으로 **상대방 소유권의 부존재확인을 구하는 것은** 확인의 이익이 **없다.**

#### 2) 당해 절차에서 판단되어야 할 문제

해당 소송절차 내에서 확인하면 충분하므로 별소로 확인을 구할 이익은 없다.

3) 확인의 소의 **보충성**

① [**의의**] – 동일한 권리관계에 관한 이행의 소를 제기할 수 있는 경우에는 확인의 소를 제기할 수 없다.

② [**원칙**] – 이행의 소가 가능함에도 불구하고 그 청구권에 관하여 확인을 구하는 것은 원칙적으로 **허용되지 않는다**. 직접 이행판결을 구하는 편이 더 효율적인 발본적 해결이 되기 때문이다. 즉, **이행청구를 할 수 있는 경우임에도 별도로 그 이행의무의 존재 확인을 구하거나 손해배상청구를 할 수 있는 경우임에도 별도로 그 침해되는 권리의 존재 확인을 구하는 것**은 특별한 사정이 없는 한 불안 제거에 별다른 실효성이 없고 소송경제에 비추어 **유효·적절한 수단이라 할 수 없어** 분쟁의 종국적인 해결 방법이 아니므로 **확인의 이익이 없다**.

※ [**비교**] (근저당권자의 물상보증인을 상대로 한 피담보채무존재의 확인의 소) – 근저당권자가 근저당권의 피담보채무의 확정을 위하여 스스로 물상보증인을 상대로 확인의 소를 제기하는 것이 부적법하다고 볼 것이 아니며, 물상보증인이 근저당권자의 채권에 대하여 다투고 있을 경우 그 분쟁을 종국적으로 종식시키는 유일한 방법은 근저당권의 피담보채권의 존부에 관한 확인의 소라고 할 것이므로, **근저당권자가 물상보증인을 상대로 제기한 확인의 소는 확인의 이익이 있어 적법하다.**

③ [**예외**] – ⅰ) 시효중단의 필요, ⅱ) 손해액수의 불분명, ⅲ) 확인판결로 피고의 임의이행이 기대가능한 경우, ⅳ) **선결적 법률관계**의 확인의 소는 허용된다.

※ [**비교**] (**선결적 법률관계 사안**)

① [**긍정 사안**] : ⅰ) 건물인도청구가 가능한 경우에 그 인도청구권 발생의 기본이 되는 **소유권확인청구**, ⅱ) 매매계약 해제의 효과로서 이미 이행한 것의 반환을 구하는 이행의 소를 제기할 수 있을지라도 그 기본되는 매매계약의 존부에 대하여 다툼이 있어 즉시 확정의 이익이 있는 때에는 **계약이 해제되었음(무효)**의 확인을 **구할 수도 있다**.

② [**부정 사안**] : **근저당권설정자가 근저당권설정계약에 기한 피담보채무가 존재하지 아니함의 확인을 구함과 함께 그 근저당권설정등기의 말소를 구하는 경우**에 근저당권설정자로서는 피담보채무가 존재하지 않음을 이유로 근저당권설정등기의 말소를 구하는 것이 분쟁을 유효·적절하게 해결하는 직접적인 수단이 될 것이므로 별도로 **근저당권설정계약에 기한 피담보채무가 존재하지 아니함의 확인을 구하는 것은 확인의 이익이 있다고 할 수 없다.**

4. 증서의 진부확인의 소(제250조)

(1) 청구적격

① [**증서**] – **법률관계를 증명하는 서면** → 직접적으로 현재의 법률관계의 성부·존부를 증명할 수 있는 **처분문서**(예 매매계약서, 임대차계약서 등)를 **말한다**. 따라서 과거의 사실의 보고를 증명하는 서면인 **보고문서**(예 영수증, 대차대조표 등)는 확인의 **대상**이 **되지 않는다**.

② [**진정 여부**] – 서면이 작성자라고 주장된 사람의 의사에 따라 작성되었는지 여부의 사실, 즉 **성립의 진정을 말하는 것이지 내용의 진정까지 의미하는 것은 아니다.**

(2) 확인의 이익

① [**의의**] – 권리 또는 **법**률상 지위에 위험·불안이 **현**존하고, 이것을 제거하기 위하여 확인판결을 받는 것이 가**장** 유효적절한 수단

② [**증서진부확인의 소에서도 확인의 이익 필요 여부**] – 확인의 소인 이상, 일반적인 확인의 소와 마찬가지로 **확인의 이익이 있어야 한다.** 따라서 서면에 의해 증명되는 법률관계에 관하여 당사자간에 다툼이 없거나 이미 법률관계가 소멸되었다면 확인의 이익이 없다.

③ [**증서와 관련된 법률관계에 관한 소가 제기된 경우 증서진부확인의 이익 유무**] – ⅰ) 어느 서면에 의하여 증명되어야 할 **법률관계를 둘러싸고 이미 소가 제기되어 있는 경우**에는 그 소송에서 분쟁을 해결하면 되므로 그와 별도로 그 서면에 대한 진정 여부를 확인하는 소를 제기하는 것은 특별한 사정이 없는 한 **확인의 이익이 없다.** / ⅱ) 반면 증서진부확인의 소가 제기된 후에 그 **법률관계에 관한 소가 제기된 경우**에는 진부확인의 소의 **확인의 이익**이 소멸되지 않는다.

## Set 31 처분권주의

| 구분 | 당사자 주도 ➡ 당사자주의 | 법원의 주도 ➡ 직권주의 |
|---|---|---|
| 소송의 개시·<br>심판대상·절차의 종결 | **처분권주의** ➡ 보완 : 석명권 | 직권(개시)주의 |
| 소송자료의<br>수집·제출 | **변론주의**<br>➡ 보완 ┬ 석명권<br>├ 직권증거조사<br>└ 적시제출주의 | 직권탐지주의<br>※ 처분권주의와 직권탐지주의의 결합<br>➡ 가사소송·행정소송 |
| 절차의 진행 | 당사자진행주의 | **직권진행주의**<br>➡ 보완 ┬ 절차이의권<br>└ 신청권(예 기일지정신청 등) |

### 1. 의의 및 내용

**처분권주의**는 **소송의 개시**, **심판의 대상과 범위**의 결정, **소송절차의 종결**에 대해서 당사자에게 주도권을 인정하고, 당사자의 처분에 맡기는 원칙 → 특히 **심판의 대상**(질적 동일)과 **범위**(양적 동일)가 문제(※ [**참고**] – 원고의 의사에 부합하는지 여부가 처분권주의 위반 여부의 종국적 기준이지, 원고에게 유리한지 불리한지 여부가 기준이 되는 것이 아니다)

## 2. 심판의 대상과 범위

### (1) 내 용
법원은 당사자가 **신청한 사항**에 대하여, **신청한 범위 내**에서만 **판단**하여야 한다(제203조). → 상소심에서는 불이익변경금지의 원칙(제415조)으로 나타난다.

### (2) 질적 동일(한계)

1) **소송물의 동일 여부**

   **소송물이론**으로 식별 → ※ [**주의 사안**] : ① (소유권이전등기청구 사안) – A가 乙을 상대로 매매를 원인으로 한 소유권이전등기를 청구한 데 대하여 원심이 양도담보약정을 원인으로 한 소유권이전등기를 명하였다면 판결주문상으로는 원고 A가 전부 승소한 것으로 보이기는 하나, **매매를 원인으로 한 소유권이전등기청구**와 **양도담보약정을 원인으로 한 소유권이전등기청구**는 청구원인사실이 달라 **동일한 청구라 할 수 없음**에 비추어, 원심판결에는 **처분권주의를 위반**한 **위법**이 있고 그에 대한 원고 A의 **상소이익**이 **인정**된다. / ② (**건물의 인도청구와 퇴거청구**) – **건물**의 '**인도**'는 건물에 대한 **현실적·사실적 지배를 완전히 이전하는 것**을 **의미**하고, 민사집행법상 인도청구의 집행은 집행관이 채무자로부터 물건의 점유를 빼앗아 이를 채권자에게 인도하는 방법으로 한다. 한편 **건물**에서의 '**퇴거**'는 건물에 대한 채무자의 **점유를 해제하는 것**을 **의미할 뿐**, 더 나아가 채권자에게 **점유를 이전할 것까지 의미하지는 않는다**는 점에서 **건물**의 '**인도**'와 **구별**된다. 그러므로 **채권자가 소로써 채무자가 건물에서 퇴거할 것을 구하고 있는데 법원이 채무자의 건물 인도를 명하는 것**은 **처분권주의에 반**하여 **허용되지 않는다**.

2) **심판의 형식·심판의 순서 – 소의 종류·심판순서**

   ① 이행의 소에 대하여 확인판결을 하거나, 확인의 소에 대하여 이행판결을 하는 것은 허용되지 않는다.

   ② 당사자가 구하는 권리구제의 순서에도 구속 → **예비적 병합**의 경우 법원이 주위적 청구에 대하여 먼저 기각판결을 하지 않은 채, 예비적 청구에 대한 판결을 하는 것은 처분권주의의 위반(※ 예비적 공동소송의 경우에도 동일)

3) **형식적 형성의 소**

   **처분권주의의 적용** × → (토지)경계확정소송, 공유물분할청구의 소의 경우 당사자 주장에 구속되지 않는다(※ 앞의 소의 종류 부분 참고).

### (3) 양적 동일(한계)

1) **양적 상한**(범위 초과)

   ① [**부진정연대채무의 이행청구에 대한 개별적 지급책임**] – 부진정연대의 관계에서 청구한 경우에 진정연대의 관계에서 인용하는 것은 양적 범위 내에 준하여 허용된다고 할 것이지만, 부진정연대관계에서 청구하였는데도 개별적 지급책임을 인정한 것은 **청구한 범위를 넘는 것**으로 처분권주의에 반한다.

② [**인신사고에 의한 손해배상청구**] – **손해3분설**(적극적 손해, 소극적 손해, 위자료) → 청구총액을 초과하지 않는다 하여도 **각 손해항목별**로 청구액을 **초과**하여 인용하는 것은 처분권주의에 위반된다.

③ [**이자청구**] – 소송물은 **원금·이율·기간** 등 3개의 인자(因子)에 의하여 정해지고, 이자청구액의 총액을 초과하지 않았더라도 **3개의 기준 중 어느 것에서나** 원고의 주장 **범위**보다 **초과**하면 처분권주의에 위반된다.

④ [**일부청구와 과실상계**] – **손해의 전액**에서 **과실비율**에 의한 **감액**을 하고, 그 잔액이 청구액을 초과하지 않을 경우에는 그 잔액을 인용할 것이고 잔액이 청구액을 초과할 경우에는 청구의 전액을 인용하는 것으로 풀이하는 것이 일부청구를 하는 당사자의 통상적 의사에 부합한다 (※ 명시적 일부청구인지 묵시적 일부청구인지 불문한다).

※ [**비교**] (**일부청구와 상계항변**) – **채권 전액**에서 **상계**를 하고, 그 잔액이 청구액을 초과하지 아니할 경우에는 그 잔액을 인용할 것이고 그 잔액이 청구액을 초과할 경우에는 청구의 전액을 인용하는 것으로 해석하는 것이 일부 청구를 하는 당사자의 통상적인 의사이다.

2) 일부인용(범위 내)

① [**양적 일부인용**] – 원고의 반대의사가 없는 한 양적 범위 내에서 그 일부의 이행을 명하고 잔부의 청구를 기각하는 것은 처분권주의 위반이 아니다. → 전부의 소유권확인청구에는 지분에 대한 소유권확인의 취지가 포함되어 있으므로 그 범위에서 원고청구를 일부인용할 수 있다.

② [**단순이행청구에 대한 상환이행판결**] – ⅰ) (**동시이행항변권·유치권의 존재**) : 원고의 **반대의사가 없는 한** 매매계약 체결을 원인으로 하여 (무조건)소유권이전등기를 구하는 **청구취지에는** 대금 중 미지급금이 있을 때에는 위 금원의 수령과 **상환**으로 소유권이전등기를 구하는 **취지도 포함**되어 있으므로, 법원은 상환이행판결을 하여야 한다. / ⅱ) (**지상물매수청구권 행사**) : (ㄱ) [**처분권주의와 상환이행판결의 가부**] – 토지임대차 종료시 임대인의 **건물철거와 그 부지인도 청구**에는 **건물매수대금 지급과 동시에 건물명도를 구하는 청구**가 포함되어 있다고 볼 수 **없다**. (ㄴ) [**적극적 석명 허용 여부**] : 이 경우에 법원으로서는 임대인이 종전의 청구를 계속 유지할 것인지, 아니면 대금지급과 상환으로 지상물의 명도를 청구할 의사가 있는 것인지(예비적으로라도)를 **석명하고** 임대인이 그 석명에 응하여 소를 변경한 때에는 지상물명도의 판결을 함으로써 **분쟁의 1회적 해결을 꾀하여야 한다.**

③ [**현재이행의 소에 대한 장래이행의 판결**] – ⅰ) (**처분권주의와 장래이행판결의 가부**) : 채무자가 **피담보채무 전액**을 변제하였다고 주장하면서 저당권설정등기의 말소등기청구의 소를 제기한 경우에도 **피담보채무가 일부 남아 있는 경우**, 채무자의 **다른 반대의 의사표시가 없는 한** 채무자의 청구에는 **잔존 피담보채무의 선이행을 조건으로 회복을 구한다는 취지**(잔존채무를 변제하고 그 다음에 저당권설정등기의 말소를 구한다는 취지)까지 **포함**되어 있는 것으로 해석하여야 하고, / ⅱ) (**장래이행의 소의 적법 여부**) : 그러한 경우에는 **피담보채무의 액수를 다투**

는 경우이므로 **장래이행의 소로서 미리 청구할 필요도 있다**. / iii) **(법원의 판단)** : 법원은 피담보채무가 전액 변제되지 않았다는 이유만으로 **원고의 청구를 기각할 것이 아니라** 근저당권설정등기의 피담보채무 중 잔존원금 및 지연손해금의 액수를 심리·확정한 후 그 **변제를 조건으로 근저당권설정등기의 말소를 명하여야 한다**. 이는 **채무의 담보를 위하여 설정된 지상권설정등기 말소청구의 경우에도 마찬가지이다**(→ 사안의 경우 : 법원은 피담보채무가 남아 있는 것으로 밝혀진다면 그와 같이 확정된 잔존채무의 변제를 조건으로 저당권설정등기와 지상권설정등기의 말소를 구한다는 취지가 포함되어 있는지 여부를 심리하고, 포함되어 있다면 저당권설정등기와 지상권설정등기의 각 피담보채무 잔존채무액을 심리·확정한 후 그 변제를 조건으로 위 각 등기의 말소를 명할 것인지 여부를 판단하여야 한다).

④ [**채권자취소소송**] - 사해행위를 **전부 취소**하고 **원상회복을 구하는** 채권자의 **주장 속에는** 사해행위를 **일부 취소**하고 **가액의 배상**을 **구하는** 취지도 **포함**되어 있으므로, 채권자가 원상회복만을 구하는 경우에도 법원은 가액의 배상을 명할 수 있다.

### 3. 처분권주의 위반의 효과

당연무효✗ → ① 소송절차에 관한 위법이 아니라 판결의 내용에 관한 위법 ∴ <u>이의권의 포기·상실의 대상✗</u>, ② 확정 전 상소는 가능하지만 확정 후 재심으로 취소를 구할 수는 없다(∵ 재심사유✗).

## Set 32  변론주의 - 사실의 주장책임

### 1. 의의 및 내용

변론주의라 함은 **소송자료**(<u>사실자료와 증거자료</u>)의 **수집**과 **제출책임**을 **당사자**에게 맡기고, 당사자가 수집하여 변론에서 **제출한 소송자료만을 재판의 기초**로 삼아야 한다는 원칙을 말한다. → [**내용**] : <u>**사실의 주장책임**, **자백의 구속력**, **증거제출책임**</u>(※ [참고] - 특히 사실의 주장책임이 문제이며, 자백의 구속력은 자백의 법리로 독립적으로 풀어내고, 증거제출책임은 증명책임의 문제로 다루면 된다)

### 2. 사실의 주장책임

(1) 의의

① 당사자는 자기에게 유리한 사실을 **주장하지 않았으면 그 사실은 없는 것**으로 취급되어 **불이익**한 판단을 받게 되는데, 이를 주장책임이라 한다. 따라서 법원이 당사자가 주장하지도 아니한 사실을 인정하여 판단하는 것은 <u>변론주의</u>에 <u>위반</u>된다(**예** 동시이행항변, 소멸시효완성의 항변).

② 주장책임의 분배는 **법률요건분류설**에 의한 증명책임의 분배에 따른다.

③ 어느 당사자이든 변론에서 주장하기만 하면 되고 반드시 주장책임을 지는 당사자가 진술해야 하는 것은 아니다(**주장공통의 원칙**).

(2) **주**요사실과 **간**접사실의 구별 – 변론주의가 적용되는 사실 : '주장되어야 할 사실'

1) 의의

① **주요사실**이란 권리의 발생·변경·소멸이라는 **법률효과를 발생**시키는 **법규의 직접요건사실(or 실체법상 구성요건 해당사실)**을 말하고, 간접사실은 주요사실의 존부확인에 도움을 주는 데 그치는 사실을 말한다. 보조사실이란 증거능력이나 증거가치에 관한 사실을 말한다.

② 변론주의가 적용되는 사실은 법규의 구성요건에 해당하는 **주요사실**에만 **한정**되고, 간접사실과 보조사실에는 적용이 없다. 따라서 간접사실 등은 변론에서 당사자의 주장이 없어도 또 주장과는 달리 증거로써 이를 인정할 수 있다. **다만, 문서의 진정성립**(보조사실)에 관한 인정 진술에 대해 **자백의 법리**를 **적용**한다.

2) 구별 기준

**법규기준설** → 법률효과를 발생시키는 법규의 직접요건사실, 즉 실체법상 구성요건 해당사실이 주요사실이고, 그 외의 사실은 간접사실

| 구분 | 주요사실 | 간접사실 |
| --- | --- | --- |
| 구별기준<br>- 법규기준설 | 甲의 乙에 대한 금 10,000,000원의 대여금반환청구권이 법적분쟁으로서 문제되고 있는 경우에 甲의 주장 가운데 주요사실은 무엇인가. 대여금반환청구권에 있어서 「권리의 발생」이라는 법률효과를 정하는 법률은 민법 제598조이다. 따라서 甲이 민법 제598조에 의한 대여금반환청구권의 발생을 주장하는 경우에 ① 甲이 乙과 사이에 2011.3.1. 소비대차의 약정을 하고, ② 변제기를 같은 해 5월 5일로 정하여 대여하였는데, ③ 변제기가 지나도록 위 대여금을 지급하지 않고 있다는 사실이 주요사실이다. | |
| **사**실의 주장책임 | 당사자의 주장이 있어야 판결의 기초로 삼을 수 있다. 따라서 자기에게 유리한 주요사실을 변론에서 진술하지 않으면 판결의 기초로 삼을 수 없어서 그 결과 불이익한 재판을 받게 된다. | 당사자의 주장이 없어도 증언 등의 증거자료로 판결의 기초로 삼을 수 있다. |
| **자**백의 구속력 | 구속력 인정 | 구속력 부정(∵자유심증주의). 단 문서의 진정성립에 관한 자백은 보조사실에 관한 것이나 자백의 구속력 인정(판례) |
| 판단**누**락 | 판단누락의 경우 상소이유·재심사유 인정 | 간접사실은 판단하지 않아도 상소이유·재심사유로서의 판단누락에 해당하지 않음 |
| **증**거조사의 필요성 | 증거조사 必要 | 주요사실과 무관할 때 증거조사 不必要. 단, **주요사실의 증명에 필요한 한도에서는 증명 필요**(요증사실) |
| 유일한 증거 | 유일한 증거가 주요사실에 관한 것일 때에는 법원은 그 조사를 거부할 수 없다 (제290조 단서). | 간접사실에 관한 것일 때에는 그 조사를 거부할 수 있다. |

3) 구체적 해당 여부

① **[유권대리·표현대리에 의한 계약체결 사실]** - **주요사실 ○** : 대리인에 의한 계약체결의 사실은 **법률효과를 발생시키는 실체법상 구성요건 해당사실**에 속한다. 표현대리에 의한 계약체결 사실도 본인에게 법률효과를 발생시키는 실체법상 구성요건 해당사실에 속한다.

② **[소멸시효 기산일]** - **주요사실 ○** : 소멸시효의 기산일은 소멸시효항변의 **법률요건을 구성하는 구체적인 사실**에 해당하므로 이는 **변론주의의 적용대상**이고, 따라서 **법원은 당사자가 주장하는 기산일을 기준으로 소멸시효를 계산**하여야 하며, 이는 당사자가 본래의 기산일보다 뒤의 날짜를 기산일로 하여 주장하는 경우는 물론이고 특별한 사정이 없는 한 그 반대의 경우에 있어서도 마찬가지이다.

※ **[비교]** (소멸시효의 기간) - 어떤 시효기간이 적용되는지에 관한 주장은 **사실에 관한 주장이 아니라** 단순히 **법률의 해석이나 적용에 관한 의견**을 **표명**한 것(※ 사실문제가 아니라 법률문제로서 단순한 법률상 주장에 불과 - 간접사실도 아님) → 변론주의가 적용되지 않으므로 법원이 당사자의 주장에 구속되지 않고 **직권**으로 판단

③ **[취득시효 기산점]** - **간접사실 ○** : 취득시효의 기산점은 **간접사실에 불과**하므로 법원으로서는 이에 관한 **당사자의 주장에 구속되지 아니하고 소송자료에 의하여 점유의 시기를 인정**할 수 있다.

④ **[기본사실의 경위·내력, 충돌사고의 경위]** - **간접사실 ○** : 기본사실의 경위·내력이나 충돌사고의 경위는 법원이 증거에 의하여 자유로이 사실을 인정할 수 있다.

⑤ **[기대여명]** - **주요사실 ○** : 인신사고로 인한 손해배상 사건에서 손해배상액을 산정하는 기초가 되는 피해자의 기대여명은 변론주의가 적용되는 주요사실로서 **재판상 자백**의 **대상**이 된다.

⑥ **[문서의 진정성립]** - **보조사실이지만 주요사실과 동일하게 처리** : 문서의 성립에 관한 자백은 보조사실에 관한 자백이기는 하나 그 취소에 관하여는 다른 간접사실에 관한 자백취소와는 달리 **주요사실의 자백취소와 동일하게 처리**하여야 할 것이므로 문서의 진정성립을 인정한 당사자는 **자유롭게 이를 철회할 수 없다**고 할 것이고, 이는 문서에 찍힌 **인영의 진정**함을 인정하였다가 나중에 이를 철회하는 경우에도 **마찬가지**이다.

(3) **사**실자료와 증거**자**료의 구별 및 완화 - '주장의 존재 유무'

1) 구별의 의의 및 취지와 완화

① **증거에 의하여 법원이 주요사실을 알았다 하더라도** 당사자가 변론에서 그 **사실을 주장한 바 없으면 그것을 기초로 재판을 할 수 없으며** 또 당사자가 주장한 바와 달리 재판할 수 없다. 이는 증거자료를 함부로 판결의 기초로 한다면 변론주의의 붕괴를 초래할 위험이 있고, 상대방은 제대로 방어를 못한 채 예상 외의 재판을 받게 될 수 있기 때문이다.

② 그러나 이를 관철하면 **구체적으로 타당한 해결**을 꾀할 수 없는 경우가 발생한다. 따라서 이를 완화할 필요가 있는데, 그 해결방안으로서 ⅰ) **간접적 주장**의 인정 여부(주장의제), ⅱ) **묵시적 주장**의 인정 여부(주장 포함) 등이 논의되고 있다.

2) **간접적 주장**
    ① [**의의**] – 당사자에 의한 명시적 주장은 없었지만 해석에 의해 그 주장이 있었던 것으로 간주하는 것을 말한다.
    ② [**인정 여부**] – ⅰ) 사건의 타당한 해결을 위해 변론에서 당사자의 **명시적인 주장이 없어도** 당사자의 **변론을 전체적으로 관찰**하여 **혹은 증거신청 등**을 한 것에 의하여 **간접적으로 주장**하였다고 **인정**할 수 있다. ⅱ) 원고의 청구원인에 관한 주장이 불분명한 경우에 피고가 그 주장이 무엇인지에 관하여 석명을 구하면서(요청) 이에 대하여 가정적으로 항변(예 소멸시효의 항변)한 경우에도 주요사실에 대한 주장이 있다고 볼 수 있다.

3) **묵시적 주장**
    ① [**의의**] – 당사자의 주장 취지에 비추어 다른 주장이 포함되어 있는 것으로 볼 수 있다면, 재판의 기초로 삼을 수 있다.
    ② [**인정 사안**] – ⅰ) 쌍무계약에서 채무불이행이 되지 아니한다는 주장에는 동시이행의 항변권 또는 불안의 항변권의 행사로서 위법하지 아니하다는 주장을 포함하는 것이다. 또한 ⅱ) **피고가 본안 전 항변으로 채권양도사실을 내세워 당사자적격이 없다고 주장**하는 경우, 그와 같은 **주장 속에는** 원고(채권 양도인)가 채권을 양도하였기 때문에 채권자임을 전제로 한 **청구는 이유가 없는 것이라는** 취지의 **본안에 관한 항변**이 포함되어 있다.
    ③ [**부정 사안**] – ⅰ) 증여를 원인으로 한 부동산소유권이전등기청구에 대하여 피고가 **시효취득을 주장**하였다고 하여도 그 주장 속에 원고의 위 이전등기청구권이 **시효소멸하였다는 주장까지 포함되었다고 할 수 없다**. 또한 ⅱ) **채무불이행으로 인한 손해배상청구권에 대한 소멸시효 항변에 불법행위로 인한 손해배상청구권에 대한 소멸시효 항변이 포함된 것으로 볼 수 없다**. ⅲ) 의사표시가 **강박에 의한 것이어서 당연 무효라는 주장 속에** 강박에 의한 의사표시이므로 **취소한다는 주장이** 당연히 포함되어 있다고 볼 수 없다. ⅳ) 채무가 **변제로** 소멸하였다는 **주장 속에 상계의 주장이** 당연히 **포함되어 있는 것으로 볼 수 없다**.
    ④ [**유권대리 주장 속에 표현대리 주장이 포함되는지 여부**] – 표현대리가 성립된다고 하여 무권대리의 성질이 유권대리로 전환되는 것은 아니므로, 양자의 구성요건 해당사실, 즉 주요사실은 다르다고 볼 수밖에 없으니 유권대리에 관한 주장 속에 무권대리에 속하는 표현대리의 주장이 포함되어 있다고 볼 수 없다.

## Set 33 재판상 자백

### 1. 의의

재판상의 자백이란 당사자가 그 소송의 변론 또는 변론준비절차에서 상대방의 주장과 일치하고 자기에게 불리한 사실의 진술을 말한다(제288조).

### 2. 요건

① [**자백의 대상**] - 구체적인 **사실** : ⅰ) **주요사실**에 **한정**되고, 간접사실이나 보조사실에 대하여는 자백의 구속력이 인정되지 않는다. **다만, 문서의 성립의 진정**은 보조사실에 관한 것이지만 **주요사실에 관한 자백 또는 자백의 취소와 동일하게 취급**한다. ⅱ) **법률상의 주장**에 대해서는 **자백 또는 자백간주**는 성립하지 않는다.

② [**자백의 내용**] - 자기에게 **불리** : **패소가능성**이 있는 경우

③ [**자백의 모습**] - 상대방의 주장사실과 **일치**

  ⅰ) [**선행자백**] - 주장의 일치에 있어서 **시간적 선후관계**는 **상관없다**. → (ㄱ) 당사자의 일방이 자진하여 불리한 사실을 진술(자인진술)하고, 이를 철회하지 않는 동안 상대방이 이를 **원용**하거나 그 진술과 **일치되는 진술**을 하는 경우에도 **재판상 자백**이 **성립**되어 법원도 그 자백에 구속되어 그 자백에 저촉되는 사실을 인정할 수 없다. (ㄴ) 그러나 상대방이 **원용하기 전**까지는 선행「**자백**」이 **아니므로** 그 자인한 진술을 **철회**하고 이와 모순된 진술을 **자유**로이 할 수 있다. 이 경우 앞의 자인사실은 소송자료로부터 제거된다.

  ⅱ) [**자백의 가분성**] - 상대방의 주장과 전부 일치할 필요는 없고, **일부만**이 **일치**하는 경우에도 그 범위에서 **자백**이 **성립**한다(예 이유부 부인, 제한부 자백).

④ [**자백의 형식**] - **변론이나 변론준비기일에서 소송상 진술** : ⅰ) 법원에 제출되어 상대방에게 송달된 **답변서나 준비서면에 자백에 해당하는 내용**이 **기재**되어 있는 경우라도 그것이 변론기일이나 변론준비기일에서 **진술 또는 '진술간주'되어야 재판상 자백**이 **성립**한다. ⅱ) 상대방의 주장에 **단순히 침묵하거나 불분명한 진술을 하는 것만으로는 자백이 있다고 인정하기에 충분하지 않다**.

### 3. 효력

**(1) 불요증사실**

증명이 필요 없는 사실이 되므로, **증명책임은 문제되지 않는다**.

**(2) 구속력**

1) 법원에 대한 구속력

증거조사의 결과 반대의 심증을 얻었다 하여도 **다른 사실을 인정할 수 없**고, 자백한 사실을 판결의 기초로 삼아야 한다.

2) 당사자에 대한 구속력

① [**철회제한의 원칙**] – 자백의 철회는 **원칙적**으로 **인정되지 않는다**.

② [**예외적 허용**] – ⅰ) **진실에 반하는 자백**은 그것이 착오로 말미암은 것임을 증명한 때에는 철회할 수 있다(제288조 단서). 또한 ⅱ) **상대방의 동의**가 있는 경우, ⅲ) **상대방 또는 제3자의 형사**상 **처벌받을 행위**로 말미암아 자백을 한 경우(제451조 제1항 제5호 참조)에는 예외적으로 자백의 **철회가 허용**된다.

※ [**비교**] (**반진실과 착오**) – 자백을 취소하는 당사자는 그 자백이 **진실에 반한다는 것 외에 착오로 인한 것**임을 아울러 **증명**하여야 하고, 진실에 반하는 것임이 증명되었다고 하여 착오로 인한 자백으로 추정되지는 아니한다. 다만, 진실에 반하는 것임이 증명된 경우라면 변론 전체의 취지에 의하여 그 자백이 착오로 인한 것이라는 점을 인정할 수 있다.

## 4. 관련문제

(1) 권리자백(※ 증거편에서 상술)

(2) 자백간주

1) 성립

① [**답변서 부제출의 경우**] – 피고가 답변서제출의무기간인 30일 이내에 답변서를 제출하지 아니한 경우에 청구의 원인이 된 사실을 자백한 것으로 보고, 이때에는 변론 없이 원고승소판결(무변론판결)할 수 있다. 다만, 공시송달의 방법으로 소장 부본을 송달받은 경우에는 자백으로 보지 않는다(제256조, 제257조).

② [**상대방이 주장하는 사실을 명백히 다투지 아니한 때**] – 당사자가 변론에서 상대방이 주장하는 사실을 명백히 다투지 아니하고, 변론 전체의 취지로 보아 다툰 것으로 인정되지 않는 경우에는 자백한 것으로 본다(제150조 제1항).

③ [**당사자 일방이 변론기일에 불출석한 경우**] – 당사자가 상대방의 주장사실을 다투는 답변서 등의 서면을 제출하지 않고, 변론기일에 출석하지 않은 경우 자백한 것으로 본다. 다만, 공시송달의 방법으로 기일통지서를 송달받은 경우에는 자백으로 보지 않는다(제150조 제3항).

2) 효력

① [**법원에 대한 구속력**] – 법원에 대한 **구속력**이 **생**기므로, 자백간주에 배치되는 사실을 인정할 수 없다(잠정적 효과).

② [**당사자에 대한 구속력**] – 재판상 자백과 달리 당사자에 대한 **구속력**이 **없다**. 당사자는 자백간주가 있었다 하여도 사실심 변론종결시까지 그 사실을 다툼으로써 그 효과를 번복할 수 있다.

## Set 34 석명권

### 1. 의의

소송관계를 분명히 하기 위하여 당사자에게 사실상 또는 법률상 사항에 대하여 질문을 하거나 증명을 촉구하고, 나아가 당사자가 간과한 법률상 사항을 지적하여 의견진술의 기회를 주는 법원의 권능을 말한다(제136조 제1항 + 제4항). → [**석명의 대상**] : 신청(청구취지), 주장, 증명, 법률상 사항

### 2. 석명권의 범위와 한계

- **소극적 석명** - 불분명·불완전·모순 있는 점을 제거하는 방향의 석명 → **허용 ○**
- **적극적 석명** - 허용 여부
  - 원칙 : **변론주의의 원칙**에 위배되고 **석명권 행사의 한계**를 일탈
    ∴ **허용 ✗**
  - 예외 : ① **해석상**(지상물매수청구 사안), ② **법률상**(제136조 제4항)

※ [비교] (**청구취지의 불특정**) - 민사소송에서 **청구의 취지**는 그 내용 및 범위를 명확히 알아볼 수 있도록 **구체적으로 특정되어야 하고** 청구취지의 특정 여부는 <u>직권조사사항</u>이므로, **청구취지가 특정되지 않은 경우**에는 **법원은 직권으로 보정을 명하고** 그 보정명령에 응하지 않을 때에는 **소를 각하하여야 한다**. 이 경우 당사자가 부주의 또는 오해로 인하여 청구취지가 특정되지 아니한 것을 명백히 간과한 채 본안에 관하여 공방을 하고 있는데도 **보정의 기회를 부여하지 아니한 채 당사자가 전혀 예상하지 못하였던 청구취지 불특정을 이유로 소를 각하하는 것은 석명의무를 다하지 아니하여 심리를 제대로 하지 아니한 것으로서 위법하다.**

※ [비교] (**지상물매수청구 사안**) - 토지임대인의 임차인 상대의 지상물철거 및 토지인도청구소송에서 임차인이 지상물매수청구권을 적법하게 행사한 경우에 법원으로서는 임대인이 종전의 청구를 계속 유지할 것인지, 아니면 대금지급과 상환으로 지상물의 명도를 청구할 의사가 있는 것인지(예비적으로라도)를 **석명하고** 임대인이 그 석명에 응하여 소를 변경한 때에는 지상물 명도의 판결을 함으로써 **분쟁의 1회적 해결을 꾀하여야 한다.**

### 3. 지적의무

(1) 의의 및 취지

지적의무는 당사자가 간과하였음이 분명하다고 인정되는 법률상의 사항에 관하여 당사자에게 의견을 진술할 기회를 주는 것으로, 법원의 권능인 동시에 의무이다(제136조 제4항). → 당사자의 절차적 기본권을 보장

(2) 요건
① [**일반**] - ⅰ) 당사자가 **간**과하였음이 분명할 것(통상인 기준) + ⅱ) **법**률상의 사항일 것(기본적이고 주요한 법률적 사항) + ⅲ) 재판의 결과에 **영**향이 있을 것

② [**법률상 사항**] - (**인정 사안**) : 예상 외 재판과 불의의 타격 방지 → ⅰ) **당사자적격**(원고적격 - 채권자대위소송 : 보전의 필요성 / 피고적격 - 주총결의 취소소송 등), ⅱ) **부제소특약** 사안, ⅲ) **근거규정의 차이**, 즉 청구취지나 청구원인의 법적 근거에 따라 요건사실에 대한 증명책임이 달라지는 중대한 법률적 사항 등(제390조와 제750조 - 증명책임의 차이 / 미등기매수인의 자신의 소유권에 기한 인도청구권 행사와 채권자대위권 행사)

※ [**비교**] (미등기매수인의 자신의 소유권에 기한 인도청구권 행사와 채권자대위권 행사) - ① [**처분권주의 위반**] : 건물의 소유권을 취득하였음을 전제로 건물의 인도를 구하는 **청구**에 그 건물을 원시취득한 매도인을 대위하여 건물의 인도를 구하는 **취지가 포함되어 있다고 보아**, / ② [**변론주의 위반**] : 소유권에 기한 건물인도의 청구와 채권자대위권에 기한 건물인도의 청구는 **법률효과에 관한 요건사실**이 **다름**에도 불구하고, / ③ [**지적의무 위반**] : 원심 변론종결시까지 주장하지도 아니한 위 채권자대위권에 기한 건물인도 청구에 기초하여 상대방에게 **의견진술의 기회조차 부여하지 아니한 채** 그 청구를 **인용한 판결**은 **위법**하다.

(3) 내용 및 위반의 효과
① 법률적 관점이 불리하게 작용하는 당사자에게 의견진술의 기회를 주어야 한다.
② 석명 또는 지적의무를 다하지 아니한 경우 위법 → 의무위반이 판결에 영향을 미칠 것을 요하므로 절대적 상고이유가 되는 것이 아니고 일반상고이유(제423조)가 된다.


## Set 35 이의권의 포기와 상실

1. 의의

법원 또는 상대방의 소송행위가 소송절차에 관한 규정에 어긋난 것임을 알거나 알 수 있을 경우에 바로(**예** 바로 다음 기일) 이의를 제기하지 않은 경우 이의권을 상실하고, 이의를 하지 않겠다는 취지를 법원에 표시(명시 또는 묵시의 의사표시)함으로써 이의권을 포기할 수 있다(제151조).

## 2. 이의권의 포기와 상실의 대상 – '소송절차에 관한 임의규정 위반'

| 포기·상실의 대상성 인정 예 | 포기·상실의 대상성 부정 예 |
|---|---|
| ① **소장·답변서 등 소송서류의 송달의 하자**<br>② 서면 방식에 위배된 청구취지의 변경<br>③ **증거조사방식의 위배**(예 감정인 신문이나 당사자신문할 것을 증인신문한 경우)<br>④ 소송절차 중단 중의 행위<br>⑤ 변호사법 제31조 위반의 소송행위(이의설) | ① 법원의 구성, 법관의 제척<br>② 판결선고기간(제199조), 판결선고기일(제207조)의 위배<br>③ 불변기간의 위반<br>④ **판결정본의 송달에 관한 하자**<br>⑤ 실체규정 위반 또는 판결의 내용 형성의 위반(예 공격방어방법에 관한 판단 또는 자백에 반하는 사실인정, 처분권주의 위반) |

## Set 36 적시제출주의 – 실기한 공격방어방법의 각하

### 1. 의의 및 취지

당사자가 적시제출주의의 규정을 어기고 고의 또는 중대한 과실로 공격방어방법을 뒤늦게 제출함으로써 소송의 완결을 지연시키게 하는 것으로 인정할 때에는 법원은 직권으로 또는 상대방의 신청에 따라 이를 각하하는 결정을 할 수 있다(제149조 제1항). → 적시제출주의의 실효성 확보를 위한 <u>사후적 제재</u>에 해당한다.

### 2. 각하요건

① [**시기에 뒤늦게 제출**] – 항소심에서 새로운 공격·방어방법이 제출된 경우에는 특별한 사정이 없는 한 **항소심뿐만 아니라 제1심까지 통틀어** 시기에 늦었는지를 **판단**(전심급 기준, ∵ 항소심은 속심)

② [**당사자에게 고의·중과실이 있을 것**] – 대리인 표준 / 공격방어방법의 성질 등 종합적 고려 ∴ 상계항변이나 건물매수청구권 같은 예비적 내지 출혈적인 방어방법을 소송 초기부터 제출하리라고 기대하는 것은 무리

③ [**소송완결의 지연**] – (**부정 사안**) : ⅰ) 해당 기일에 **즉시 증거조사**가 **가능**한 증거신청, ⅱ) **이미 심리를 마친 종전 소송자료의 범위 내**에 포함되어 있는 경우, ⅲ) **어차피 기일의 속행**을 필요로 하고 그 속행기일의 범위 내에서 공격방어방법의 심리도 마칠 수 있는 경우는 소송완결을 지연시킨다고 할 수 없다.

④ [**각하의 대상 : 공격방어방법**] – 각하의 대상은 **공격방어방법**, 즉 주장·부인·항변·증거신청 등이다. 따라서 소변경이나 반소 등은 공격방어방법이 아니므로 각하의 대상이 아니다.

### 3. 효과

① [**재량 및 적용범위**] – 각하 여부는 법원의 **재량**이다. 또한 **변론주의가 적용되는 범위**에서 **인정**되고 직권탐지주의나 직권조사사항에 있어서는 적용되지 않는다.

② [**불복**] – 각하결정에 대해서는 독립하여 항고할 수 없고, 종국판결에 대한 상소와 함께 불복하여야 한다(제392조).

## Set 37  부인과 본안의 항변 구별

### 1. 의의

① [**부인**] – 상대방의 주장사실을 부정(배척)하는 진술로서, ⅰ) 단순히 상대방의 주장을 진실이 아니라고 부정하는 **직접부인 · 단순부인**(예 대여금반환청구소송에서 원고의 "금전을 대여하였다"는 주장에 대한 피고의 "그러한 사실이 없다"는 진술)과 ⅱ) 상대방의 주장사실과 **양립불가능**한 **별개의 사실**을 주장하여(간접적으로, 이유를 붙여) 상대방의 주장을 부정하는 **간접부인 · 이유부 부인**(예 피고의 "금전은 받았으나, 빌린 것이 아니고 증여로 받은 것이다"는 진술)이 있다.

② [**본안의 항변**] – 상대방의 주장을 배척하기 위하여 **상대방의 주장사실**이 **진실임을 전제**로 이와 **양립가능한 별개의 사실**을 주장하는 진술을 말한다. → [**형태**] : 제한부 자백, 예비적 항변

※ [**참고**] – 소송법상 항변 ┬ 소송상 항변 ┬ 본안 전 항변
　　　　　　　　　　　　　│　　　　　　　└ 증거항변
　　　　　　　　　　　　　└ 본안의 항변 – [**종류**] : **장**애 / **멸**각(소멸) / **저**지

| 권리장애사실 | 의사능력 흠결, 강행법규의 위반, 통정허위표시, 공서 양속의 위반(민법 제103조), 불공정한 법률행위(민법 제104조), 원시적 이행불능 등 법률행위의 무효사유가 일반적으로 이에 속하고, 정지조건의 존재나 불법원인급여도 이에 해당한다. |
|---|---|
| 권리멸각사실 | 변제, 대물변제, 공탁, 경개, 면제, 혼동 등 채권의 소멸원인이나 소멸시효의 완성, 해제조건의 존재와 성취, 후발적 이행불능 따위이다. 또한 제3자에의 권리양도, 취득시효의 완성 등도 이에 속한다. 나아가 해제 · 해지권, 취소권(착오 · 사기 · 강박 등), 상계권 등 사법상 형성권의 행사에 의하여 일단 발생한 법률효과를 배제하는 소위 권리배제규정의 요건사실도 널리 권리멸각사실에 포함된다. |
| 권리행사저지사실 | 유치권, 보증인의 최고 · 검색의 항변권, 동시이행의 항변권 등 사법상의 항변권을 구성하는 사실이 이에 해당한다. 또한 기한의 유예, 목적물인도청구에 있어서 권원에 의한 점유(제213조 단서)나 신의칙도 이에 해당한다. |

## 2. 구별 기준

① [**양립가능성**] – **부인**의 경우에는 상대방의 주장사실과 **양립할 수 없음**에 반하여, **항변**의 경우에는 상대방의 주장사실과 **양립가능**하다.

② [**증명책임의 소재**] – **상대방에게 증명책임**이 있는 사실의 주장은 **부인**, **자기에게 증명책임**이 있는 사실의 주장은 **항변**이 된다.

## 3. 구별의 실익

① [**증명책임의 분배**] – **부인**의 경우에는 부인당한 사실에 대한 **증명책임**이 그 **상대방**에게 돌아가지만, **항변**의 경우에는 항변사실의 **증명책임**이 그 **제출자**에게 있다.

② [**판결이유의 설시**] – 원고의 주장사실을 인정하는 내용의 판단에는 이미 피고의 부인의 주장을 배척하는 판단이 포함되어 있다고 볼 수 있기 때문에 그 부인의 주장에 대하여 반드시 따로 판단할 필요가 없으나, 반면 피고가 항변을 한 경우에 그 항변이 인정되지 아니할 경우에는 일단 원고의 청구원인사실이 인정된다는 판단을 마친 다음, 새로 그 항변을 배척한다는 판단이 판결이유에 설시되어야 한다. 그렇지 않으면 판단누락의 위법이 있다(제451조 제1항 제9호).

---

### ※ 상계의 항변

#### 1. 적법성

중복제소, 재소금지(※ 해당부분 참조)

#### 2. 본안심사

(1) 일부청구와 상계항변(※ 해당부분 참조)

(2) 묵시적 주장과 석명권(※ 해당부분 참조)

(3) 상계항변의 판단순서

① [**일반적 항변의 판단순서**] – 일반적으로 당사자가 공격·방어방법을 여러 개 주장하면서 순위를 붙여 주장하더라도(예비적 주장이나 항변) 그 상호간의 **논리적 순서와 역사적 선후에 불구**하고 **법원은 어느 하나를 선택**하여 **판단**하면 되고, 이때 그 주장이 이유 있는 경우에는 다른 주장에 대하여는 판단할 필요가 없다.

② [**상계항변의 특성**] – 상계항변은 **증거조사를 하여 수동채권의 존재를 확정하고 난 후에 판단**을 하여야 하며, 그 존재를 가정하여 상계항변으로 곧바로 청구기각을 하여서는 안 된다(증거조사설). 이러한 의미에서 상계항변은 **예비적 항변**으로 다루는 것이 옳다.

③ [**위반의 효과**] – 예비적 항변이라는 상계항변의 특성을 무시한 위법한 판결이다. 따라서 이러한 판결은 확정 전에는 상소이유가 되고, 확정 후에는 제451조 제1항 제9호의 판단누락에 해당되어 재심사유가 된다.

(4) 소송상 상계항변에 대한 소송상 상계의 재항변 가부

① [**단일소송 사안**] – <u>소송상 방어방법으로서의 상계항변은</u> 통상 그 수동채권의 존재가 확정되는 것을 전제로 하여 행하여지는 **일종의 예비적 항변**으로서 소송상 상계의 의사표시에 의해 확정적으로 그 효과가 발생하는 것이 아니라 <u>당해 소송에서 수동채권의 존재 등 상계에 관한 법원의 실질적 판단이 이루어지는 경우에 비로소 실체법상 상계의 효과가 발생한다</u>. 이러한 피고의 **소송상 상계항변에 대하여** 원고가 다시 피고의 자동채권을 소멸시키기 위하여 **소송상 상계의 재항변을 하는 경우**, ① 법원이 원고의 소송상 상계의 재항변과 무관한 사유로 피고의 **소송상 상계항변을 배척**하는 경우에는 **소송상 상계의 재항변을 판단할 필요가 없고**, ② 피고의 **소송상 상계항변이 이유 있다고 판단**하는 경우에는 원고의 청구채권인 수동채권과 피고의 자동채권이 **상계적상 당시에 대등액에서 소멸**한 것으로 보게 될 것이므로 원고가 **소송상 상계의 재항변으로써 상계할 대상인 피고의 자동채권이 그 범위에서 존재하지 아니하는 것이 되어** 이때에도 역시 원고의 **소송상 상계의 재항변**에 관하여 **판단할 필요가 없게 된다**. 또한 <u>원고가 소송물인 청구채권 외에 피고에 대하여 다른 채권을 가지고 있다면 소의 추가적 변경에 의하여 그 채권을 당해 소송에서 청구하거나 별소를 제기할 수 있는 것이다. 그렇다면 원고의 소송상 상계의 재항변은 일반적으로 이를 허용할 이익이 없다고 할 것이다</u>. 따라서 피고의 소송상 상계항변에 대하여 원고가 소송상 상계의 재항변을 하는 것은 다른 특별한 사정이 없는 한 **허용되지 않는다**고 보는 것이 타당하다.

② [**병합소송 사안**] – <u>원고의 소송상 상계의 재항변은 일반적으로 이를 허용할 이익이 없다</u>. 따라서 피고의 소송상 상계항변에 대하여 원고가 소송상 상계의 재항변을 하는 것은 다른 특별한 사정이 없는 한 허용되지 않는다. 그리고 **이러한 법리는 원고가 2개의 채권을 청구하고, 피고가 그중 1개의 채권을 수동채권으로 삼아 소송상 상계항변**을 하자, **원고가 다시 청구채권 중 다른 1개의 채권을 자동채권으로 소송상 상계의 재항변**을 하는 경우에도 **마찬가지로 적용**된다.

(5) 소송상 형성권(상계권) 행사(※ 해당부분 참조)

## 3. 판결

기판력 → ① [**객관적 범위**] : 제216조 제2항, ② [**시적 범위**] : **변론종결 후 형성권**(상계권) **행사**(※ 해당부분 참조)

## 4. 항소

(1) 항소의 이익(※ 해당부분 참조)

(2) 불이익변경금지의 원칙(※ 해당부분 참조)

### 5. 복잡한 소송형태

반소 → [적법성] : **상호관련성**과 **반소의 이익**(※ 해당부분 참조)

## Set 38 소송상 형성권 행사

### 1. 문제점

**소송상 비로소** 직접 **형성권**을 공격방어방법으로 **행사하는 경우 사법상 효과**가 **발생하는가**, 특히 실기한 공격방어방법으로 각하 또는 소취하가 있는 경우 **사법상 효력**이 **유지**되는지 **문제**이고, 이는 결국 **소송상 형성권 행사의 법적 성질**(독자성과 무인성 또는 유인성)을 어떻게 **풀이**하는가에 달려 있다.

### 2. 법적 성질 – 사법상 효과의 발생·유지 여부

① [**해제권 행사**(병존설)] – ⅰ) **소제기로써 계약해제권**을 행사한 후 그 뒤 **소송**을 **취하**하였다 하여도 해제권은 형성권이므로 **그 행사의** (사법상)**효력**에는 **아무런 영향을 미치지 아니한다.** ⅱ) 계약을 위반한 자라도 계약이 해제로 소멸되었음을 이유로 자신 채무의 이행을 거절할 수 있다.

② [**상계권 행사 : 조정사안**] – 소송상 방어방법으로서의 **상계항변**은 수동채권의 존재가 확정되는 것을 전제로 하여 행하여지는 **일종의 예비적 항변**으로서 해당 소송절차 진행 중 당사자 사이에 **조정이 성립**됨으로써 **수동채권의 존재에 관한 법원의 실질적인 판단이 이루어지지 아니한 경우**에는 그 소송절차에서 행하여진 **소송상 상계항변의 사법상 효과도 발생하지 않는다**(※ 상계항변으로 행사된 채권에 관한 권리관계가 조정조항에 특정되거나 조정조서에 기재되지 않았다면 조정조서의 효력이 미치지 않는바, 상계항변으로 행사된 채권의 이행을 구하는 후소는 조정조서의 효력인 기판력에 저촉되지도 않는다).

# Set 39  소송행위의 취소와 철회 – 소송행위의 흠과 치유

1. **소송 전·외 소송행위**(예 관할의 합의, 부제소특약, 소취하계약 등)

    민법규정을 유추·직접 적용을 인정하여 취소할 수 있다는 점에 대체로 견해가 일치한다.

2. **소송절차 조성행위**(예 본안의 신청, 주장, 입증 등)

    ※ [참고] – 자백은 자백의 독자적 법리에 따른 구속력의 문제로 처리하면 된다.

    (1) 소송행위의 취소 – 민법상 흠 있는 의사표시의 유추적용 여부(하자고려 여부)

    민법규정을 유추하여 취소할 수 없다는 점에 대해서는 대체로 견해가 일치한다(∵ 절차안정 해할 우려).

    (2) 소송행위의 철회 – 민사소송법의 독자적 법리에 따른 규율

    ┌ [원칙] – 철회 자유
    ├ [제한] – 예 상대방 응소, 다툼, 증거조사(증거공통의 원칙) → 철회 ✗ (∵ 상대방 지위 보장)
    └ [제한의 예외] – ① 제451조 제1항 5호의 재심사유가 있는 경우
    　　　　　　　　　② 상대방의 동의가 있는 경우에 철회 허용

3. **소송절차 종료행위**(예 소취하, 청구포기·인낙, 화해)

    ※ [참고] – 청구의 포기·인낙과 소송상 화해는 결국 제220조와 제461조의 해석론과 관련하므로 뒤에서 개별적으로 살피고, 여기서는 소취하에 관해서 살펴보기로 한다.

    (1) 소송행위의 취소 – 민법상 흠 있는 의사표시의 유추적용 여부(하자고려 여부)

    민사소송법상의 **소송행위**에는 특별한 규정이나 특별한 사정이 없는 한 **민법상의 법률행위에 관한 규정이 적용될 수 없는 것**이므로 **사기·강박 또는 착오** 등 의사표시의 하자를 이유로 그 **무효나 취소를 주장할 수 없다.**

    (2) 소송행위의 철회 – 민사소송법의 독자적 법리에 따른 규율

    1) 원칙

    　철회 ✗ (∵ 절차안정 해할 우려)

    2) 예외

    ① [**철회 사유**] – ⅰ) 소송행위가 **사기, 강박** 등 형사상 처벌을 받을 타인의 행위로 인하여 이루어졌다고 하여도, 그 타인의 행위에 대하여 **유죄판결**이 **확정되고**(확정판결 필요설), 그 소송행위가 **그에 부합되는 의사 없이 외형적으로만 존재**할 때에 한하여 민사소송법 **제451조 제1항 제5호, 제2항**의 규정을 **유추해석**하여 그 효력을 부인할 수 있다. / ⅱ) 따라서 **착오**를 일으키게 한 정도에 불과할 뿐 소송행위에 **부합되는 의사가 존재**할 때에는 그 소송행위의 **효력**을 **다툴 수 없다.**

② [**철회 방법**] – ⅰ) **민사소송규칙 제67조**에 따른 **기일지정신청**에 의할 것이고, **별소로 소취하의 무효확인을 구하는 것**은 **확인의 이익**이 **없다**. ⅱ) 법원은 변론을 열어 신청사유에 대하여 심리하여야 하며, (ㄱ) 그 결과 **소의 취하**가 **유효**한 경우에는 종국판결로써 **소송종료선언**을 할 것이나, (ㄴ) 심리결과 **소의 취하**가 **무효**일 때에는 취하 당시의 소송 정도에 따라 필요한 **절차**를 **속행**하게 될 것이다.

## Set 40 기일의 해태

### 1. 의의 및 요건

① [**일반**] – **필요적 변론기일** + **적법한 기일통지** + **불**출석하거나 출석하였어도 변론하지 않은 경우
② [**필요적 변론**] – 임의적 변론 ✗ / 증거조사기일도 포함되나 법정 외의 증거조사기일은 포함 ✗
③ [**적법한 기일통지**] – 송달불능·송달무효 ✗ / [**부적법한 공시송달**] – **적법한 절차에 의한 송달**을 받았다고 볼 수 **없으므로**, 공시송달의 효력이 있고 변론기일에 당사자 쌍방이 출석하지 아니하였다고 하여 **쌍방 불출석의 효과**가 **발생**한다고 볼 수 **없다**.
④ [**불출석 또는 출석무변론**] – 임의퇴정의 경우에도 불출석으로 간주 ○

### 2. 당사자 일방의 결석

(1) 진술간주

① [**의의 및 요건**] – **제148조** : 당사자 일방의 변론기일에의 결석(불출석 또는 출석무변론) + 소장·답변서, 그 밖의 준비서면 등의 서면제출
② [**효과**] – ⅰ) 진술간주의 규정을 적용하여 변론을 진행할 것인가, 아니면 기일을 연기할 것인가의 여부는 법원의 **재량**. But **변론을 진행할 때**에는 **반드시** 결석자가 그때까지 제출한 준비서면에 적혀 있는 사항을 **진술한 것으로 보아야 한다.** / ⅱ) 법원에 제출되어 상대방에게 송달된 **답변서나 준비서면에 자백에 해당하는 내용**이 **기재**되어 있는 경우 그것이 변론기일이나 변론준비기일에서 진술 또는 **진술간주되면 재판상 자백**이 **성립**한다.
③ [**서면제도의 도입**] – 불출석한 당사자가 진술한 것으로 보는 서면에 청구의 포기·인낙, 나아가 화해의 의사표시가 적혀 있고 **공증사무소의 인증**을 받은 때에는 그 취지에 따라 청구의 포기·인낙, 화해가 성립된 것으로 본다(제148조 제2항과 제3항).
④ [**진술간주의 한계**] – 피고의 불출석에 의하여 답변서 등이 진술간주되는 경우에는 **변론관할**은 **발생하지 않는다**(∵ 변론관할에서 본안진술은 현실적인 것이어야 함).

(2) 자백간주
① [**의의 및 요건**] – <u>제150조 제3항</u> : 공시송달에 의하지 않은 기일통지 + 당사자 일방의 <u>불출석</u> + 답변서 그 밖의 준비서면 등의 <u>서면 부제출</u>
② [**효과**] – 법원에 대한 **구속력** ○ / But 당사자에 대한 **구속력** ✗ ∴ 결석한 당사자는 뒤에 출석하여 이를 다툴 수 있으며, 이때에는 자백의 효과는 소멸한다.

## 3. 당사자 쌍방의 결석 – 소취하의 간주

(1) 의의

양쪽 당사자가 2회 불출석하고도 1개월 이내에 기일지정신청이 없거나 기일지정신청에 따라 정한 변론기일 또는 그 뒤의 변론기일에 양쪽이 모두 불출석한 경우 소의 취하간주의 효력이 생기는 것을 말한다(<u>제268조</u>).

(2) 요건

1) 당사자 **쌍방**의 1회 결석

양쪽 당사자가 변론기일에 1회 불출석하거나 출석·무변론이었을 것을 요한다. 이 경우 재판장은 **반드시** 속행기일을 정하여 양쪽 당사자에게 **통지**하여야 한다.

2) 당사자 **쌍방**의 2회 결석

양쪽 당사자가 1회 결석 후의 신기일 또는 그 뒤의 기일에 불출석하거나 출석·무변론이었을 것을 요한다.

3) <u>1개월 내에 기**일**지정신청이 없거나 또는 기일지정신청 후의 쌍방 3회 결석</u>

① [**1개월의 기간**] – 불변기간은 아니므로 기일지정신청의 추후보완은 허용될 수 없다.
② [**법원의 직권지정**] – 법원이 직권으로 신기일을 지정한 때에는 **당사자의 기일지정신청에 의한 기일지정이 있는 경우와 마찬가지**로 보아야 할 것이고, 그와 같이 직권으로 정한 기일 또는 그 후의 기일에 당사자 쌍방이 출석하지 아니하거나 출석하더라도 변론하지 아니한 때에는 **소의 취하가 있는 것으로 보아야 한다**.

4) 동일 심급·동종 기일·동일한 소에서의 쌍방 결석

① [**단속적 무방**] – 양쪽 당사자의 결석은 반드시 **연속적일 필요는 없고, 단속적이어도 상관없다**.
② [**변론준비기일**] – 변론준비기일은 **변론기일의 일부라고 볼 수 없고** 변론준비기일과 그 이후에 진행되는 변론기일이 **일체성을 갖는다고 볼 수도 없으므로**, 변론준비기일에서 양쪽 당사자가 **불출석한 효과**는 변론기일에 **승계되지 않는다**(※ 동종 기일이 아님은 당연하다).
③ [**소의 교환적 변경**] – 소의 **교환적 변경**이 있고 그 **전후에 걸쳐 한 차례씩 불출석**한 경우에는 2회 불출석에 **해당하지 않는다**(∵ 소의 교환적 변경의 <u>구소 취하의 성질</u>).

(3) 효과

1) 제1심에서의 효과 – 소의 취하간주

소가 취하된 것으로 간주되므로 **소송계속**의 **소급적 소멸**(제267조 제1항)의 효과가 발생한다.

2) 상소심에서의 효과 – 상소의 취하간주

① 상소의 취하로 보아 상소심절차는 종결되고 **원판결**이 그대로 **확정**되게 된다(제268조 제4항).

② 민사소송법 제268조 제4항에서 정한 **항소 취하간주**는 그 규정상 요건의 성취로 **법률에 의하여 당연히 발생하는 효과**이고 법원의 **재판이 아니므로** 상고의 대상이 되는 **종국판결에 해당하지 아니한다**. 따라서 항소 취하간주의 효력을 다투려면 **민사소송규칙 제67조**, 제68조에서 정한 절차에 따라 항소심 법원에 **기일지정신청**을 할 수는 있으나 상고를 제기할 수는 없다.

3) 법률상 당연효과

소취하 또는 항소 취하간주의 효과는 **법률상 당연히 발생하는 효과**이며, 당사자나 법원의 의사로 그 효과를 좌우할 수 없다. 따라서 법원은 **반드시** (무조건) **소 또는 항소취하로 간주하여야 하고**, 법원이 그 **재량에 따라** 또는 사건내용에 따라 사건을 **임의로 (종결)처리할 수 없다**.

## Set 41 기간의 해태(부준수)와 추후보완

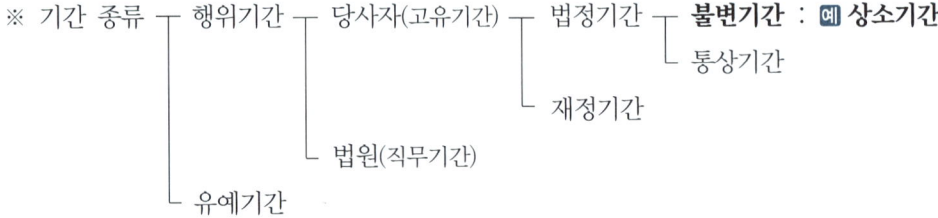

1. 의의

당사자가 **책**임질 수 없는 사유로 말미암아 **불**변기간을 지킬 수 없었던 경우에 그 사유가 **없**어진 날로부터 **2**주일 내에 게을리 한 소송행위를 보완할 수 있다고 하여 소송행위의 추후보완을 인정하고 있다(제173조).

2. 요건

(1) 추후보완의 대상인 기간

**불변기간**에 한하여 추후보완이 허용 → **상소기간 ○**, But 제268조 제2항 소정의 1월의 기일지정 신청기간과 제427조의 상고이유서 제출기간은 불변기간 ✗

(2) 추후보완의 사유

1) 불귀책사유

당사자(당사자 본인뿐만 아니라 그 소송대리인 및 대리인의 보조인도 포함 ○)가 책임질 수 없는 사유를 말한다. 이는 천재지변 그 밖의 **불가항력에만 한정하는 것이 아니고**, 당사자가 해당 소송행위를 하기 위한 **일반적인 주의를 다하였어도 그 기간을 지킬 수 없었던 경우**를 말한다.

2) 공시송달과 추완항소

① 소송이 **처음부터 공시송달의 방법**(소장부본과 판결정본 등이 공시송달의 방법)으로 송달되었다면 특별한 사정이 없는 한 피고가 **책임질 수 없는 사유**로 인하여 불변기간을 준수할 수 없었던 때에 **해당**하고, 피고가 전출신고를 하지 아니하여 공시송달이 이루어진 경우라도 상소기간 도과에 대한 과실이 있다고 할 수는 없다. 또한 소장부본 등이 이미 공시송달의 방법으로 송달된 상태에서 제1심법원이 피고에게 전화로 연락하여 소장부본 송달에 관한 내용과 변론기일 등을 안내해 주었다는 정도의 사정만으로는 제1심판결이 공시송달의 방법으로 송달된 사실을 피고가 모른 데 대하여 피고에게 책임을 돌릴 수 있는 사유가 있다고 섣불리 단정하기 어렵다. 그러나 ② **처음에는 통상의 송달이 되다가** 송달불능으로 **공시송달에 이른 경우**에는 이에 **해당하지 아니한다**.

(3) 추후보완의 기간

① 추후보완은 당사자가 불변기간을 준수할 수 없었던 사유가 없어진 후 2주일 내(외국에 있는 당사자에 대하여는 30일)에 해야 한다.

② '**사유가 없어진 후**'라고 함은 당사자나 소송대리인이 **단순히 판결이 있었던 사실을 안 때가 아니고** 나아가 **그 판결이 공시송달의 방법으로 송달된 사실을 안 때**를 가리키는 것으로서, 다른 특별한 사정이 없는 한 통상의 경우에는 당사자나 소송대리인이 사건기록의 열람을 하거나 또는 새로이 판결정본을 영수한 때에 비로소 판결이 공시송달의 방법으로 송달된 사실을 알게 되었다고 보아야 한다.

3. **추후보완신청의 효력**

① 추후보완신청이 인정되면 기간 부준수의 흠은 치유되지만, 게을리 한 소송행위를 보완하는 것만으로는 불변기간의 도과에 의한 재판의 형식적 확정은 해소되지 않으므로, 기판력·집행력에 아무런 영향이 없다.

② 확정재판에 기한 강제집행에 대하여는 별도로 집행의 정지를 신청하여야 한다(제500조).

※ [비교] - 확정판결에 대한 원고의 추완항소제기가 있는 경우에도 그 **추완항소에 의하여 불복항소의 대상이 된 판결이 취소될 때까지는 확정판결로서의 효력이 배제되는 것은 아니므로** 위 **확정판결에 기하여 경료된 소유권이전등기가** 미확정판결에 의하여 경료된 **원인무효의 것이라고 할 수 없다.**

※ [비교] (추후보완항소 절차에서의 반소의 이익) - 소송서류 등이 공시송달의 방법으로 송달되어 확정된 제1심판결문을 기초로 등기권리자가 소유권이전등기를 마쳤으나 이후 제기된 <u>추후보완항소에서 제1심판결이 취소되고 등기권리자의 청구가 기각되었다면</u>, **등기의무자로서는** 이미 등기명의를 이전받은 등기권리자를 상대로 위 **추후보완항소 절차에서 반소를 제기하거나 별도로 소를 제기하여 소유권이전등기의 말소등기절차를 구할 수 있다.**

### 4. 관련문제 - 판결편취시 상소의 추후보완 가부

1) 허위주소의 송달에 의한 판결의 편취

**판결정본의 송달의 하자는 이의권의 포기·상실의 대상이 아니므로 무효**이고, 항소기간이 진행되지 않기 때문에 **추완항소의 문제는 생기지 않고 언제든지 항소를 제기**할 수 있다. 다만, <u>항소권 행사에 실효의 법리가 적용될 수 있다.</u>

2) 공시송달에 의한 판결의 편취

**판결정본의 송달은 유효**하고, 따라서 위 판결에 대하여 상소제기기간 안에 상소를 하지 아니하면 판결은 **형식적으로 확정**된다. 이 경우 **추완상소와 재심의 소는 독립된 별개의 제도**이므로 **택일적**으로 할 수 있다. → **각각의 기간 내**(추완상소는 사유가 없어진 후 2주 내(제173조) / 재심의 소는 재심사유를 안 날부터 30일 내, 판결이 확정된 뒤 5년 내(제456조))에 **제기**하여야 하고, **추완상소기간이 도과하였다 하더라도 재심기간 내에 재심의 소를 제기할 수 있다.**

## Set 42  송달

※ 논증구도

Ⅰ. 송달의 하자 유무 ──────▶ Ⅱ. 하자 치유 여부
   ① <u>제183조</u>, <u>제186조</u>,
   ② 공시송달은 <u>제194조</u>

|  |  | 송달장소(장소의 **보충성**) → | |
|---|---|---|---|
|  | 직접교부 | 주소, 거소, 영업소 – 주소 등 | 근무장소 |
| 교부송달 | 보충송달 | ① **동거인**, 관리인, 사무원, 피용자<br>　↳ **동일세대에 속하여 생계를 같이하는 자**(∴ 건물주와 임차인 ✗), **법률상 친족관계 不要**<br>　(∴ 이혼한 배우자 O)<br>② **사리분별능력 要**<br>　↳ 송달의 취지를 이해 + 전달할 것이 기대가능한 정도의 능력<br>※ **본인과 수령대행인 사이에 상반된 이해관계가 있는 경우 보충송달 ✗**<br>(예 압류·추심명령의 채무자, 쌍방의 동일한 수령대행인) | ① 근무장소 : **현실적·지속적 근무장소 要**(예 비상근이사, 사외이사 ✗)<br>② 사용자, 동료 등 + 사리분별능력 要<br>③ 수령거부 ✗ |
|  |  | 보충송달 효과 : Q. **현실적 전달여부 : 不要** – 송달받을 사람에게 서류가 전달되었는지 여부는 송달의 효력에 관계 ✗, 보충송달시 효력발생 O | |
|  | 유치송달 | 정당한 사유 없이 송달수령 거부시 송달할 장소에 서류를 놓아둘 수 있다. | 수령 거부하더라도 **불가** |

## 1. 송달의 수령권자

① [**소송대리인이 있는 경우**] – 소송대리인을 선임하였다고 하더라도 당사자가 본인 고유의 소송수행권을 잃게 되는 것은 아니므로 소송서류를 **본인에게** 우편으로 **송달하였다고 하더라도 위법한 것은 아니다**. 그런데 **소송서류가 당사자와 소송대리인에게 모두 송달**되었다면 **당사자 또는 그 소송대리인 중 먼저 도달한 것을 기준**으로 **송달의 효력을 따져야 한다**.

② [**지급명령의 송달**] – ⅰ) **채무자가 복수인 경우** 지급명령의 송달은 송달받을 사람을 수령 명의인으로 하여 송달받을 사람 **각자**에게 **개별적**으로 하여야 한다. ⅱ) **지급명령이** 발령되었다고 하더라도 그것이 **채무자에게 송달되기 전에 한 채무자의 이의신청은 부적법**하지만 **그 후에 채무자에게 지급명령이 적법하게 송달되면 그 하자는 치유된다**.

## 2. 보충 내용

① [**조우송달**] – **송달을 받을 사람**의 주소 등 또는 근무장소가 국내에 없거나 알 수 없는 때에는 그를 **만나는 장소**에서 송달할 수 있다(제183조 제3항). 주소 등 또는 근무장소가 있는 사람도 송달받을 사람(송달할 서류의 명의인)이 송달받기를 거부하지 아니하면 만나는 장소에서 송달할 수 있다(제183조 제4항). → **수령대행인**(예 동거인 등)에 **인정 ✗**

② [**사무원**] – 사무원이란 반드시 송달받을 사람과 고용관계가 있어야 하는 것은 아니고, **평소 본인을 위하여 우편물 수령사무 등을 보조하는 자**이면 **충분**하다.

③ [**우체국 창구 사안**] – 보충송달은 법률이 정한 '송달장소'에서 송달받을 사람을 만나지 못한 경우에만 허용된다. 따라서 **우체국 창구에서** 송달받을 자의 **동거자에게 송달서류를 교부한 것은 부적법한 보충송달**이다. **또한 조우송달로서도 부적법**하다.

④ [**수감된 당사자에 대한 송달**] – 교도소·구치소 또는 국가경찰관서의 유치장에 체포·구속 또는 유치된 사람에게 할 송달은 교도소·구치소 또는 국가경찰관서의 장에게 한다(제182조). ∴ **수감된 당사자에 대한 송달을 교도소장 등에게 하지 않고 당사자의 종전 주소나 거소로 한 것**은 **부적법한 송달**로서 **무효**이고, 이는 법원이 서류를 송달받을 당사자가 수감된 사실을 몰랐거나, 수감된 당사자가 송달의 대상인 서류의 내용을 알았다고 하더라도 마찬가지이다. 따라서 **수감된 당사자에 대하여** 민사소송법 제185조나 제187조에 따라 종전에 송달받던 장소로 **발송송달을 하였더라도 적법한 송달의 효력**을 **인정할 수 없다.**

3. 공시송달

① [**의의·요건 및 절차**] – 당사자의 **주소 등 또는 근무장소를 알 수 없는 경우**에는 법원사무관 등은 직권으로 또는 당사자의 신청에 따라 공시송달을 명할 수 있다. 재판장은 소송의 지연을 피하기 위하여 필요하다고 인정하는 때 또는 원고가 소권(항소권을 포함한다)을 남용하여 청구가 이유 없음이 명백한 소를 반복적으로 제기한 것에 대하여 법원이 변론 없이 판결로 소를 각하하는 경우에는 공시송달을 명할 수 있다(제194조). → **폐문부재**의 경우 **공시송달의 요건은 구비되지 못한다. 그러나 송달받을 사람이 주소나 거소를 떠나 더 이상 송달장소로 인정하기 어렵게 되었다면** 이러한 경우에도 **송달할 장소를 알 수 없는 경우에 해당**된다고 볼 수 있다.

② [**효력 및 효력발생시기**] – ⅰ) 첫 공시송달은 실시한 날로부터 2주일이 지나야 효력이 생긴다(제196조 제1항 본문). 다만, 같은 당사자에게 하는 그 뒤의 공시송달은 실시한 다음 날부터 효력이 생긴다(동조 제1항 단서). ⅱ) **답변서제출의무는 없으며,** 답변서부제출 등에 따른 **자백간주의 효과도 없다.**

③ [**흠 있는 공시송달의 효력**] – ⅰ) [**공시송달 자체의 요건불비**] : **폐문부재**와 같이 공시송달에 의할 수 없어서 **공시송달의 요건에 흠이 있다 하여도 재판장이 공시송달을 명**하여 공시송달이 이루어진 경우에는 **유효**하다. 다만, 공시송달에 의한 판결편취의 경우 상소의 추후보완(제173조)이 인정되고, 재심사유(제451조 제1항 제11호)로 삼을 수도 있다. / ⅱ) [**송달의 유효요건 불비**] : **송달 일반의 무효사유가 있는 경우**에는 **공시송달이라도 무효**이다. 즉, 피고가 변론종결 후에 사망한 상태에서 판결이 선고된 경우, 망인에 대한 판결정본의 공시송달은 무효이고, 상속인이 소송절차를 수계하여 판결정본을 송달받기 전까지는 그에 대한 항소제기기간이 진행될 수도 없다. 또한 변론종결 전 사망한 당사자에 대하여 실시한 판결문의 송달은 위법하여 원칙적으로 무효이고, 따라서 불변기간인 상고기간이 진행될 수 없으므로 추완상고의 문제는 생기지 아니하나, 단지 상속인들이 제기한 추완상고는 상속인들이 판결문을 송달받은 날로부터 적법한 상고기간 내에 제출된 상고로서 적법하다.

## 4. 송달의 하자의 치유

① 송달은 명의인이나 방식이 잘못되면 무효이다. 다만, 명의인을 잘못하여도 정당한 명의인의 **추인**이 있으면 그 사람에 대한 송달로 유효하게 되고, 소송절차에 관한 **이의권의 포기·상실**에 의하여 **치유**될 수 있다(제151조).
② **그러나** 송달의 흠 가운데 상소기간의 기산점이 되는 **판결정본의 송달**에 관한 흠은 소송절차에 관한 **이의권의 포기·상실의 대상**이 **아니다**.

## Set 43 증거조사 일반

### 1. 위법수집증거의 증거능력

**자유심증주의**를 취하고 있는 현행 민사소송에서는 형사소송에서와 달리 원칙적으로 **증거능력**에는 **제한이 없으며, 위법수집증거의 경우라도 증거능력이 부정되는 것**은 아니다. → ① 비밀리에 상대방과의 대화를 녹음하였다는 이유만으로 그 **녹음테이프가 증거능력이 없다고 단정할 수 없고**, 그 채증 여부는 사실심 법원의 재량에 속하는 것이며, 녹음테이프에 대한 증거조사는 검증의 방법에 의하여야 한다. ② **소제기 이후에 작성된 사문서**라는 점만으로 당연히 **증거능력이 부정되는 것**은 **아니다**.

### 2. 증거의 종류 - 본증과 반증, 반대사실의 증거

① [**본증**] - **자기가 증명책임을 지는 사실**을 증명하기 위하여 제출하는 증거 내지 증명활동을 본증이라 하고, 그 사실의 존재(요증사실)에 대하여 법관의 **확신**을 생기게 하여야 한다.
② [**반증**] - **상대방이 증명책임을 지는 사실**을 부정하기 위하여 제출되는 증거 내지 증명활동을 반증이라고 하고, 그 사실의 존재에 대하여 법관에게 **의심**을 품게 하면 족하다.
③ [**반대사실의 증거**] - 법률상의 추정을 뒤집기 위한 **반대사실의 증명**은 반증이 아니라 **본증**이다. 반대사실의 존재는 법률상 추정에 따라 **증명책임**이 **전환**되어 이를 다투는 사람에게 증명책임이 있다.

### 3. 요증사실과 불요증사실

① [**요증사실**] - i) 원칙적으로 **주요사실**이 증명의 대상이 되고, **간접사실이나 보조사실**은 주요사실의 증명에 필요한 한도에서 증명의 대상이 된다. ii) 주요사실에는 권리근거규정의 요건사실과 반대규정의 요건사실인 항변사실(장/멸/저)이 있다.

② [**불요증사실**] – 재판상 자백과 자백간주된 사실, 현저한 사실(공지의 사실과 직무상 현저한 사실), 법률상 추정되는 사실이 있다.

※ [비교] (**현저한 사실**) – 피고와 제3자 사이에 있었던 민사소송의 확정판결의 존재를 넘어서 그 판결의 이유를 구성하는 사실관계들까지 법원에 현저한 사실로 볼 수는 없다. 민사재판에 있어서 이미 확정된 관련 민사사건의 판결에서 인정된 사실은 특별한 사정이 없는 한 유력한 증거가 되지만, 당해 민사재판에서 제출된 다른 증거 내용에 비추어 확정된 관련 민사사건 판결의 사실인정을 그대로 채용하기 어려운 경우에는 합리적인 이유를 설시하여 이를 배척할 수 있다는 법리도 그와 같이 확정된 민사판결 이유 중의 사실관계가 현저한 사실에 해당하지 않음을 전제로 한 것이다.

---

※ 권리자백

1. 의의
   ① 권리자백이란 상대방 **법률상의 진술**(의견)에 대한 자기에게 불리한 진술을 말하는데, 협의로는 특히 소송물의 전제를 이루는 권리·법률관계에 대한 불리한 진술을 말한다.
   ② 소송물인 권리관계 자체에 대한 불리한 진술도 넓은 의미에서는 권리자백이라 볼 수 있으나 이 경우는 청구의 인낙으로서 구속력이 생긴다(제220조).

2. 권리자백의 대상 및 재판상 자백으로서의 효력인정 여부
   ① [법규의 존부·해석 및 적용에 관한 진술] – 법원의 전권사항이므로, 자백의 대상 ✗

   ※ [비교] (**법정변제충당**) – **법정변제충당의 순서를 정함**에 있어 기준이 되는 '**이행기나 변제이익에 관한 사항** 등'은 구체적 사실로서 **자백의 대상**이 될 수 있으나, **법정변제충당의 '순서 자체'는 법률규정의 적용**에 의하여 정하여지는 **법률상의 효과**여서 그에 관한 진술이 비록 그 진술자에게 불리하더라도 이를 **자백이라고 볼 수는 없다.**

   ② [사실에 대한 평가적 판단의 진술] – 권리자백의 대상일 수는 있어도 재판상 자백 ✗

   ※ [비교] (**유언**) – **법률상 유언이 아닌 것을 유언이라고 시인**하였다 하여 그것이 곧 유언이 될 수 없고 이와 같은 진술은 **자백이 될 수가 없다.**

   ③ [**법률적** (개념을 사용한) **사실의 진술**(압축진술)] – 구체적인 사실의 경과를 주장하지 않고, **매매, 소비대차와 같이 법률상 개념을 사용하여 사실진술을 한 경우, 그것이 동시에 구체적인 사실관계의 표현으로서 사실상의 진술도 포함**하는 경우에는 그 범위 내에서 **자백**이 **성립**한다.

   ④ [선결적 법률관계에 대한 진술] – 예 소유권에 기한 인도청구소송에서 피고가 "원고의 소유권을 인정한다"라는 진술을 한 경우 → **선결적 법률관계**는 그 **자체로는 자백으로서 구속력이 없더라도,** 그 **내용을 이루는** (구체적) **사실**에 대하여는 **자백**이 **성립**한다.

3. 효과
① 권리자백은 법원과 당사자를 구속하지 못하고, 다만 변론의 전체 취지로서 참작될 수 있다.
② 재판상 자백이라면 불요증사실로서 상대방의 증명책임이 면제되고, 법원 및 당사자에 대한 구속력이 인정된다.

## 4. 증거의 채부 – 유일한 증거(제290조 단서)

### (1) 의의 및 취지
① 유일한 증거라 함은 주요사실에 관하여 증거신청된 증거방법 외에는 다른 증거방법이 없어서 그 증거를 조사하지 않으면 아무런 증명이 없게 되는 경우의 증거를 말한다.
② 법원의 증거채부의 결정은 원칙적으로 재량이나, 유일한 증거인 때에는 이를 채택하여 조사하여야 한다. 따라서 이 범위에서 법원의 증거채부의 재량권이 제한을 받는 셈이다.

### (2) 판단기준
① 유일한지 여부는 '**전 심급**'을 통하여 판단하여야 한다.
② 또한 유일한지 여부는 사건 전체가 아니라 '**쟁점 단위**'로 판단하여야 하므로, 사건 전체로 보아 여러 개의 증거가 있어도 어느 특정한 쟁점에 관한 유일한 증거를 배척하여서는 안 된다.

### (3) 적용범위
① **주요사실**에 대한 증거, 즉 직접증거라야 하므로 간접사실·보조사실에 대한 증거인 간접증거는 포함되지 않는다.

※ [**비교**] (문서의 진정성립과 그것을 인정하기 위한 증인) – 서증이 유일한 증거이면 그 서증의 **진정성립을 위하여 신청한 증인**이 단 한번 출석하지 아니하였다 하여 취소한 다음 항변을 받아들이지 아니한 것은 주장사실에 대한 **유일한 증거**를 조사하지 아니한 채증법칙위반이다(※ 서증의 진정성립사실은 보조사실이지만 주요사실에 대한 증거처럼 유일한 증거의 법리를 적용해야 한다. 즉, 유일한 서증의 진정성립을 인정하기 위한 증인은 유일한 증거에 해당된다).

② 유일한 증거는 자기에게 증명책임이 있는 사항에 대한 증거이기 때문에 **본증**에 **한**하는 것이지, **반증**은 **해당되지 아니한다**.

### (4) 효과
1) 증거조사

유일한 증거는 **반드시 증거조사**하여야 함이 원칙이다. 다만, 유일한 증거라도 다음과 같은 경우에는 **예외**적으로 **증거조사를 하지 아니할 수 있다**. ① 증거신청이 **부적법**하거나, ② **시기에 뒤늦은 경우**(제149조), ③ 증인의 병환이나 송달불능 등 **증거조사에 장애가 있는 경우**, ④ 비용의 불예납 등 **거증자의 고의나 태만으로 인하여 증거조사를 합리적인 기간 내에 할 수 없는 경우** 등이다.

2) 증거력 판단

유일한 증거로서 증거조사가 이뤄진 경우라도, 자유심증주의 하에 그 내용을 반드시 채택하여야 한다는 것은 아니다.

## 5. 증거조사

(1) 증인신문

① [**증인**] - 증인은 사고의 목격자와 같이 과거에 스스로 경험한 사실을 법원에 진술하는 제3자이다.

② [**증인능력**] - 당사자 본인, 법정대리인 및 당사자인 법인 등의 대표자는 증인 ✗ (당사자신문 ○) / 소송제한능력자 ○

③ [**출석·선서·진술의무**] - (**증언거부권**) : 공소제기되거나 유죄판결을 받을 염려가 있는 사항 또는 치욕이 될 사항에 관한 것인 때에는 증언을 거부할 수 있고(제314조), 직무상 또는 직업의 비밀에 속하는 사항에 대하여 증언을 거부할 수 있다(제315조).

④ [**신문절차 및 방식**] - ⅰ) (**구술신문 원칙과 예외적 서면에 의한 증언 또는 증인진술서 제출방식**) : 증인의 진술은 말로 하는 것이 원칙이다(제331조). 다만, 법원은 상당하다고 인정하는 때에는 '**증인**'에게 **출석·증언에 갈음**하여 **증언할 사항을 적은 서면**을 **제출**하게 할 수 있다(제310조). 또한 효율적이고 실질적인 증인신문을 위하여 필요하다고 인정하는 때에는 증인을 신청한 '**당사자**'에게 **증인진술서**를 **제출**하게 할 수 있다(민사소송규칙 제79조). ⅱ) (**격리신문**) : 동일기일에 여러 증인을 신문하는 경우에는 따로 따로 신문하는 것이 원칙이고, 신문하지 아니한 증인이 법정 안에 있을 때에는 격리하여 법정에서 나가도록(퇴정) 명하여야 한다(제328조). ⅲ) (**교호신문**) : 증인신문은 신청을 한 당사자가 우선 신문한다. 이를 주신문이라고 한다. 주신문이 끝나면 상대방이 (반대)신문을 한다(제327조 제1항). 나아가 재주신문, 재반대신문의 순서로 행한다. 재판장은 쌍방의 신문이 끝나면 보충신문을 하는 것이 원칙인데(동조 제2항), 필요하다고 인정하면 언제라도 스스로 개입신문을 할 수 있다(동조 제3항).

(2) 감정

① [**의의**] - 감정인으로 하여금 특별한 학식·경험에 속하는 전문적 지식, 경험 또는 이를 이용한 의견·판단을 법원에 보고하도록 하여 법관의 판단능력을 **보충**하는 증거조사를 말한다(예 필적, 인영, 부동산의 평가, 노동능력의 상실 등이 감정사항).

② [**감정결과의 채부**] - ⅰ) (**당사자 원용요부**) : 감정결과를 재판의 자료로 하기 위해서는 당사자의 감정결과에 대한 원용의 진술이 필요하지만, **법정에 감정결과가 현출**된 이상 **당사자의 원용이 없어도** 법원은 그 결과를 **증거자료**로 할 수 있다. ⅱ) (**자유심증주의**) : 감정결과의 채부는 법관의 자유심증에 의한다. → 감정인의 **감정결과는 감정방법 등이 경험칙에 반하거나**

합리성이 없는 등 현저한 잘못이 없는 한 **존중**하여야 하고, 감정결과 **일부에 오류가 있는 경우에도** 그로 인하여 감정사항에 대한 감정결과가 **전체적으로 서로 모순되거나 매우 불명료한 것이 아닌 이상**, 법원은 감정결과 전부를 배척할 것이 아니라 해당되는 **일부 부분만**을 **배척**하고 **나머지 부분**에 관한 감정결과는 **증거로 채택**하여 사용할 수 있다. 그리고 동일한 사항에 관하여 **상이한 여러 개의 감정결과가 있을 때** 감정방법 등이 논리와 경험칙에 반하거나 합리성이 없다는 등의 잘못이 없는 한, 그중 **어느 감정결과를 채택할 것인지는** 원칙적으로 사실심 법원의 **전권**에 속한다.

(3) 당사자신문

① [**법적 성질**] – 당사자신문에서의 당사자는 증거방법이므로, 그 진술은 **증거자료**이지 사실자료가 아니며 소송능력을 필요로 하지 않으므로 **소송제한능력자**도 된다.

② [**보충성의 폐지**] – 구법은 당사자 본인신문은 다른 증거방법에 의하여 법원이 심증을 얻지 못한 경우에 한하여 직권 또는 당사자의 신청에 의하여 허용 → 개정법 **제367조** 본문에서는 법원은 직권 또는 당사자의 신청에 따라 당사자 본인을 신문할 수 있다고 규정하여, 당사자 본인이 독립한 증거방법임을 명백히 하고, **다른 증거방법이 있는 경우에도** 당사자신문이 **허용**됨을 밝히고 있다(**증거방법으로서의 보충성 폐지**). 또한 당사자 본인신문 결과는 **다른 증거와 종합하지 않고 독립적인 사실인정의 자료**가 될 수 있게 되었다(**증거력의 보충성 폐지**).

③ [**흠의 치유**] – 당사자신문할 사람을 증인으로 신문하였다 하여도 당사자의 이의가 없으면, 소송절차에 관한 **이의권**의 **포기·상실**(제151조)로 그 흠이 치유되어 그 진술을 증거자료로 할 수 있다.

(4) 서증(※ 별도로 살펴본다)

## 6. 자유심증주의

증거조사결과의 평가는 법원의 자유심증주의에 따른다(제202조). 즉, 법원은 법정의 증거법칙에 구속되지 않고, 변론 전체의 취지와 증거조사의 결과(증거자료)를 참작하여 자유로운 심증으로 사실주장이 진실에 합치하는지 여부를 판단한다.

## 7. 증명책임(※ 별도로 살펴본다)

법원이 사실의 존부에 대한 심증을 형성하지 못한 경우(예 확신 없는 경우, 증거제출 없는 경우, 증명되지 않은 경우, 진위불명인 경우)에는 증명책임에 따라 판결을 하여야 한다.

## Set 44  서증

### 1. 문서의 증거능력

문서의 **증거능력**에 **제한** x (∵ 자유심증주의 채택) → 소제기 이후에 작성된 사문서라는 점만으로 당연히 증거능력이 부정되는 것은 아니다.

※ [비교] (**문서의 종류**) - ① (**공문서와 사문서**) : 공무원이 그 권한에 의하여 직무상 작성한 공문서와 그 외의 것으로 사문서(※ 구별실익 - 문서의 진정성립의 추정에 대한 취급상 차이), ② (**처분문서와 보고문서**) : 처분행위가 기재된 처분문서와 작성자가 듣고 보고 느끼고 판단한 바를 기재한 보고문서(※ 구별실익 - 실질적 증거력의 인정상 차이), ③ (**판결문**) : 어떠한 내용의 판결이 있었는가의 면에서는 처분문서이지만, 판결서 중에서 한 사실판단을 **다른 소송에서** 쟁점이 된 사실을 증명하기 위하여 **이용**하는 경우에는 **보고문서**에 해당한다. **다만, 공문서**에 해당하므로 강한 **사실상 추정**이 생긴다. 즉, **확정된 관련 민사·형사사건에서 인정된 사실**은 특별한 사정이 없는 한 <u>유력한 증거</u>(자료)가 되므로 **합리적인 이유설시 없이 이를 배척할 수 없다**.

### 2. 문서의 증거력

(1) 판단순서

① 우선 문서가 거증자가 그 문서의 작성자라고 주장하는 특정인(작성명의인)의 의사에 기하여 실제로 작성된 것인가를 확실히 하고(<u>형식적 증거력의 인정</u>) → ② 비로소 그 문서의 기재내용이 요증사실을 진실한 것으로 인정할 자료가 되는가(<u>실질적 증거력</u>)를 검토한다.

(2) 문서의 형식적 증거력(문서의 진정성립)

1) 의의

거증자가 그 문서의 작성자라고 주장하는 특정인의 의사에 기하여 실제로 작성된 것을 문서의 진정성립이라고 하는데, 일반적으로 진정하게 성립된 문서를 형식적 증거력이 있다고 한다.

2) 성립의 인부(절차)

① [**상대방의 성립인정·침묵**] - ⅰ) (**자백·자백간주의 법리 적용**) : 문서의 성립의 진정은 **보조사실이지만 주요사실에 대한 경우처럼 재판상 자백·자백간주의 법리**가 **적용**되어 법원은 그 성립의 인정에 구속되어 형식적 증거력을 인정하여야 한다. → ∴ **기일해태에 따른 진술간주**(제148조)에 기한 **재판상 자백**의 성립 긍정. / ⅱ) (**자백철회의 법리 적용**) : 주요사실에 관한 자백의 취소와 마찬가지로 취급하여 문서의 진정성립을 인정한 당사자는 **자유롭게** 이를 **철회할 수 없다**. 문서에 찍힌 **인영의 진정함을 인정**하였다가 나중에 이를 **철회하는** 경우에도 **마찬가지**이다.

② [**상대방의 부인·부지**] - ⅰ) 상대방 자신명의의 문서일 때에는 '부지'라는 인부를 할 수 없고, 반드시 '성립인정 또는 부인'으로 하여야 한다. ⅱ) **문서제출자**에게 **진정성립**에 관한 **입증**

**책임**이 있다. 다만, 진정성립을 증명한다는 것은 상당히 곤란하므로, 민사소송법에서는 이에 관해 **법정증거법칙**의 일종으로 **추정규정**을 두고 있고(제356조, 제358조), 법관은 자유심증에 의하여 변론의 전체적 취지만으로 그 진정성립을 인정할 수 있다.

3) 진정성립의 추정

가) 공문서

공무원이 직무상 작성한 것으로 인정한 때에는 이를 진정한 공문서로 추정한다(제356조).

나) 사문서

① [**증명책임**] - 사문서는 그것이 진정한 것임을 증명하여야 하는데(제357조), **제출자가 입증**하여야 한다. 다만, 사문서에 작성명의인인 본인 또는 대리인의 서명이나 날인 등이 있는 때에는 진정한 것으로 추정한다(제358조).

② [**2단의 추정 법리**] - 완성문서의 경우 "**인영의 동일**(일치) → **날인**(행위)**의 진정** → 문서의 **진정성립**"의 추정구조를 인정한다. 즉, 인영의 동일이 인정되면 날인의 진정이 **사실상 추정**되고(1단계의 추정 - 일응의 추정), 날인의 진정이 추정되면 **제358조**에 의해 문서의 진정성립이 **추정**된다[제2단계의 추정 - 증거법칙적 추정(유사적 추정의 하나)].

③ [**인장도용의 항변과 추정의 복멸**] - ⅰ) **날인행위가 작성 명의인의 의사에 기한 것이라는 추정**은 사실상의 추정이므로 인영의 진정성립을 다투는 자가 **반증**(주 - 간접반증)을 들어 인영의 진정성립, 즉 날인행위가 작성명의인의 의사에 기한 것임에 관하여 법원으로 하여금 의심을 품게 할 수 있는 사정을 입증하면 그 **추정은 깨어지고, 반증이 없는 한** 인영은 피고의 의사에 의하여 현출된 것으로 사실상 추정되어 제358조에 의하여 그 **진정성립**이 여전히 **추정**된다. ⅱ) **날인행위가 작성명의인 이외의 제3자에 의하여 이루어진 것임이 밝혀진 경우**에는 **사실상 추정은 깨어지는 것이므로, 문서제출자는 그 제3자의 날인행위가 작성명의인으로부터 위임받은 정당한 권원에 의한 것이라는 사실까지 증명할 책임**이 있고, 이것이 **증명이 된 경우**에는 위 사실상 추정은 여전히 유지되므로 **진정성립이 추정**된다.

※ [**비교**] (2단계 추정의 복멸) - 날인의 진정이 인정되는 경우라도, '진정하게 성립된 문서를 나중에 임의로 **변조**했다는 **사실**'을 증명함으로써 **2단계의 추정을 복멸**시킬 수 있다.

④ [**백지문서의 증명**] - **작성명의인의 날인만 되어 있고 내용이 백지로 된 문서**(백지문서)를 교부받아 후일 그 백지 부분을 **작성명의자 아닌 자가 보충**한 경우, 그 문서 전체의 **진정성립의 추정**(제358조의 추정)**은 배제**된다. → 문서의 교부 당시 백지상태인 공란 부분이 있었고 그것이 사후에 작성명의인 아닌 자에 의해 보충되었다는 점(주 - 백지문서라는 점)은 작성명의인이 **증명**하여야 하고, 이러한 점이 **인정되는 경우** 문서의 **진정성립의 추정은 깨어진다**. → 그리고 제3자에 의해 보충되었다는 점이 증명된 경우 **문서제출자**는 그 기재 내용이 **작성명의인으로부터 위임받은 정당한 권원에 의한 것**이라는 사실에 대해 **입증책임이 있다**.

※ [**참고**] - 백지문서는 작성명의자가 기명날인하고 작성명의자 아닌 자가 백지로 된 내용을 보충한 문서를 말한다. 따라서 '일단 백지문서임이 인정'되면 날인의 진정이 인정된다. 결국 백지문서의 경우 추정과 복멸은 2단계의 추정의 문제이다. 마치 완성문서의 경우 내용이 변조되었음을 증명하여 2단계의 추정을 복멸시키는 경우와 마찬가지이다.

※ [**비교**] (**공사병존문서**) - 공사병존문서(예 내용증명우편에 의한 통지서, 확정일자를 갖춘 임대차계약서 등)의 경우에는 공문서 부분의 진정성립으로 사문서 부분의 진정성립을 추정할 수 없다.

(3) 문서의 실질적 증거력(내용의 진정)

1) 의의

해당 문서의 기재내용이 요증사실의 증명에 기여하는 정도, 즉 증거가치를 말한다. 실질적 증거력의 판단은 형식적 증거력의 경우와 같은 추정규정은 없고 법관의 **자유심증**에 맡겨져 있으며, **자백의 법리가 적용되지 않는다**.

2) 처분문서의 실질적 증거력

① 진정성립(형식적 증거력)이 인정되면 **기재된 대로** 그와 같은 **법률행위의 존재와 내용**을 **인정**하여야 한다. 다만, 법률행위의 해석, 행위자의 능력이나 의사의 흠 등은 추정되지 않고 별도로 판단한다.

② 처분문서의 증거력은 **강한 사실상 추정**으로서 이를 배척하자면 합리적인 이유를 설시하여야 한다.

3) 보고문서의 실질적 증거력

① 보고문서의 경우에는 법관의 **자유심증**으로 결정한다.

② **다만**, 보고문서라도 **공문서**[예 등기부, 확정된 민사 및 형사판결문, 국립과학수사연구소가 작성한 필적감정의뢰(사실조회)회보, 가족관계등록부 등]인 경우 그 기재사항을 **진실**한 것이라고 **추정**하여, 이를 **배척함에 있어서는 합리적인 이유설시를 요한다**.

3. 서증의 절차

(1) 서증신청의 방식

서증신청은 ① 거증자가 스스로 문서를 소지하고 있으면 이를 직접제출하는 방식으로(제343조 전단), ② 상대방이나 제3자가 소지하는 문서로서 제출의무가 있는 문서라면 그 소지인에게 문서의 제출을 명할 것(문서제출명령)을 신청하는 방식으로 한다(제343조 후단).

(2) 문서의 직접 제출

변론기일에 출석하여 현실적으로 제출하여야 하고, 변론기일에 불출석하였다면 그 준비서면 등이 진술간주되었더라도 서증은 제출하지 아니한 것으로 취급한다. 또한 문서는 제355조에 따라 원본, 정본 또는 인증등본(공증권한이 있는 공무원이 원본과 동일하다는 공증을 한 등본)으로 제출하여야 한다.

※ [비교] (사본의 제출) – ① 문서의 제출은 원본으로 하여야 하는 것이고, 원본이 아니고 단순히 사본만으로 한 증거의 제출은 정확성의 보증이 없어 원칙적으로 부적법하므로, **원본의 존재 및 원본의 성립의 진정에 관하여 다툼이 있고 사본을 원본의 대용으로 하는 것에 대하여 상대방으로부터 이의가 있는 경우에는 사본으로써 원본을 대신할 수 없다**(∵ 이 경우 원본을 제출받아 증거조사를 하여야 한다. 반면 당사자 사이에 원본의 존재와 성립에 대하여 다툼이 없고 사본으로서 원본에 갈음하는 것에 상대방으로부터 이의가 없는 경우에 한하여 허용되며 이 때에는 원본이 제출된 것과 동일한 효과를 갖는다). / ② **반면에 사본을 원본으로서 제출하는 경우**에는 그 사본이 독립한 서증이 되는 것이나 그 대신 이로써 원본이 제출된 것으로 되지는 아니하고, **이때에는 증거에 의하여 사본과 같은 원본이 존재하고 그 원본이 진정하게 성립하였음이 인정되지 않는 한 그와 같은 내용의 사본이 존재한다는 것 이상의 증거가치는 없다**(∵ 증거에 의해 사본과 같은 원본이 존재하고 또 그 원본이 진정하게 성립하였음이 인정된다면 원본과 동일한 내용의 실질적 증거력을 인정할 수 있다). ③ 다만, 서증사본의 신청 당사자가 문서 원본을 분실하였다든가, 선의로 이를 훼손한 경우, 문서제출명령에 응할 의무가 없는 제3자가 해당 문서의 원본을 소지하고 있는 경우, 원본이 방대한 양의 문서인 경우 등 원본 문서의 제출이 불가능하거나 곤란한 상황에서는 원본을 제출할 필요가 없지만, 그러한 경우라면 해당 서증의 신청당사자가 원본을 제출하지 못하는 것을 정당화할 수 있는 구체적 사유를 주장·증명하여야 한다.

(3) 문서제출명령

1) 의의 및 취지

상대방 또는 제3자가 가지고 있는 제출의무 있는 문서에 관하여 제출하도록 명령해 달라는 신청방식(제343조 후단). → 증거의 구조적 편재를 시정하는 수단

2) 요건

**가) 문서제출의무 있는 문서**

① [**제344조 제1항 각호**] – **인**용문서(제1호), 인**도**·열람문서(제2호), 이익문서와 **법**률관계문서(3호) → (거부사유) : **제3호의 이익문서·법률관계문서**에 있어서 공무원의 직무상 비밀과 같이 동의를 필요로 하는 경우에 동의를 받지 아니한 문서(제304조 내지 제306조), 증인의 증언거부사유(제314조, 제315조)와 같은 일정한 사유(예 형사소추, 치욕, 직무상·직업상비밀)가 있는 문서의 경우에는 **제출의무를 부담하지 않는다**(제344조 제1항 제3호 단서와 각목).

② [**제344조 제2항**] – 문서와 당사자 사이에 특별한 관계가 없는 경우에도 제외사유에 해당하지 않는 경우에는 문서를 가지고 있는 사람에게 문서를 제출하도록 문서제출의무를 **일반적 의무로 확대하였다**(특히 증거의 구조적 편재를 시정할 수단으로 활용 기대). → (**거부사유**) : 공무상 비밀문서, 형사소추 등 증언거부사유가 있는 문서(제314조, 제315조), 오로지 문서를 가진 사람이 이용하기 위한 문서(예 자기사용문서 – 일기장, 편지 등)는 문서제출의무를 부담하지 않는다.

### 나) 증명

① **문서의 존재와 소지**에 대한 **증명책임**은 원칙적으로 **신청인**에게 있고, ② 제344조 제1항 제3호 단서나 제2항의 **거부사유의 존재**는 소지인에게 **증명책임**이 있다.

※ [**참고**] (**신청 및 심판**) - ① [**신청방법**] : 문서제출명령을 신청한 당사자는 문서의 표시, 문서의 취지, 문서를 가진 사람, 증명할 사실 및 문서제출의무의 원인을 명시하여야 한다(제345조, 규칙 제110조). / ② [**문서정보공개제도**] : 필요하다고 인정하는 경우, 법원은 신청대상이 되는 문서의 취지나 그에 의하여 증명할 사실을 개괄적으로 표시한 당사자의 신청에 따라 상대방 당사자에게 신청내용과 관련하여 가지고 있는 문서 또는 서증으로 제출할 문서에 관하여 그 표시와 취지 등을 적어 내도록 명할 수 있다는 문서정보공개제도를 두고 있다(제346조). / ③ [**심리**] : 법원은 그 문서의 소지 여부 및 제출의무의 존재를 다투는 때에는 그에 대한 존부를 심리하여야 한다. / ④ [**비밀심리절차**] : 프라이버시나 영업비밀에 관한 사항이 기재된 문서에 해당한다는 이유로 문서제출의무의 존부가 다투어 지는 신청에 있어서 법원이 필요하다고 인정하는 때에는 문서를 가지고 있는 사람에게 그 문서를 제시하도록 명할 수 있고, 대신 법원은 그 문서를 비공개적으로 심리하여 문서제출의무의 존재 여부를 판단하는 비밀심리절차(이른바 In Camera절차)를 마련하고 있다(제347조 제4항). / ⑤ [**일부제출명령제도**] : 심리결과 문서의 일부에 대하여서만 이유 있다고 인정한 때에는 해당부분만의 일부제출명령을 하여야 한다(제347조 제2항).

### 3) 문서의 부제출 등의 효과 및 제재 - 당사자에 대한 효과

#### 가) 문제점

당사자가 문서제출명령을 받고도 이에 응하지 않거나(제349조), 사용방해의 목적으로 제출의무 있는 문서에 대해 훼손 등의 행위를 한 때(제350조)에는 법원은 그 **문서의 기재에 대한 상대방의 주장을 진실한 것으로 인정할 수 있다**. 이는 **증명방해**의 하나로서 **명문규정**이 있는 경우이다. 여기서 문서에 관한 상대방의 주장을 진실한 것으로 인정한다는 것이 무엇을 뜻하는가에 관하여는 논의가 있다.

#### 나) 판례

문서제출명령에 따르지 아니한 경우 ① 법원은 상대방의 그 **문서에 관한 주장**, 즉 **원고 주장과 같은 내용의 계약서의 존재 및 그 진정성립의 인정을 진실한 것**으로 **인정**하여야 한다는 것이지, ② **증명책임이 전환된다거나** 그 문서에 의하여 **증명하고자 하는 상대방의 주장 사실까지 반드시 증명되었다고 인정하여야 하는 것**은 아니라고 판시함으로써 요증사실에 대해서 자유심증에 입각하고 있다.

# Set 45 자유심증주의

1. 의의

    자유심증주의란 법관이 법률상의 제약을 받지 않고 변론 전체의 취지와 증거자료를 통하여 형성된 자유로운 심증으로 사실주장의 진부판단을 할 수 있다는 원칙을 말한다(제202조).

    ※ [비교] (손해배상액수의 산정) - 제202조의2 : 손해가 발생한 사실은 인정되나 구체적인 손해의 액수를 증명하는 것이 사안의 성질상 매우 어려운 경우에 법원은 변론 전체의 취지와 증거조사의 결과에 의하여 인정되는 모든 사정을 종합하여 상당하다고 인정되는 금액을 손해배상액수로 정할 수 있다(※ 법원의 재량산정을 인정 - 특별한 정함이 없는 한 채무불이행이나 불법행위로 인한 손해배상뿐만 아니라 특별법에 따른 손해배상에도 적용되는 일반적 성격의 규정).

2. 증거원인

    ① [**변론 전체의 취지**] - 증거조사의 결과(증거자료)를 제외한 일체의 소송자료 → [**독립적 증거원인 인정 여부**] : ⅰ) (**주요사실**) - 주요사실에 대한 독립적 증거원인은 부정 ∴ 변론 전체의 취지만으로 사실인정의 자료로 할 수 없다. ⅱ) (**보조사실**) - 문서의 진정성립과 자백의 철회요건으로 자백이 착오에 의한 것은 변론 전체의 취지만으로 인정할 수 있다.

    ② [**증거조사의 결과**] - ⅰ) (**증거방법 및 증거능력의 무제한, 증거력의 자유평가**) : 증거방법 및 증거능력의 제한은 없고, 증거력 평가는 법관의 자유로운 판단에 맡겨져 있다(증거력 차이·우열 ✗). 다만 (ㄱ) **처분문서**의 경우 그 진정성립이 인정되는 이상 반증이 있거나 이를 믿을 수 없는 **합리적인 이유가 없는 한** 법원은 문서에 적힌 내용대로 **법률행위의 존재**를 **인정**하여야 하고, (ㄴ) 확정된 민사·형사판결의 인정사실은 특별한 사정이 없는 한 유력한 증거자료가 될 수 있다. / ⅱ) (**증거공통의 원칙**) : 증거조사의 결과는 **당사자 상호간**에서 제출한 당사자에게 유리하게 판단될 수 있을 뿐만 아니라, 상대방의 원용이 없어도 오히려 **상대방에게 유리하게 사용되고 제출자에게 불리하게 판단될 수도 있다.**

3. 자유심증주의의 예외

    ① [**증거방법, 증거능력, 증거력의 제한**] - 대리권의 존재에 대한 서면증명의 필요(제58조 제1항, 제89조 제1항), 당사자와 법정대리인에 증인능력 부정(제367조, 제372조), 공문서·사문서의 증거력에 관한 추정규정(제356조, 제358조) 등의 제한이 있다.

    ② [**명문의 규정이 없는 증명방해**] - 당사자가 고의·과실 등에 의하여 증명책임을 지는 당사자의 증명활동을 실패시키거나 곤란하게 하는 것(예 의사 측이 진료기록부를 변조) → ⅰ) **자유로운 심증**에 따라 **방해자 측에게 불리한 평가**를 할 수 있음에 그칠 뿐, **증명책임이 전환되거나 곧바로 상대방의 주장사실이 증명된 것으로 보아야 하는 것은 아니다.** ⅱ) 다만, 증거자료에의 접

근이 훨씬 용이한 일방 당사자가 상대방의 증명활동에 협력하지 않는다고 하여 상대방의 입증을 방해하는 것이라고 단정할 수 없다.

## Set 46  증명책임

※ 논증구도

Ⅰ. 요증사실의 확정
① 주요사실의 확정
② 상대방 주장의 성질(자백, 부인, 항변)

Ⅱ. 증명책임의 분배
① 의의
② 증명책임 분배기준
③ 증명책임의 완화

### 1. 의의
요증사실의 존부가 확정되지 않아 그 진위가 불명한 경우에 해당 사실이 없는 것으로 취급됨으로써 받게 되는 당사자 일방의 불이익을 말한다.

### 2. 적용범위
증명책임은 ① 변론주의뿐만 아니라 직권탐지주의에 따른 절차에서도 적용되고, ② **직권조사사항**인 소송요건에 대하여도 그 사실의 존부가 불명한 경우에는 **증명책임의 원칙**이 적용되고 본안판결을 받는다는 것 자체가 원고에게 유리하다는 점에 비추어 직권조사사항인 소송요건에 대한 **입증책임**은 **원고**에게 있다.

### 3. 증명책임의 분배
(1) 의의

요건사실에 대하여 어느 쪽 당사자가 증명책임을 부담하는가의 문제를 증명책임의 분배라고 한다.

(2) 증명책임의 분배기준
① [**일반적**] - 명문규정이 있는 경우(민법 제135조 제1항 등)는 규정에 따르지만, 명문규정이 없는 경우에는 **법률요건분류설**에 따른다. → 증명책임의 분배를 **법규의 형식과 구조**에서 찾아 각 당사자는 **자기에게 유리한 법규의 요건사실의 존부에 대해 증명책임을 지는 것**으로 분배시킨다.
② [**이행의 소**] - ⅰ) 법률효과의 발생을 규정하는 **권리근거규정의 요건사실**에 대해서는 **원고**가, ⅱ) **반대규정의 요건사실**, 즉 권리**장**애규정의 요건사실, 권리소**멸**(멸각)규정의 요건사실, 권리행사**저**지규정의 요건사실에 대해서는 **피고**가 **증명책임**을 진다.

※ **[비교] (본문과 단서 규정)** – 본문과 단서로 되어 있는 조문(예 민법 제109조 제1항)에서는 단서는 본문의 법률효과를 방해하는 요건이므로 반대규정에 해당하는 것이 원칙이다. 따라서 원칙적으로 본문에서 인정된 법률효과를 다투는 자는 단서에서 규정되어 있는 사실에 대하여 증명책임이 있다.

③ **[소극적 확인소송]** – 소극적 확인소송에서는 채무자인 **원고가 권리의 장애·멸각·저지사실**에 대해, **피고가 권리근거규정의 요건사실**에 대하여 **증명책임**을 지게 된다. 예 i) 금전을 차용한 사실이 없다는 이유로 원고는 피고에 대하여 채무가 존재하지 않는다고 주장하는 경우에는 채권자인 피고가 원고에게 금전을 대여하였다는 사실에 대해서 주장·증명책임을 부담한다. ii) 반면에 원고가 피고로부터 금전을 차용하였지만 변제 등으로 자신의 채무가 소멸하였다고 주장하는 경우에는 원고 자신이 변제사실 등 채무소멸사실을 주장·증명하여야 한다. iii) 유치권부존재확인의 소에서도 **유치권의 요건사실인 유치권의 목적물과 견련관계 있는 채권의 존재**에 대해서는 **피고가 주장·증명**하여야 한다.

## 4. 증명책임의 완화

### (1) 법률상 추정

① **[의의 및 종류]** – 법규화된 경험칙, 즉 **추정규정**을 적용하여 행하는 추정으로서, 법률상 사실추정(예 점유계속의 추정(민법 제198조))과 법률상 권리추정(예 점유의 적법추정(민법 제200조))이 있다.

② **[효과]** – i) **(증명책임의 완화)** : 증명책임이 있는 사람은 추정되는 사실 또는 권리의 전제사실을 증명함으로써 보다 쉽게 증명의 모색이 가능하다. ii) **(증명책임의 전환)** : 상대방이 추정사실의 부존재에 대하여 증명책임을 진다는 의미에서는 증명책임이 전환된다. 추정을 번복하기 위해 세우는 증거는 **본증**(반대사실의 증거)이고 반증이 아니다.

③ **[유사적 추정]** – 법조문에 추정이라는 표현을 사용하였지만, 엄격한 의미에서 법률상의 추정이 아닌 것으로서, i) 민법 제197조 제1항의 추정과 같이 **무전제의 추정**(잠정적 진실 – 증명책임의 전환 O)과 ii) 문서의 진정성립의 추정(제356조, 제358조)과 같이 실체법의 요건사실이나 법률효과와는 무관한 추정으로서 증거법상으로 일정한 사실을 추정하는 **증거법칙적 추정**(법정증거법칙 – 증명책임의 전환 ✗)이 있다.

---

### ※ 등기의 추정력

**1. 법적 성질**

부동산에 관한 소유권이전등기는 **권리의 추정력**이 있으므로, 이를 **다투는 측에서 그 무효사유를 주장·입증**하여야 한다. → 법률상 추정으로 증명책임의 전환 O

### 2. 추정력의 범위

**(1) 인적 범위**

소유권이전등기의 경우에 현 등기명의인은 **전 소유자**(전등기명의인)**에 대하여서도** 적법한 등기원인에 의하여 소유권을 취득한 것으로 **추정**된다.

**(2) 물적 범위**

등기의 추정력은 ① 등기된 권리의 존재 및 귀속, ② 등기원인의 존재 및 적법·유효성, ③ 등기절차의 적법성에 미친다. 따라서 매매계약 및 등기가 대리인에 의해 행해지는 경우 **대리인이 대리권을 수여받아 유효한 대리행위**를 하였다는 점도 **추정**된다(※ 표현대리는 추정✗).

※ [비교] (유권대리의 추정과 복멸) – 소유권이전등기가 전 등기명의인의 직접적인 처분행위에 의한 것이 아니라 제3자가 그 처분행위에 개입된 경우 현 등기명의인이 그 제3자가 전 등기명의인의 대리인이라고 주장하더라도 현 소유명의인의 등기가 적법히 이루어진 것으로 추정되므로, 그 등기가 원인무효임을 이유로 그 말소를 청구하는 **전 소유명의인**으로서는 그 반대사실, 즉 그 **제3자에게 전 소유명의인을 대리할 권한이 없었다던가**, 또는 **제3자가 전 소유명의인의 등기서류를 위조하였다는** 등의 무효사실에 대한 **입증책임**을 진다.

### 3. 추정력의 효과

① [**증명책임의 전환**] – 소유권이전등기가 경료된 경우 그 **등기는 적법**하게 된 것으로서 진실한 권리상태를 공시하는 것이라고 **추정**되므로, 그 등기가 위법하게 된 것이라고 주장하는 **상대방에게 그 추정력을 번복할 만한 반대사실**을 **입증할 책임이 있다.**

② [**부수적 효과**] – 등기의 내용을 신뢰하고 거래한 자의 선의·무과실도 추정된다.

---

**(2) 일응의 추정 내지는 표현증명**

① [**의의**] – 일응의 추정이란 **고도의 개연성**이 있는 경험칙을 이용하여 간접사실로부터 주요사실을 추정하는 경우를 말한다.

② [**적용범위**] – 주로 **불법행위**에 있어서 **인과관계와 과실**의 인정의 경우에 적용되고, 이른바 정형적 사상경과(전형적 사태진행)가 문제된 경우에만 적용될 수 있다.

③ [**복멸 : 간접반증**] – ⅰ) (**의의 및 성질**) : 일응의 추정이 인정되는 경우 상대방이 추정의 **전제되는 간접사실과 양립할 수 있는 별개의 간접사실을 증명**하여 위 간접사실에 의한 **주요사실의 추정을 방해**하는 증거 내지는 증명활동 → **간접사실에 대한 본증과 주요사실에 대한 반증**으로서 **주요사실의 증명책임을 전환시키는 것**은 **아니다.** / ⅱ) (**현대형 소송인 공해소송과 의료과오소송 사안**) : (ㄱ) **공해소송** – 원고가 피고공장에서 김의 생육에 악영향을 줄 수 있는 **폐수**가 **배출**되고 그 폐수 중 일부가 유류를 통하여 이사건 김양식장에 **도달**하였으며 그 후 김에 **손해**(피해)가 있었다는 사실이 각 모순 없이 **증명한 이상** 피고공장의 폐수배출과 양식 김에 병

해가 발생함으로 말미암은 손해간의 **인과관계**가 **일응 증명**되었다고 할 것이므로, **피고는** 공장 폐수는 그것이 **무해하다는 것**(예 김의 생육에 악영향을 끼칠 수 있는 원인물질이 들어 있지 않으며 원인물질이 들어 있다 하더라도 그 해수혼합율이 안전농도 범위 내)을 **반증**을 들어 인과관계를 부정하여야 한다. (ㄴ) [**의료과오소송**] - 피해자 측(환자 측)에서 **일반 상식적인 의료과실행위**를 증명하고, 그 **결과와 사이에** 일련의 의료행위 외에 **다른 원인이 개재될 수 없다는 점**, 이를테면 환자에게 의료행위 이전에 그러한 결과에 원인이 될 만한 건강상의 결함이 없었다는 사정을 **증명**한 경우에 있어서는 **의료행위를 한 측**이 그 결과가 **의료상의 과실과 전혀 다른 원인에 기한 것**을 **증명하지 않는 이상**, 의료상 과실과 결과 사이의 **인과관계**를 **추정**하여 손해배상책임을 지울 수 있도록 증명책임을 완화하는 것이 손해의 공평·타당한 부담을 그 지도원리로 하는 손해배상제도의 이상에 맞는다.

## 5. 증명책임과 주장책임

① [**주장책임 분배와 증명책임 분배의 기준 일치**] - **법률요건분류설** → (**이행의 소**) : i) 원고는 권리근거규정의 요건사실에 대하여, ii) 피고는 권리장애·권리멸각·권리행사저지 규정의 요건사실에 대하여 주장·증명책임을 진다.

② [**예외**] - i) 무권대리인의 상대방에 대한 책임(민법 제135조 제1항)의 경우 대리권의 부존재에 관하여는 원고가 주장책임을 부담하나, 증명책임은 무권대리인이 부담한다. ii) 금전채무불이행으로 인한 손해배상책임에서 채권자인 원고는 손해의 발생 및 손해액에 관하여 주장책임을 부담하나 증명책임은 부담하지 않는다(민법 제397조 제2항).


# Set 47  소송절차의 중단

※ 논증구도
Ⅰ. 당연승계 인정 여부 ──▶ Ⅱ. 중단 여부 및 해소 ──▶ Ⅲ. 간과판결의 효력 및 구제수단
계 / 상 / 대 / 소·수

## 1. 당연승계 인정 여부

소송계속 중 어느 일방의 당사자가 **사망한** 경우, **그때부터 그 소송은 그의 지위를 당연히 이어 받게 되는** 상속인들과의 관계에서 **대립당사자 구조를 형성**하여 **존재**하게 된다.

## 2. 중단 여부 및 해소

### (1) 중단의 요건

소송**계**속 중 중단사유 : **예** 사망 - **상**속인 ┬ ✗ → 소송절차종료
(제233조, 제234조, 제235 등)          └ ○ - 상속**대**상 ┬ ✗ → 소송절차종료(**예** 이혼소송)
                                        └ ○ - **소**송대리인 ┬ ✗ → 중단 ○
                                                (제238조)     └ ○ → 중단 ✗

#### 1) 당사자의 사망(제233조 제1항, 제238조)

**가) 요건**

① **소송계속 중** 당사자의 **사망**일 것, ② **상속인**이 있을 것, ③ 소송물인 권리의무가 일신전속적이지 않고 **상속의 대상**이 될 것, ④ **소송대리인이 없을 것**(제238조)을 요한다.

※ [비교] (**보조참가인의 사망**) - 보조참가인은 피참가인의 승소를 보조하는 자이므로 소송계속 중에 보조참가인이 사망하더라도 **소송절차는 중단되지 않는다**.

※ [비교] (**이혼소송계속 중 당사자 일방의 사망**) - 재판상의 이혼청구권은 부부의 일신전속의 권리이므로 **이혼소송계속 중 부부의 일방이 사망한 경우**에는 상속인이 그 소송절차를 수계할 수 없음은 물론이며, **당연**히 **소송**이 **종료**된다(소송은 바로 종료되고 기일지정신청한 경우에는 이를 명백히 하는 의미에서 소송종료선언을 한다).

---

※ 원고가 소송대리인을 선임하고 사망 + 소송대리인이 사망사실을 모르고 소 제기

### 1. 소의 적법 여부

당사자가 사망하더라도 소송대리인의 **소송대리권**은 **소멸하지 아니하므로**(제95조 제1호), 당사자가 소송대리인에게 소송위임을 한 다음 소 제기 전에 사망하였는데 **소송대리인이** 당사자가 **사망한 것을 모르고** 그 당사자를 원고로 표시하여 소를 제기하였다면 이러한 소의 제기는 **적법**하다.

### 2. 법적 구성

민사소송법 **제233조 제1항**이 **유추적용**되어 사망한 사람의 **상속인**들은 그 **소송절차를 수계하여야 한다**고 하여, 소송절차의 중단에 관한 법적 구성의 문제로 취급한다.

### 3. 소송절차의 중단 여부 및 시기

① 당사자가 사망하였으나 **소송대리인이 있는 경우**에는 소송절차가 **중단되지 아니하고**(제233조 제1항, 제238조), 그 소송대리인은 **상속인들 전원을 위하여** 소송을 **수행**하게 되며, **판결은 상속인들 전원에 대하여 효력이 있다**.

② 소송대리인에게 상소제기에 관한 **특별수권이 없다면 심급대리의 원칙**상 **판결정본**이 소송대리인에게 **송달**되면 소송절차가 **중단**된다.

4. 소송절차 중단 중의 항소의 적법 여부 및 하자치유

① 심급대리의 원칙상 판결정본이 소송대리인에게 송달되면 소송절차가 중단되므로 **항소는 소송수계절차를 밟은 다음**에 **제기**하는 것이 원칙이다. 따라서 **소송절차 중단 중에 제기된 상소**는 **부적법**하다.

② But **상소심법원에 수계신청**을 하여 그 **하자**를 **치유**시킬 수 있으므로, 상속인들로부터 항소심 소송을 위임받은 소송대리인이 소송수계절차를 취하지 아니한 채 사망한 당사자 명의로 항소장 및 항소이유서를 제출하였더라도, 상속인들이 항소심에서 수계신청을 하고 소송대리인의 소송행위를 적법한 것으로 추인하면 그 하자는 치유된다 할 것이고, 추인은 묵시적으로도 가능하다.

**나) 중단의 범위**

① 통상 공동소송인 경우에는 사망한 당사자와 상대방간에서만 중단되며, ② 필수적 공동소송에서는 당사자 전원의 관계가 중단된다.

**2) 법인의 합병**(제234조, 제238조)

① 당사자인 법인이 합병에 의하여 소멸된 때에 소송절차는 중단된다. 이 경우 합병에 의하여 설립된 법인 또는 합병한 뒤의 존속법인이 소송절차를 수계하여야 한다.

② 소송대리인이 있으면 중단되지 않는다.

※ [비교] (포괄적 승계 규정의 유무에 따른 차이) − ① 법인의 권리의무가 **법률의 규정에 의하여** 새로 설립된 법인에 **승계되는 경우**에는 특별한 사유가 없는 한 계속 중인 소송에서 그 **법인의 법률상 지위도** 새로 설립된 법인에 **승계**되므로 **새로 설립된 법인이 소송절차를 수계**하여야 하나, ② **법률에** 법인의 지위를 승계하거나 법인의 권리의무가 새로 설립된 법인에 **포괄적으로 승계된다는 명문의 규정이 없는 이상 새로 설립된 법인이 소송절차를 수계할 근거**는 **없다**고 보아야 한다. ③ 이와 같은 법리는 당사자가 법인격 없는 단체인 경우에도 마찬가지이다.

**3) 소송능력 상실 등**(제235조, 제238조)

① 당사자가 소송능력을 상실한 때 또는 법정대리인이 사망하거나 대리권이 소멸한 때에 소송절차는 중단된다. 이 경우 소송능력을 회복한 당사자 또는 법정대리인이 된 사람이 소송절차를 수계하여야 한다.

② 소송대리인이 있으면 중단되지 않는다.

※ **[비교]** **(소송계속 중 성년후견이 개시되어 소송능력을 상실한 경우)** – 소 제기 이후 성년후견이 개시되어 피성년후견인이 소송능력을 상실한 경우 소송절차는 중단되나, 성년후견인이 법정대리인으로 소송절차를 수계하게 된다(제235조). 이러한 경우 **소송절차에서 당사자는 여전히 피성년후견인이고**, **성년후견인은** 피성년후견인의 **법정대리인으로서 소송절차를 수계하는 것이지 당사자적격을 가지게 되는 것**은 아니다. → ∴ 법원이 성년후견인이 원고적격을 가지게 됨을 전제로 원고를 'ㅇㅇㅇ의 소송수계인 성년후견인 △△△'이라고 판단하였다면, 피성년후견인의 소송능력과 당사자적격, 성년후견인의 법정대리인으로서의 지위 등에 관한 법리를 오해한 잘못이 있다.

(2) 소송대리인이 있는 경우

1) 일반적 내용

파산재단에 관한 소송 중 파산선고 및 파산해지에 기한 중단사유를 제외하고 소송대리인이 있는 때에는 소송절차는 중단되지 않는다(제238조). → **예** ① 민사소송법 제95조 제1호, 제238조에 따라 소송대리인이 있는 경우에는 당사자가 사망하더라도 소송절차가 중단되지 않고 소송대리인의 소송대리권도 소멸하지 아니하는바, 이때 망인의 **소송대리인은 당사자 지위의 당연승계로 인하여** 상속인으로부터 새로이 수권을 받을 필요 없이 **법률상 당연히 상속인의 소송대리인으로 취급**되어 상속인들 모두를 위하여 소송을 수행하게 되는 것이고, ② 당사자가 사망하였으나 그를 위한 소송대리인이 있어 소송절차가 중단되지 않는 경우에 비록 상속인으로 당사자의 표시를 정정하지 아니한 채 망인을 그대로 당사자로 표시하여 **사망자 명의로 판결**하였다고 하더라도 그 **판결의 효력은** 망인의 소송상 지위를 **당연승계한 상속인들 모두에게 미치는 것**이므로, **망인의 공동상속인 중 소송수계절차를 밟은 일부만을 당사자로 표시한 판결 역시 수계하지 아니한 나머지 공동상속인들에게도 그 효력이 미친다.**

2) 심급대리의 원칙과 관계

소송대리인 : **특별수권** ┬ ✗ → 판결정본이 송달되면 소송절차는 **중단** ○ → 항소기간 진행 ✗
　　　　　　　　　　　　 ∴ **항소기간의 도과로 판결 확정** ✗, 상속인 **수계신청 가**
　　　　　　　　　　　└ ○ → 판결정본의 송달로 소송절차 중단 ✗ → 항소기간 진행 ○
　　　　　　　　　　　　　 ∴ **항소기간의 도과로 판결 확정** ○
　　　　　　　　　　　　　　　　　↓
　　　　　　　　　But ┬ **소송대리인**이 **항소한 경우 항소제기시 중단** ○, 상속인 수계신청 가
　　　　　　　　　　　└ **공동상속인 1인**이 항소한 경우 **제66조**에 기해 **분리확정 · 차단** 가

가) 상소제기에 관한 특별수권이 **없는** 경우

① 심급대리의 원칙상 그 심급의 **판결정본**이 당사자 또는 소송대리인에게 **송달**되면 소송절차는 **중단**된다. 따라서 **상소제기기간**이 **도과**하더라도 **판결**은 **확정되지 않는다.**

② **중단된 상태에서 수계절차를 거치지 않고** 상소제기의 특별한 권한이 없는 소송대리인에 의하여 **제기된 상소**는 부적법하다. **다만 상속인들이 항소심에서 수계신청**을 하고 소송대리인의 소송행위를 적법한 것으로 **추인**하면 그 **하자는 치유**된다 할 것이고, 추인은 묵시적으로도 가능하다.

나) 상소제기에 관한 특별수권이 있는 경우
① 소송대리인이 상소제기의 특별한 권한을 따로 받았다면 그 소송대리인은 상소를 제기할 권한이 있으므로 **소송절차는 중단되지 않고 상소제기기간**은 진행된다. 따라서 쌍방이 상소를 제기하지 않고 **상소제기기간**이 **도과**하면 그 **판결은 확정**되게 된다.
② 그리고 **소송대리인이 상소한 경우**에는 상소에 따른 이심의 효력에 의하여 소송대리권이 소멸되고, **상소제기시부터** 소송절차가 **중단**되는데, 이때에는 **상소심에서 적법한 소송수계절차를 거쳐야** 소송중단이 **해소**된다.

※ [비교] (소송계속 중 비법인사단의 대표자의 대표권 소멸 사안) – 소송계속 중 법인 아닌 사단 대표자의 대표권이 소멸한 경우 이는 소송절차 중단사유에 해당하지만(제64조, 제235조), 소송대리인이 선임되어 있으면 소송절차가 곧바로 중단되지 아니하고(제238조), 심급대리의 원칙상 그 심급의 판결정본이 소송대리인에게 송달됨으로써 소송절차가 중단된다. 이 경우 상소는 소송수계절차를 밟은 다음에 제기하는 것이 원칙이다. 그러나 소송대리인이 상소제기에 관한 특별수권이 있어 상소를 제기하였다면 상소제기 시부터 소송절차가 중단되므로 이때는 상소심에서 적법한 소송수계절차를 거쳐야 소송중단이 해소된다.

---

※ 소송대리인 특별수권 有 + 공동상속인 존재 – 상소제기 사안

1. 공동소송의 형태
   ① 관리처분권이 공동귀속된다거나 판결의 효력이 확장되는 관계가 아니면 **통상공동소송**
   ② 통상공동소송의 경우 **제66조**에 의한 **공동소송인 독립의 원칙**에 따라 심리되므로, ⅰ) **각자 항소 제기 및 수계신청**을 할 수 있고, ⅱ) **1인의 항소제기**에 따른 **상소불가분의 원칙**은 **적용되지 않는다**.

2. 공동상속인 중 1인의 상소제기
   ① 당사자가 사망하였으나 **소송대리인이 있어 소송절차가 중단되지 아니한 경우** 원칙적으로 소송수계라는 문제가 발생하지 아니하고 소송대리인은 **상속인들 전원을 위하여 소송을 수행**하게 되는 것이며 그 사건의 **판결은 상속인들 전원에 대하여 효력이 있다.** 또한 제1심 판결의 효력은 정당한 상속인인 모두에게 그들의 상속지분만큼 미치는 것이고 **소송대리인이 상소제기의 특별수권을 부여받고 있었으므로 항소제기기간**은 **진행**된다.

② 따라서 제1심 판결에 대하여 <u>공동상속인 중 1인만 항소</u>하고 소송대리인이 항소를 제기하지 아니한 채 <u>항소제기기간</u>이 도과하였다면 항소하지 않은 **누락된 상속인**에 대해서는 **판결**이 **확정**되었다고 할 것이므로, 그 자는 **항소심에서 수계신청**을 <u>할 수 없다</u>(※ 누락된 상속인은 추완상소로 구제받는 방법을 모색할 수 있다).

### 3. 소송대리인이 잘못된 당사자 표시를 신뢰한 채 상소제기

① **예** 망인 甲의 공동상속인 A, B 중 A만 소송수계절차를 밟았고, 제1심 법원은 판결문에 원고를 '망인의 소송수계인 A'로 표시하여 원고 전부패소판결을 선고하였는데, 소송대리인이 제1심판결문의 원고 기재와 같이 '망인의 소송수계인 A'로 기재한 항소장을 제출하여 그 판결에 전부 불복하는 취지의 항소를 제기한 경우

② 당사자 표시가 잘못되었음에도 망인의 소송상 지위를 당연승계한 정당한 상속인들 모두에게 효력이 미치는 판결에 대하여 그 **잘못된 당사자 표시를 신뢰한** 망인의 **소송대리인**이나 상대방 당사자가 **그 잘못 기재된 당사자 모두를 상소인** 또는 피상소인으로 **표시하여 상소를 제기한 경우**에는, 상소를 제기한 자의 **합리적 의사에 비추어** 특별한 사정이 없는 한 정당한 상속인들 모두에게 효력이 미치는 위 **판결 전부에 대하여 상소가 제기된 것으로 보는 것**이 **타당**하다.

③ 따라서 <u>전부가 확정차단되고 이심</u>되며, <u>소송대리인의 항소제기로 소송절차는 중단</u>된 상태에 있으므로, <u>누락된 상속인</u>은 항소심에서 <u>수계신청</u>을 <u>할 수 있다</u>.

④ <u>일부 상속인들이 제1심판결에 불복하여 스스로 항소를 제기한 사건과 상속인들 전원을 위하여 소송대리권을 가지는 소송대리인이 상소를 제기한 사건은 그 사안을 달리한다</u>.

(3) 중단의 해소

① [**해소 사유**] – 당사자 측의 수계신청 또는 법원의 속행명령

② [**수계신청**] – ⅰ) [**수계신청권자**] : 중단사유마다 법정되어 있고, **상대방**도 수계신청을 하여 소송의 속행을 구할 수 있다(제241조). / ⅱ) [**수계신청을 해야 할 법원**] : 중단 당시 소송이 계속된 법원에 대하여 하여야 한다(제243조 제2항 참조). 다만, 소송진행 중 당사자가 사망하더라도 소송대리인이 있는 경우에는 **종국판결**이 소송대리인에게 **송달**되면서 **중단**되므로 이러한 경우에 있어서는 **상급심법원에 수계신청을 할 수 있다**(선택설). / ⅲ) [**수계신청의 방식**] : 서면 또는 말로 할 수 있고(제161조), **기일지정신청 또는 당사자표시정정신청** 등 그 명칭에 구애받지 않고 실질적으로 판단한다. / ⅳ) [**해소의 범위**] : 통상공동소송의 경우 각자 수계신청 가능하므로, **수계되지 아니한 상속인들**에 대한 소송은 **중단된** 상태로 그대로 **당해 심급법원에 계속되어 있다**(제66조).

### 3. 소송절차 중단의 효과

(1) 일반적 효과(제247조)

① 당사자 및 법원이 소송행위를 하더라도 그 효력은 생기지 않는다. 다만, 그 예외로서 변론종결 뒤에 중단이 생긴 경우에는 절차가 중단된 중에도 법원은 판결의 선고를 할 수 있다.

② 소송절차의 중단 중에는 기간도 진행하지 않고, 중단이 해소된 뒤에도 전체기간이 새로이 진행한다.

(2) 간과판결의 효력 및 구제방법

① 절차중단을 간과한 판결은 **절차상 위법은 있지만 대립당사자 구조의 흠결**은 **없으므로 당연무효인 판결이라 할 수 없고**, 다만 **대리권 흠결**을 이유로 **상소**(제424조 제1항 4호) 또는 **재심**(제451조 제1항 3호)에 의해 그 취소를 구할 수 있다.

② 소송절차 **중단 중에** 제기된 상소는 **부적법**한 것이지만 **상소심법원에 수계신청**을 하여 그 **하자**를 **치유**시킬 수 있다. 즉, **상속인들이 판결을 사실상 송달받아 상소장을 제출하고 상소심에서 수계절차를 밟은 경우**에도 그 **수계와 상소**는 **적법**하다.

③ 피고가 변론종결 후에 사망한 상태에서 판결이 선고된 경우, **망인에 대한 판결정본의 공시송달**은 **무효**이고, **상속인이 소송절차를 수계하여 판결정본을 송달받기 전까지는** 그에 대한 **항소제기기간이 진행될 수도 없고**, **추완상소의 문제**는 **생기지 아니한다**.


## Set 48 소송종료선언

### 1. 의의

소송종료선언은 계속 중이던 본안의 소송이 유효하게 종료되었다는 취지의 선언을 하는 **종국판결**로서 **확인판결**의 성질을 가진 **소송판결**에 **해당**한다. → 이에 대한 불복방법으로 상소가 허용된다.

### 2. 사유

① [**소의 취하, 소취하간주, 상소취하**] – 소의 취하, 소취하간주, 상소취하의 효력을 다투는 경우 **기일지정신청** → 신청이 이유 없다고(예 취하가 유효) 인정되는 경우에는 종국판결로 소송종료선언을 하여야 한다(민사소송규칙 제67조, 제68조).

② [**청구의 포기·인낙, 재판상 화해 등에 의한 소송종료를 간과한 경우**] – 청구의 포기·인낙, 재판상 화해 및 소의 취하(취하간주 포함)에 의하여 소송이 종료되었음에도 불구하고 이를 간과하고 소송심리를 진행하여 온 사실이 뒤에 발견된 경우에 법원은 **직권**으로 **소송종료선언**을 하여야 한다.

③ [**대립당사자구조의 소멸**] – 이혼소송의 당사자인 부부의 일방이 사망한 경우와 같이 대립당사자구조가 소멸한 경우 **당연**히 소송이 **종료**되는데, 소송의 종료 여부에 대해 **다툼이 있는 경우** 법원은 **소송종료선언**을 하여야 한다.

※ [**비교**] (**이혼소송계속 중 일방의 사망**) – **재판상**의 **이혼**청구권은 부부의 일신전속의 권리이므로 **이혼소송계속 중 부부의 일방이 사망한 경우**에는 상속인이 그 소송절차를 수계할 수 없음은 물론이며, 그런 경우에 검사가 이를 수계할 수 있는 특별한 규정도 없으므로 **당연히 소송이 종료된다**. 이 경우에 소송은 바로 종료되나 당사자 사이에 다툼이 있어 **기일지정신청**한 경우에는 이를 명백히 하는 의미에서 **소송종료선언**을 한다.

## Set 49  소의 취하와 청구의 포기·인낙과 소송상 화해

| 구분 | 소의 취하(제266조, 제267조) | 청구의 포기·인낙 |
|---|---|---|
| 서설 | 1. 의의<br>2. 제도적 취지<br>3. 구별개념<br>　(1) 청구포기<br>　(2) 상소취하<br>　(3) 공격방법의 일부철회<br>　(4) 청구의 감축 | 1. 의의<br>2. 제도적 취지<br>3. 구별개념<br>　(1) 자백<br>　(2) 소의 취하 |
| 법적 성질 | 소송행위 | 소송행위설(판례) |
| 당사자 | ① **당**사자능력, **소**송능력<br>② **대**리권(특별수권) 要<br>③ **필**수적 공동소송 – 전원<br>④ 소취하의 의사표시에 흠이 있는 경우 ➲ 판례<br>　: 하자불고려·확정판결필요(제451조 제1항 5호와 제2항 유추적용) | ①,②,③ 좌동 |
| 소송물 | ① 변론주의 + 직권탐지주의<br>② 소송요건 흠결시에도 가능 | ① 변론주의만<br>② 소송요건 흠결시 불가 ➲ 각하<br>③ 청구인낙의 대상<br>　청구취지가 이유✗ – 불가<br>　청구원인이 이유✗ – 대립 |
| 시기 | ① 종국판결 **확정 전**이면 가능<br>② But 종국판결 후 소 취하 후라면 재소금지 | ① 소송계속 중이면 가능(**상고심**에서도 가능)<br>② 종국판결 후라도 **확정 전**이면 **가능** |

| | | |
|---|---|---|
| 방식 | ① **서면**(취하서), 다만 기일에서는 구술로 가능<br>② 소취하서는 **제3자 또는 상대방으로 하여금 제출하게 하는 것도 가능** | ① 기일에 출석하여 **구술**<br>② **서면포기·인낙제도**(제148조 제2항) |
| 상대방<br>동의 | 본안에 관한 응소 후 필요 ➡ ① 원고의 소 취하에 대하여 이의도 하지 않고 방치한 경우 **동의 간주 인정**, ② **상대방의 동의 여부가 결정되지 아니한 상태**에서는 **종전 청구에 대하여 재판을 하여서는 안 된다**. ③ 동의를 거절하면 소 취하의 효력이 발생할 수 없고, 뒤에 동의하더라도 소 취하의 효력은 생기지 않는다. | 불요 |
| 효과 | 1. **소송계속의 소급적 소멸**<br>  (판결도 실효 ∴ 기판력 ✗)<br>2. 사법상 효과<br>  ① 시효중단효 소멸<br>  ② 소송상 형성권 행사(※ 정리부분 참조)<br>3. **재소금지**(※ 정리부분 참조)<br>4. **하자를 다투는 방법**(※ 정리부분 참조)<br>➡ **하자불고려·확정판결필요 : 제451조 제1항 5호와 제2항 유추적용 – 기일지정신청으로 가능**(규칙 제67조) | 1. **확정판결**과 동일한 **효력**(제220조)<br>  (1) 소송종료효<br>  (2) 기판력(기판력긍정)<br>  (3) 집행력·형성력<br>2. **하자를 다투는 방법**(제461조) ➡ 준재심의 **소로만 하자주장 가능**<br>3. 청구의 인낙과 해제 – 불가<br>  (∵ 소송행위·기판력긍정) |

※ [보충] – 소취하와 구별개념

(1) 상소의 취하와 구별

| 구분 | | 상소의 취하 | 소의 취하 |
|---|---|---|---|
| 차<br>이<br>점 | 시기 | 항소심의 종국판결선고 전까지만 가능 | **판결확정** 전까지 **언제라도 가능** |
| | 일부취하 | 일부취하 불허(전부에 대해서만 가능) | 전부 또는 **일부**에 대해서도 가능 |
| | 상대방의 동의<br>요부 | 동의 **不要** | 동의 **必要** |
| | 효과 | 원판결에 영향을 미치지 않으므로 **원판결**은 확정된다.<br>➡ 재소는 **기판력** 때문에 불가 | **원판결**을 **소급적**으로 **소멸**시킴.<br>➡ **재소금지**의 효과 발생(제267조) |
| 공통점 | | 양자 모두 심판청구의 철회라는 점에서는 공통된다. | |

(2) 공격방법의 철회와 구별

공격방법의 철회는 소송자료의 철회라는 점에서 피고의 동의가 필요 없다. → **상계항변의 철회**도 공격방어방법의 철회로 **상대방의 동의 없이 자유로이 철회 가능**하다.

### (3) 청구의 감축과 구별

청구의 감축이 소의 일부취하인지 청구의 일부포기인지는 원고의 의사에 따라 정할 것이나, 그것이 **불분명한 경우**에는 원고에게 이익이 되는 **소의 일부취하**로 본다.

### ※ [보충] – 청구인낙의 실체법상 채무소멸의 효력 인정 여부 : 소극

**청구의 인낙**은 피고가 원고의 주장을 승인하는 소위 관념의 표시에 불과한 **소송상 행위로서** 이를 조서에 기재한 때에는 확정판결과 동일한 효력이 발생되어 그로써 소송을 종료시키는 효력이 있을 뿐이고, **실체법상 채권·채무의 발생 또는 소멸의 원인이 되는 법률행위라 볼 수 없다.** → **예** 주채무자 A와 연대보증인 甲은 채권자인 乙을 상대로 채무부존재확인 소송을 제기하였는데, 乙이 주채무자 A에 대하여만 청구인낙을 하고 甲에 대해서는 다투어 甲만 패소자 甲이 항소한 사건(그 후 甲은 소를 청구 이의의 소로 변경하였음)에서, 乙이 주채무자 A의 채무부존재확인 청구를 인낙한 이상 A의 주채무가 소멸되어 甲의 연대보증채무도 함께 소멸하였다고 본 원심은 청구인낙의 효력에 관하여 법리를 오해하였다고 보아 원심판단을 파기환송한 사례이다. 즉, 乙이 2019.2.21. 소외인 A의 청구를 인낙하였다고 하여 이로써 A의 乙에 대한 주채무가 소멸되었다고 볼 수 없다는 것이다.


## Set 50   소송상 화해

### 1. 법적 성질

① 소송상 화해는 **순연한 소송행위**로 볼 것이고, ② 다만 제3자의 이의가 있을 때에 화해의 효력을 실효시키기로 하는 약정이 가능하며, 그 **실효조건**의 성취로 화해의 효력은 당연히 소멸된다. ③ 나아가 **공유물분할조정은 협의에 의한 공유물분할과 다를 바 없어, 민법 제186조에 따라 등기를 마쳐야** 단독소유로 하기로 한 부분에 대한 **소유권**을 **취득**한다.

### 2. 요건

① [**당사자**] – **당**사자능력과 **소**송능력이 있어야 하고, 소송**대**리인은 화해를 위한 특별수권이 있어야 한다(제90조 제2항). 또한 **필**수적 공동소송의 경우에는 **전원**이 공동으로 하여야 한다.
② [**소송물**] – ⅰ) (**처분범위 내**) : 화해의 대상은 당사자가 자유롭게 처분할 수 있는 경우이어야 하고, 직권탐지주의에 의하는 절차에서는 허용되지 않는다. / ⅱ) (**화해내용의 적법성 – 민법상 법률행위에 관한 규정에 따른 무효·취소의 가부**) : 화해의 내용이 **강행법규**에 반(**예** 부동산실명법 위반)하거나 화해에 이른 **동기**나 경위에 **반사회적 요소**가 **내재**되어 있든지 **배임행위에 적극 가담**하여 이루어진 **반사회질서의 행위**라 하더라도 화해가 **무효라는 주장**은 인정될 수 없

으며, **통정 허위표시로서 무효라는 주장도 할 수 없고, 사기나 착오를 이유로 취소할 수도 없다.** / ⅲ) 다만, **실효조건부 화해의 효력**은 **인정**한다.
③ [**시기**] - 종국판결 **확정 전**이면 항소심·**상고심**에서도 **가능**하다.
④ [**방식**] - 기일에 양쪽 당사자가 출석하여 말로 하는 것이 원칙이다. 다만, 서면 화해제도를 인정한다(제148조 제3항).

## 3. 효과

(1) 소송종료효, 집행력·형성력

① 소송은 당연히 종료된다.
② 화해조서가 이행의무를 내용으로 하고 있는 때에는 집행력이 인정되어 화해조서가 집행권원이 된다(민사집행법 제56조).
③ 나아가 화해조서가 일정한 법률관계의 발생·소멸을 내용으로 할 때에는 형성력이 인정된다. 즉, 재판상의 화해는 확정판결과 동일한 효력이 있고 창설적 효력을 가지는 것이어서 화해가 이루어지면 **종전의 법률관계를 바탕으로 한 권리·의무관계**는 **소멸**함과 동시에 그 재판상 화해에 따른 **새로운 법률관계**가 **유효하게 형성**된다.

(2) 기판력 및 그 효력을 다투는 방법(제220조, 제461조)

1) 기판력 발생 여부

① 소송상 화해의 진술을 조서에 적은 때에는 그 조서는 **확정판결과 동일한 효력**(제220조).
 → 재판상 화해조서는 확정판결과 같은 효력이 있어 **기판력**이 **생기는 것**이므로 그 내용이 **강행법규에 위반된다** 할지라도, 화해조서가 **준재심의 소에 의하여 취소되지 아니하는 한**, 그 당사자 사이에서는 그 화해가 무효라는 주장을 할 수 없다(무제한적 기판력 긍정). 또한 소송상 화해를 한 당사자는 **준재심의 소에 의하지 않고서는** 화해를 사법상 화해계약임을 전제로 **화해 자체의 해제**(무효, 취소)**를 주장하는 것과 같은 화해조서의 취지에 반하는 주장을 할 수 없다.**
② **다만**, 기판력은 재판상 화해의 **당사자가 아닌 제3자에 대해서까지 미친다고 할 수 없다.**

2) 효력을 다투는 방법

① 소송상 화해에 확정판결의 **당연무효 사유**와 같은 사유가 **있는 때**(예 사망자를 상대로 한 화해 등)에는 **기일지정신청**에 의하여 그 효력을 다툴 수 있다. → 당사자 일방이 화해조서의 당연무효 사유를 주장하며 기일지정신청을 한 때에는 법원으로서는 그 무효사유의 존재 여부를 가리기 위하여 기일을 지정하여 심리를 한 다음 무효사유가 존재한다고 인정되지 아니한 때에는 판결로써 소송종료선언을 하여야 한다.
② 확정판결의 **당연무효 사유**와 같은 사유가 **없는 때**에는 재심사유에 해당될 때에 한하여 **준재심의 소**에 의해서만 다툴 수 있다.

※ [비교] (조정) - ① 재판상의 화해와 같이 확정판결과 동일한 효력이 있고(민사조정법 제29조), 이는 **창설적 효력**을 가지므로 당사자 사이에 **종전**의 다툼 있는 법률관계를 바탕으로 한 **권리의무관계**는 소멸하고 결정된 내용에 따른 **새로운 권리의무관계**가 **성립**한다. ② 확정판결의 당연무효 등의 사유가 없는 한 설령 그 내용이 **강행법규에 위반된다** 할지라도 그것은 단지 조정에 하자가 있음에 지나지 아니하여 **준재심절차에 의하여 구제받는 것은 별문제**로 하고 **조정조서를 무효라고 주장할 수 없다**. 그리고 조정조서가 **조정참가인이 당사자가 된 법률관계도** 내용으로 하는 경우에는 위와 같은 **조정조서의 효력은 조정참가인의 법률관계에 관하여도 다를 바 없다**. 그러나 기판력은 조정의 당사자나 조정참가인 등이 아닌 **제3자에게까지 미친다고 할 수 없다**. ③ 확정판결과 동일한 효력은 소송물인 권리관계의 존부에 관한 판단에만 미치므로, **소송물 외의 권리관계에도 효력이 미치려면** 특별한 사정이 없는 한 **권리관계가 결정사항에 특정되거나** 결정 중 청구의 표시 다음에 **부가적으로 기재**됨으로써 결정의 기재 내용에 의하여 소송물인 권리관계가 되었다고 인정할 수 있어야 한다.

(3) 화해의 「해제」 문제

1) 소송상 화해 자체의 해제 가부(※ 소송행위의 취소·철회의 가부 국면이다)

재판상 화해를 한 당사자는 ① **화해 자체의 해제**(무효, 취소)를 **주장할 수 없다**. ② 다만, **당연무효 사유**와 같은 사유가 **있을 때**에는 **기일지정신청**에 의하여, **그러한 사유가 없을 때**에는 **준재심의 소**에 의하여 화해의 효력을 다툴 수 있다.

2) 소송상 화해 내용인 법률관계의 해제 가부

① [문제점] - 소송상 화해에 따라 **조서에 기재된 내용인 새로운 법률관계에 기판력**이 **발생**한다. 그럼에도 소송상 화해로 생긴 법률관계에 기해 발생된 채무를 불이행한 경우, 당사자는 소송상 화해에 따른 기판력을 배제하지 않고서 화해에 따른 새로운 법률관계를 해제하고 원상회복을 청구할 수 있는지가 기판력 저촉 여부와 관련하여 문제된다.

② [기판력 저촉 여부] - ⅰ) [주관적·객관적 범위 및 작용국면] : 소송상 화해의 경우에도 기본적으로 **기판력의 작용국면, 기판력의 주관적 범위와 객관적 범위, 기판력의 효과는 확정판결의 경우와 동일하다**(※ 조정조서의 경우에도 마찬가지이다). / ⅱ) [시적 범위] : 다만, 기판력의 시적 범위는 **소송상 화해의 성립시를 표준시**로 보아야 한다[(※ 제소 전 화해의 경우에도 그 성립시(제소 전 화해가 성립한 심문기일이 변론종결일이다)를 표준시로 본다. 단, 화해권고결정은 당사자 사이에서 그 확정시를 기준으로 하여 기판력이 발생한다)]. 囧 **제소 전 화해가 이루어지기 전에 제출할 수 있었던 사유에 기한 주장이나 항변**은 그 기판력에 의하여 **차단**되므로 그와 같은 사유를 원인으로 제소 전 화해의 내용에 반하는 주장을 하는 것은 허용되지 않는다 할 것이나, **제소 전 화해가 이루어진 이후에 새로 발생한 사실을 주장**하여 제소 전 화해에 반하는 청구를 하여도 이는 제소 전 화해의 **기판력에 저촉되는 것은 아니다**.

※ [비교] (화해성립 후 승계인) - 재판상 화해에 의하여 소유권이전등기를 말소할 물권적 의무를 부담하는 자로부터 동 '**화해성립 후**'에 그 부동산에 관한 담보권인 **근저당권설정을 받은**

자는 **변론종결 후의 승계인에 해당**하고 그 <u>화해조서의 효력은 그 화해조서의 존재를 알건 모르건 간에 승계인에게 미친다</u>.

※ **[비교] (추심금소송과 재판상 화해의 효력 범위)** – ① 금전채권에 대해 압류·추심명령이 이루어지면 채권자는 민사집행법 제229조 제2항에 따라 대위절차 없이 압류채권을 직접 추심할 수 있는 권능을 취득한다. **추심채권자는 '추심권'을 포기할 수 있으나**(민사집행법 제240조 제1항), 그 경우 집행채권이나 피압류채권에는 아무런 영향이 없다. 한편 추심채권자는 <u>추심 목적을 넘는 행위, 예를 들어 '**피압류채권**'의 면제, 포기, 기한 유예, 채권양도 등의 행위는 할 수 없다</u>. ② 추심금소송에서 추심채권자가 제3채무자와 '**피압류채권 중 일부 금액을 지급하고 나머지 청구를 포기한다**.'는 내용의 **재판상 화해**를 한 경우 '**나머지 청구 포기 부분**'은 추심채권자가 적법하게 포기할 수 있는 <u>자신의 '**추심권**'에 관한 것</u>으로서 **제3채무자에게 더 이상 추심권을 행사하지 않고 소송을 종료하겠다는 의미로 보아야 한다. 이와 달리 추심채권자가 나머지 청구를 포기한다는 표현을 사용하였다고 하더라도 이를 애초에 자신에게 처분 권한이 없는 '피압류채권' 자체를 포기한 것으로 볼 수는 없다.** 따라서 **위와 같은 재판상 화해의 효력은 별도의 추심명령을 기초로 추심권을 행사하는 다른 채권자에게 미치지 않는다**.

**(4) 제1화해 성립 후 제2화해가 성립된 경우 선행 화해의 효력**

제1화해가 조서에 기재되어 확정판결과 동일하게 기판력이 발생한 이상 제2화해에 의하여 제1화해가 당연히 실효되거나 변경되고 나아가 제1화해조서의 집행으로 마쳐진 소유권이전등기 및 이에 기한 피고들 명의의 각 소유권이전등기가 무효로 된다고 볼 수는 없다. 다만, 제2화해가 준재심사유가 될 수 있다(제451조 제1항 10호).

---

※ 관련제도

**1. 제소 전 화해**

① **[의의]** – 제소 전 화해라 함은 민사상 다툼이 소송으로 발전하는 것을 방지하기 위하여 소 제기 전에 지방법원(또는 시군법원) 단독판사 면전에서 화해신청을 하여 분쟁을 해결하는 절차이다(제385조 제1항)

② **[법적 성질·요건 및 효력]** – 제소 전 화해의 **법적 성질·요건 및 효력**은 대체로 위 **소송상 화해와 마찬가지**이다. 따라서 ⅰ) 제소 전 화해도 **확정판결과 동일한 효력**이 있으므로 집행력과 형성력을 가지며, **무제한적으로 기판력**을 인정한다. ⅱ) 따라서 재심사유가 있는 경우에 한하여 **준재심의 소에 의해서만 제소 전 화해의 효력을 다툴 수 있고**, 제소 전 화해에 **민법상의 무효·취소사유가 있더라도** 제소 전 화해의 **효력을 부인할 수 없다.**

③ [소송상 화해와 차이점] – 다만, 제소 전 화해의 경우에는 ⅰ) 당사자로부터 화해의 **신청**이 있어야 한다는 점(소송상 화해의 경우에는 이미 소송이 계속 중이므로 당사자가 화해의 진술을 하면 된다)과 ⅱ) 화해에 흠이 있는 경우 **기일지정의 신청을 할 수는 없다**(기일을 다시 열만한 본래의 소송계속이 없기 때문이다)는 점에서 차이가 생길 뿐이다.

## 2. 화해권고결정

① [의의] – 수소법원·수명법관 또는 수탁판사는 소송계속 중인 사건에 대해 <u>직권</u>으로 당사자의 이익 등을 참작하여 청구취지에 어긋나지 않는 범위 내에서 사건의 공평한 해결을 위한 화해권고결정을 할 수 있다(제225조 제1항).

② [이의신청] – ⅰ) (**이의신청을 한 경우**) : 당사자는 화해권고결정에 대하여 결정서 등의 정본을 송달받은 날로부터 <u>2주</u>(※ 불변기간) 이내에 이의신청을 할 수 있으며, 당사자가 적법한 이의신청을 하였을 때에는 **소송은 화해권고결정 이전의 상태로 돌아가며**(제232조 제1항), 소송**절차**를 **속행**한다. / ⅱ) (**이의신청이 없는 경우 등**) : 이의기간 내에 이의신청이 없는 때, 이의신청에 대한 각하결정이 확정된 때 또는 이의신청을 취하한 때에는 화해권고결정은 **재판상 화해와 같은 효력을 가진다**(<u>제231조</u>).

③ [효력] – <u>제231조</u> : 재판상 화해와 같은 효력 → ⅰ) (**일반적 효력**) : 소송상 화해와 마찬가지로 집행력·형성력이 생긴다. / ⅱ) (**기판력**) : 소송상 화해와 마찬가지로 기판력이 생기고 **주관적·객관적 범위 및 작용국면**은 소송상 화해와 **동일**하다. 다만, **기판력의 기준시는 화해권고 확정시**가 된다.

※ [비교] (**변론종결 후 승계인**) – ① **소유권에 기한 물권적 방해배제청구**로서 소유권등기의 말소를 구하는 소송이나 진정명의 회복을 원인으로 한 소유권이전등기절차의 이행을 구하는 소송 중에 그 소송물에 대하여 **화해권고결정**이 **확정**되면 상대방은 여전히 물권적인 방해배제의무를 지는 것이고, 화해권고결정에 창설적 효력이 있다고 하여 그 **청구권의 법적 성질이 채권적 청구권으로 바뀌지 아니한다**. ② 따라서 **전소의 소송물이 채권적 청구권의 성질을 가지는 소유권이전등기청구권인 경우**에는 전소의 변론종결 후에 그 목적물에 관하여 소유권등기를 이전받은 사람은 전소의 기판력이 미치는 '**변론종결 후의 승계인**'에 해당하지 아니한다. 이러한 법리는 화해권고결정이 확정된 후 그 목적물에 관하여 소유권등기를 이전받은 사람에 관하여도 다를 바 없다.

※ [비교] (**추심금소송과 화해권고결정의 효력 범위**) – ① 동일한 채권에 대해 복수의 채권자들이 압류·추심명령을 받은 경우 **어느 한 채권자가 제기한 추심금소송에서 확정된 판결의 기판력은** 그 소송의 '**변론종결일 이전에 압류·추심명령을 받았던 다른 추심채권자**'**에게 미치지 않는다**고 보았다. 왜냐하면 **기판력의 주관적 범위**는 법률에 특별한 규정이 있는 경우로 **국한**되므로, 추심채권자들이 제기하는 추심금소송의 **소송물이** <u>채무자의 제3</u>

채무자에 대한 피압류채권의 존부로서 **서로 같더라도 소송당사자가 다른 이상 그 확정판결의 기판력이 서로에게 미친다고 할 수 없다**. 또한 **민사집행법 제249조 제3항과 제4항은** 추심의 소를 제기당한 제3채무자는 다른 채권자더러 공동소송인으로 원고 쪽에 참가하도록 명할 것을 법원에 신청할 수 있고 그 **참가명령을 받은 채권자에게는 재판의 효력이 미친다고** 정하고 있는데, 이는 **참가명령을 받지 않은 채권자에게는 추심금소송의 확정판결의 효력이 미치지 않음을 전제로 한 것이다**. 결국 **채권자대위소송과 추심금소송은 소송물이 채무자의 제3채무자에 대한 채권의 존부로서 같다고 볼 수 있지만, 그 근거 규정과 당사자적격의 요건이 달라 채권자대위소송의 기판력과 추심금소송의 기판력을 반드시 같이 보아야 하는 것은 아니다**. ② 확정된 화해권고결정에는 재판상 화해와 같은 효력이 있다(제231조). 위에서 본 추심금소송의 확정판결에 관한 법리는 추심채권자가 제3채무자를 상대로 제기한 추심금소송에서 **화해권고결정이 확정된 경우에도** 마찬가지로 **적용된다**. 따라서 어느 한 채권자가 제기한 **추심금소송에서 화해권고결정이 확정되었더라도 화해권고결정의 기판력은 화해권고결정 확정일 전에 압류·추심명령을 받았던 다른 추심채권자에게 미치지 않는다**.

※ **[비교]** (화해권고결정과 재소금지) - ① 화해권고결정에 '원고는 소를 취하하고, 피고는 이에 동의한다.'는 화해조항이 있고, 이러한 화해권고결정에 대하여 양 당사자가 이의하지 않아 확정되었다면, **화해권고결정의 확정으로 당사자 사이에 소를 취하한다는 내용의 소송상 합의를 하였다고 볼 수 있다**. 따라서 **본안에 대한 종국판결이 있은 뒤에 이러한 화해권고결정이 확정되어 소송이 종결된 경우에는 소취하한 경우와 마찬가지로** 민사소송법 **제267조 제2항의 규정에 따라 같은 소를 제기하지 못한다**. ② 다만, 민사소송법 제267조 제2항의 취지상 **소제기를 필요로 하는 정당한 사정**(※ 주 - 소송계속의 중복상태를 해소하고 먼저 소가 제기된 대여금청구소송을 승계하는 방법으로 소송관계를 간명하게 정리하기 위하여 승계참가신청을 통해 대여금청구소송을 승계할 정당한 사정)이 있는 등 취하된 소와 **권리보호이익이 동일하지 않은 경우에는 다시 소를 제기할 수 있다**.

## Set 51  판결

```
판결의 종류 : 심급완결 ┬ ○ : 종국판결 ┬ 범위 - 전부판결, 일부판결
                    │              └ 내용 ┬ 본안판결 - 청구인용(이행, 확인, 형성),
                    │                    │           청구기각
                    │                    └ 소송판결 - 소각하, 소송종료선언
                    └ × : 중간판결
```

### 1. 일부판결

(1) 일부판결의 허용 여부

① [**일반적 기준**] – 일부판결을 한 뒤 잔부판결이 **성질에 반**하거나 **법률상 허용될 수 없는 경우** 또는 일부판결과 잔부판결 간에 **내용상 모순·저촉**이 생길 **염려**가 있을 때에는 일부판결이 **허용될 수 없다.**

② [**허용되는 경우**] – ⅰ) **단순병합**의 경우에는 병합된 청구간에 **아무런 관련성이 없으므로** 일부판결 ○, ⅱ) **통상공동소송**의 경우에는 **공동소송인 독립의 원칙**(제66조)이 적용되므로 일부판결 ○

※ [**비교**] (**관련적 병합**) – 확장된 지연손해금 청구부분에 대하여 원심법원이 판결 주문이나 이유에서 아무런 판단을 하지 아니한 재판의 누락이 발생한 경우에, 이 부분 소송은 아직 원심에 계속 중이라고 보아야 할 것이어서 적법한 상고의 대상이 되지 아니하므로, 이 부분에 대한 상고는 부적법하다.

③ [**불허되는 경우**] – ⅰ) **예비적 병합**과 **선택적 병합**의 경우에는 병합된 청구 간에 **불가분적 결합관계**에 있으므로 일부판결은 **성질에 반**하며 **법률상 허용되지 않는다.** ⅱ) **합일확정이 필요**(제67조)한 경우로서 **예비적·선택적 공동소송, 필수적 공동소송, 독립당사자참가**의 경우에는 일부판결을 할 수 없다.

(2) 일부판결의 효력

① [**일부판결이 허용되는 경우의 소송상 취급**] – 판결의 주문에서 판단하여야 할 사항의 일부를 빠뜨린 경우 **재판의 누락**에 해당하여 누락된 부분은 그 **법원에 계속**하고 있다(제212조 제1항). 따라서 누락된 부분은 **추가판결**로서 완결하여야 하고, **상소의 대상이 될 수 없으므로 누락된 부분의 상소**는 불복의 대상이 부존재하여 **부적법**하다. → **제1심 법원이 심리·판단하여 인용한 청구**에 대하여 **피고가 항소**한 경우 **불복신청한 부분만 항소심으로 이심되고 심판대상**이 될 뿐, **나머지 심리·판단하지 않은 청구**는 여전히 제1심에 남아 있게 된다.

※ [비교] (**재판누락의 판단기준**) – 재판의 누락이 있는지 여부는 **주문의 기재**에 의하여 **판정**하여야 하므로, 판결이유에 청구가 이유 없다고 설시되어 있더라도 주문에 그 설시가 없으면 특별한 사정이 없는 한 재판의 누락이 있다고 보아야 하고, 판결이유에 아무 표시가 없어도 주문에 기재가 있다면 재판누락에 해당하지 않는다.

② [**일부판결이 허용되지 않는 경우의 소송상 취급**] – **위법한 전부판결**로 보아 판결하지 않은 부분은 **판단누락에 준**하여 취급해야 하므로, 그 구제는 **상소 또는 재심**(제451조 제1항 제9호)에 의해야 한다. → ① **위법한 판결에 대하여 상소**한 경우 판단누락된 부분도 **모두 항소심으로 이심**되었다고 할 것이므로, 판단되지 않은 청구 부분이 재판의 누락으로서 제1심 법원에 그대로 계속되어 있다고 볼 것은 아니다. ② 판단하지 않은 청구 부분은 기판력이 생기지 않으며, 위법한 판결로 인하여 불이익을 받게 된 당사자는 별소를 제기할 필요가 없이 **보다 더 간편한 상소절차를 이용할 수 있었음에도** 그를 이용하지 아니하고 그 분쟁을 **별소로 다시 제기하는 것은** 권리보호이익의 흠으로 **부적법**하다.

## 2. 판결의 효력

① [**개설**] – 판결이 선고되면 일정한 효력을 가진다. 즉, ⅰ) 판결의 선고와 동시에 판결법원 자신에 대한 관계에서 생기는 기속력(=자기구속력), ⅱ) 판결의 확정에 따라 당사자에 대한 관계에서 생기는 형식적 확정력, ⅲ) 해당 소송보다도 그 뒤의 다른 소송에서 법원 및 당사자에 대한 관계에서 생기는 기판력(=실질적 확정력)과 ⅳ) 그밖에 집행력, 형성력 등의 효력이 따른다.

② [**기속력**(자기구속력)] – (**판결의 경정**) : ⅰ) 판결에 잘못된 계산이나 기재, 그 밖에 이와 비슷한 잘못이 있음이 분명한 때에 법원은 직권으로 또는 당사자의 신청에 따라 경정결정을 할 수 있다(제211조). / ⅱ) 판결경정이 가능한 오류에는 그것이 법원의 과실로 인하여 생긴 경우뿐만 아니라 당사자의 청구에 잘못이 있어 생긴 경우도 포함된다. / ⅲ) 판결경정신청을 이유 없다 하여 기각한 결정에 대하여는 민사소송법 제211조 제3항 본문의 반대해석상 항고제기의 방법으로 불복을 신청할 수는 없고 같은 법 제449조 소정의 특별항고가 허용될 뿐이다.

③ [**형식적 확정력**] – ⅰ) (**의의**) : 판결이 그 소송절차 내에서 인정되는 통상의 불복신청에 따라 취소되지 않을 상태에 도달한 것을 확정이라고 부르고, 판결의 이러한 취소불가능성을 형식적 확정력이라고 한다. / ⅱ) (**확정시기**) : (ㄱ) **상고심**의 종국판결과 같이 더 이상 상소를 할 수 없는 판결은 그 **선고와 동시**에 확정된다. (ㄴ) 상소가 허용되는 판결에 대하여는 상소하지 않고 **상소기간**이 **도과**하면 그 **기간만료시**에 판결이 **확정**된다. (ㄷ) 상소를 하였다가 **상소기간경과 뒤**에 **상소를 취하**한 때에는 원판결은 소급하여 상소가 없었던 것으로 되므로 **상소기간만료시**에 판결은 **확정**된다.

※ [비교] (**항소취하와 판결 확정**) – 항소의 취하가 있으면 소송은 처음부터 항소심에 계속되지 아니한 것으로 보게 되나(제393조 제2항, 제267조 제1항), 항소취하는 소의 취하나 항소권의 포기와 달리 제1심 종국판결이 유효하게 존재하므로, ① **항소기간 경과 후에 항소취하가 있는 경우**

에는 **항소기간 만료 시**로 소급하여 제1심 판결이 확정되나, ② **항소기간 경과 전**에 **항소취하가 있는 경우**에는 **판결은 확정되지 아니하고 항소기간 내라면** 항소인은 **다시 항소의 제기**가 **가능**하다.

---

### ※ 일부상소의 경우 확정범위 및 시기

1. **문제점**
   '**전부판결 시 일부상소**'의 경우 **불복신청이 없는 부분의 판결확정시기**가 언제인지 **문제** → 특히 소의 **객관적·주관적 병합**의 경우, **상소불가분의 원칙의 적용**과 그 **구체적 내용의 문제**

2. **1개의 가분적 청구**
   변론재개가 있을 수 있으므로, **항소심**의 경우 **항소심 판결선고 시**에, **상고심**은 **상고심 판결선고 시**에 **확정**된다.

3. **청구의 병합** → **상소불가분의 원칙 적용 O**
   ① **단순병합**이나 **선택적·예비적 병합**에 대해 하나의 전부판결을 한 경우에 그 중 한 청구에 대해 불복항소를 하여도 **다른 청구**에 대해 **항소의 효력**이 **미친다**.
   ② 다만 **불복신청이 없는 부분**은 항소심의 경우 **항소심 판결선고 시**에, **상고심**은 **상고심 판결선고 시**에 **확정**된다.

4. **공동소송**
   (1) **통상공동소송** → **상소불가분의 원칙 적용 ✕**
   ① 통상공동소송의 경우에는 **공동소송인 독립의 원칙**(제66조)이 적용되므로 **상소불가분의 원칙**이 **적용되지 않는다**.
   ② 따라서 **공동소송인 중 1인의 상소** 또는 공동소송인 중 1인에 대한 상소는 **다른 공동소송인에게 영향을 미치지 않고**, **불복신청한 당사자 사이**의 청구에 대하여만 **확정차단의 효력 및 이심의 효력**이 생기고, 나머지 공동소송인에 대한 부분은 상소하지 않고 **상소기간이 도과하면** 그 **기간만료 시**에 그대로 **확정**된다(<u>분리확정</u>).

   (2) **필수적 공동소송** → **상소불가분의 원칙 적용 O**
   ① 필수적 공동소송의 경우에는 **합일확정**의 **요청**(필요)상 1인의 상소로 **전원**에 대해 **확정**이 **차단**되어 상소심에 **이심**된다(<u>제67조</u>).
   ② 제67조가 준용되는 **예비적·선택적 공동소송**의 경우에도 **마찬가지**이다.

---

④ [**집행력**] - 이행판결에서 선고된 이행의무를 강제집행으로 실현할 수 있는 효력을 집행력이라고 하는데, 집행력을 가지는 것은 확정된 이행판결이 원칙이나, 가집행의 선고가 붙으면 확정

전이라도 집행력이 부여된다. 집행력의 객관적 범위는 판결의 주문에 나타난 이행의무에 있어서 생기고, 그 주관적 범위도 기판력에 준한다.

※ [비교] (**확정판결에 기한 강제집행절차가 적법하게 진행되어 종료된 후**에 그 강제집행이 권리남용에 해당하여 허용될 수 없다는 등의 사유를 들어 강제집행에 따른 효력 자체를 다투는 것이 **허용되는지 여부**) – 확정판결에 의한 권리라 하더라도 신의에 좇아 성실히 행사되어야 하고 판결에 기한 집행이 권리남용이 되는 경우에는 허용되지 않으므로, 집행채무자는 청구이의의 소에 의하여 집행의 배제를 구할 수 있으나, **확정판결은** 소송당사자를 기속하는 것이므로 **재심의 소에 의하여 취소되거나 청구 이의의 소에 의하여 집행력이 배제되지 아니한 채** 확정판결에 기한 **강제집행절차가 적법하게 진행되어 종료되었다면** 강제집행에 따른 효력 자체를 부정할 수는 없고, '**강제집행이 이미 종료된 후**' 다시 확정판결에 기한 강제집행이 권리남용에 해당하여 허용될 수 없다는 등의 사유를 들어 강제집행에 따른 효력 자체를 다투는 것(예 확정판결을 집행권원으로 하여 건물에 대한 부동산인도집행이 종료되었음에도 다시 소유권에 기한 방해배제청구권의 행사로 건물의 인도를 청구한 경우)은 확정판결의 **기판력에 저촉되어 허용될 수 없다.**

## Set 52  기판력

※ 논증구도

Ⅰ. 기판력 발생 여부  →  Ⅱ. 기판력 작용 여부(기판력 저촉 여부)
  ① 판결 - **확**정 + **종**국 + **유**효판결      ① **주**관적 범위(작용)(제218조, 제80조)
      (미확정 ✗ · 소각하판결 ○ · 무효 ✗)     ② **객**관적 ┬ 범위(제216조) - **주**문 / 이유
  ② 외 ┬ 소송상 화해, 화해권고결정                   └ 작용국면 - **동**일 / **선**결 / **모**순관계
       └ 판결의 편취 등                   ③ **시**적 범위(작용)

  Ⅲ. 후소 법원의 조치
    ① 동일·모순관계 : 기판력본질 - **승·각 / 패·기**
    ② 선결관계 : 전소 판단에 구속 - **승·인 / 패·기**

### 1. 의의

**확정된 종국판결**의 **내용**에 부여된 **후소에 관한** 당사자와 법원에 대한 **구속력**(실질적·내용적 확정력)

※ [비교] (**기판력 저촉되는 항변의 금지**) – 기판력의 문제는 후소가 제기된 경우 그 후소 자체에 대한 문제가 중심이지만, **항변의 경우에도 기판력에 저촉되는 주장**은 **할 수 없다.** → 예 ① 甲이 乙을 상대로 건물에 대한 공사대금청구소송을 제기하였으나 패소확정되었고, 그 후 乙이 甲

을 상대로 건물 소유권에 기한 인도청구소송을 제기하자 甲이 공사대금을 반환받을 때까지는 인도청구에 응할 수 없다고 동시이행 항변 또는 유치권 항변을 한 경우 甲의 항변은 기판력에 저촉되어 허용될 수 없다. ② 전소 乙이 甲에 대해 대여금청구소송을 제기하고 패소확정된 후, 甲이 乙을 상대로 제기한 매매대금청구소송에서 乙이 대여금채권을 가지고 상계항변을 한 경우 乙의 항변은 기판력에 저촉된다(※ [참고] - 전소 소송물과 후소 항변과의 관계를 고려하여 결정하고, 선결관계에 해당하는 경우라면 후소 법원은 전소판단에 구속되어 판단한다).

## 2. 기판력 발생 여부

(1) 전소 판결에 의한 기판력 발생(요건)

**확정** + **종국** + **유효**한 판결 → ① [**확정 여부 : 판결의 편취**] - 공시송달에 의한 판결에는 기판력이 발생하지만 **허위주소로 송달한 편취판결**에는 **기판력**이 **발생하지 않는다**(∵ 송달의 무효로 미확정 판결). ② [**소송판결**] - 판결에서 확정한 **당해 소송요건의 존부**에 관하여 **기판력**이 **생긴다**. 어떠한 소송요건의 흠이 있는지에 대해서는 판결이유 중 판단을 참작하여야 할 것이며, 이에 의하여 정해지는 소송요건의 흠에 대해서만 기판력이 발생한다. 따라서 당사자가 그러한 소송요건의 흠결이 보완된 상태에서 다시 소를 제기한 경우에는 그 기판력의 제한을 받지 않는다. ③ [**유효판결**] - **재**판권 흠결을 간과한 판결이나, 제소 전 이미 **사**망한 자를 당사자로 한 판결, 소송**계**속이 소멸하였음에도 이를 간과한 판결, 당사자**적**격의 흠을 간과한 판결과 같이 **무효인 판결**에는 **기판력**이 **발생하지 않는다**.

(2) 판결 외의 종료

청구의 포기·인낙, 재판상 화해, 화해권고결정에는 기판력이 발생한다(제220조, 제231조). 나아가 조정의 경우에도 마찬가지이다(민사조정법 제29조).

## 3. 기판력의 작용 여부(※ 별도로 검토한다)

## 4. 법원의 조치

① [**동일관계와 모순관계**] - 기판력의 **본질론** → i) 전소에서 **승소판결**을 받은 경우에 원고가 같은 신소를 제기하는 것은 이미 권리보호를 받았음에도 불구하고 이를 다시 구하는 것으로 **권리보호이익**에 흠이 있는 것이며 이 때문에 **소 각하** 하여야 하나, / ii) **패소판결**을 받은 때에 원고가 신소를 제기하면 전의 판결내용과 **모순되는 판단**을 하여서는 **아니 되는** 구속력 때문에 **청구기각**판결을 하여야 한다.

② [**선결관계**] - 기판력의 본질론과 관계가 **없이**, **전소의 판단에 구속**되어 **본안판결**을 하여야 할 뿐, 소 각하판결을 하여서는 안 된다. → i) 전소에서 **승소판결**을 받은 경우 이를 전제로 후소 법원은 **청구인용**을, / ii) 전소에서 **패소판결**을 받은 경우에는 이를 전제로 후소 법원은 **청구기각**판결을 하여야 한다.

※ **[참고]** – 기판력이 후소에 작용하지 않는 경우 후소 법원은 기판력 법리에 따라 판단할 수 없으며, ① 사실자료와 증거자료를 통해 본안심사를 하여야 하고, ② 이 경우 전소 확정된 판결문의 판단 이유 중 판단사항이 유력한 증거자료가 된다.

## Set 53  기판력의 주관적 범위(작용)

### 1. 의의

기판력이 누구와 누구 사이에서 작용하는가 하는 문제를 기판력의 주관적 범위(인적 범위·한계)라고 한다. 즉, 소송과 어느 정도의 관련이 있는 사람에게 기판력이 미치는가의 문제이다.

### 2. 상대성의 원칙

기판력은 소송의 **당사자 사이**에만 생기는 것을 원칙으로 한다(제218조 제1항). 따라서 소송 외의 제3자뿐만 아니라 보조참가인·법정대리인·소송대리인·공동소송인에게도 미치지 않는다. 또한 **단체 자체가 당사자로서 받은 판결의 효력**은 그 **대표자나 구성원**에게 **미치지 않는다.**

※ **[비교] (채권자취소소송)** – 사해행위취소판결의 **기판력은** 그 취소권을 행사한 **채권자와 그 상대방인 수익자 또는 전득자와의 상대적인 관계에서만 미칠 뿐** 그 소송에 참가하지 아니한 **채무자 또는 다른 채권자**에게 **미치지 아니한다.**

### 3. 기판력의 제3자에게의 확장

#### (1) 개설

법률의 규정에 의해 제3자에게 기판력 확장 → 민사소송법 : ① 변론종결 뒤의 **승**계인(제218조 제1항), ② 청구의 **목**적물의 소지인(제218조 제1항), ③ 소송담당에 있어서 권리**귀**속주체(제218조 제3항), ④ 소송**탈**퇴자(제80조)에게 기판력이 미친다.

※ **[비교] (법인격 부인론)** – 절차의 명확·안정을 중시하는 소송절차 및 강제집행절차에 있어서는 그 절차의 성격상 판결의 기판력 및 집행력의 범위를 **배후자에까지 확장하는 것은 허용되지 아니한다.**

#### (2) 변론종결 뒤의 승계인

1) 의의·취지 및 근거

① 변론종결 뒤에 소송물인 권리관계에 대한 지위를 당사자로부터 승계한 제3자는 당사자 사이에 내려진 판결의 기판력을 받는다(제218조 제1항). 이는 패소 당사자가 그 소송물인 권리관계를

제3자에게 처분함으로써 기판력 있는 판결을 무력화시키고, 승소당사자의 지위를 붕괴시키는 것을 방지하기 위한 것으로써, **소송계속의 사실이나 전소판결의 존재에 대하여 승계인이 된 제3자의 知·不知는 문제되지 않는다.**
② 소송물인 권리의무 자체뿐만 아니라 소송물을 다툴 수 있는 지위(당사자적격 또는 분쟁주체로서의 지위)가 이전되었기 때문에 기판력이 확장된다.

2) 변론종결 뒤 승계인의 범위

가) 소송물인 권리의무 자체를 승계한 자

**소송물 자체를 승계한 자는 승계인에 해당**한다. → 포괄승계·특정승계·이전적 승계·설정적 승계 불문한다. **예** 채권 양수인, 면책적 채무인수인 등이 이에 해당한다.

※ [비교] (중첩적 채무인수인과 면책적 채무인수인) – ① **중첩적 채무인수**는 당사자의 채무는 그대로 존속하며 이와 별개의 채무를 부담하는 것에 불과하므로 **승계인에 해당하지 않는다.** 따라서 새로 채무의 이행을 소구하는 것은 별론으로 하고 판결에 표시된 **채무자에 대한 판결의 기판력 및 집행력의 범위를** 채무자 이외의 자에게 **확장하여 승계집행문을 부여할 수는 없다.** ② 반면 채무자의 채무를 소멸시켜 당사자인 채무자의 지위를 승계하는 이른바 **면책적 채무인수는 승계인에 해당**한다.

나) 계쟁물에 관한 당사자적격(분쟁주체인 지위)의 승계인

① ⅰ) **소송물인 원고의 청구가 대세적 효력을 갖는 물권적 청구권**일 때에는 제218조 제1항의 **승계인에 해당**하지만, / ⅱ) **대인적 효력**밖에 없는 **채권적 청구권**일 때에는 **승계인에 해당하지 않는다.**
② 위 **소송물의 성질 판단은 종전당사자에 대한 소송물을 기준**으로 판단한다(※ 채권자대위소송 등에서 고려).

※ [비교] (소유권에 기해 매매예약에 의해 경료된 가등기말소청구소송에서 패소한 원고측으로부터 변론종결 후 근저당권을 이전받은 제3자) – ① 청구기각된 확정판결로 인하여 토지 소유자가 갖는 토지 소유권의 내용이나 토지 소유권에 기초한 물권적 청구권의 실체적인 내용이 변경·소멸되는 것은 아니다. ② **가등기말소청구소송의 사실심 변론종결 후에 토지 소유자로부터 근저당권을 취득한 제3자는 적법하게 취득한 근저당권의 일반적 효력으로서 물권적 청구권을 갖게 되고,** 위 가등기말소청구소송의 소송물인 패소자의 가등기말소청구권을 승계하여 갖는 것이 아니며, '**자신이 적법하게 취득한 근저당권'에 기한 물권적 청구권을 원인으로 소송상 청구를 하는 것**이므로, 위 **제3자는** 민사소송법 제218조 제1항에서 정한 확정판결의 기판력이 미치는 '**변론을 종결한 뒤의 승계인'에 해당하지 않는다.** ③ 따라서 토지 소유권에 기한 가등기말소청구소송에서 청구기각된 확정판결의 **기판력은** 위 소송의 변론종결 후 토지 소유자로부터 근저당권을 취득한 **제3자가 근저당권에 기하여 같은 가등기에 대한 말소청구를 하는 경우에는 미치지 않는다**(※ [참고] – 소유권에 기한 건물인도청구소

송에서 패소한 원고측으로부터 변론종결 후 소유권을 이전받은 제3자도 마찬가지로 변론종결 후 승계인에 해당하지 않는다).

- ※ **[비교]** (무단점유자에 대한 장래 부당이득반환청구 사안) – ① 전소판결의 소송물은 채권적 청구권인 부당이득반환청구권이므로 원고가 전소판결소송 **변론종결 뒤에** 이 사건 **토지의 소유권을 취득하였다는 사정만으로는** 전소판결의 기판력이 미치는 **변론을 종결한 뒤의 승계인에 해당할 수 없다.** / ② 나아가 **전소판결의 소송물인** 부당이득반환청구권은 甲의 이 사건 **토지 소유를 요건으로 하므로** 이 사건 **토지 소유권이 甲에서 다른 사람으로 이전된 이후에는 더 이상 발생하지 않고, 그에 대한 양도도 있을 수 없다.** 따라서 이 사건 소에서 **자신이 이 사건 토지의 소유권을 취득한 이후의 부당이득반환을 구하는 원고 A로서는** 전소판결 소송의 **소송물을 양수한 변론을 종결한 뒤의 승계인에도 해당하지 않는다.**

3) 승계의 시기 – 변론종결 후

① **[채권양도]** – 채권을 양수하기는 하였으나 아직 양도인에 의한 통지 또는 채무자의 승낙이라는 **대항요건을 갖추지 못하였다면** 채권양수인은 채무자와 사이에 **아무런 법률관계가 없어** 채무자에 대하여 **아무런 권리주장을 할 수 없으므로**, 채권양수인이 변론종결 후의 승계인에 해당하는지 여부는 **채권양도의 합의시 기준 ✗, 대항요건이 갖추어진 때를 기준 ○**

- ※ **[비교]** (참가승계) – 참가승계의 경우 채권자로서의 지위의 승계가 소송계속 중에 이루어진 것인지 여부 역시 **채권양도의 합의시 기준 ✗, 대항요건이 갖추어진 때를 기준 ○**

② **[부동산]** – 계쟁물이 부동산인 경우 **원인행위시 기준 ✗, 등기시 기준 ○** ∴ ⅰ) 매매 등 원인행위가 변론종결 이전에 이루어졌더라도 등기를 뒤에 갖추었으면 등기를 기준으로 변론종결 후의 승계인에 해당한다. / ⅱ) 가등기는 변론종결 전에, 이에 기한 **본등기는 변론종결 후에 마친 때**에도 **변론종결 후의 승계인에 해당**한다(∵ 본등기 경료시 물권변동의 효과발생).

③ **[변론종결 전 제1차 승계 후 제2차 승계]** – 확정판결의 피고측의 제1차 승계가 이미 그 변론종결 이전에 있었다면 비록 그 제2차 승계가 그 변론종결 이후에 있었다 할지라도 이 **제2차 승계인은** 이른바 **변론종결 후의 승계인으로 볼 수 없다.**

4) 승계인에게 고유한 방어방법이 있는 경우 – 승계인에 대한 기판력의 작용

**예** 민법 제108조 제2항·제548조 제1항 단서·제3자가 유효하게 소유권취득(등기 유효)·동산의 경우 선의취득 등 → ※ **[구체적 사안]** : 원고가 명의신탁해지를 원인으로 이전등기를 청구하여 수탁자에게 승소판결을 받았으나 수탁자가 처분한 사안 → 소유권이전등기를 명하는 확정판결의 변론종결 뒤에 그 청구목적물을 매수하여 등기를 한 **제3자는 변론종결한 뒤의 승계인에 해당되지 아니한다**(※ **[참고]** – 일반적으로 실질설에 입각하고 있다고 평가하고 있는데, 동 판례에서는 소송물이 채권적 청구권이므로 구이론에 따르는 판례에 의하면 애초에 승계인에 해당하지 않는다고 볼 수밖에 없고, 따라서 판례가 실질설에 입각하고 있다고 단정할 수 없다고 보는 견해도 유력하다).

5) 변론종결 후 승계인에 해당하는 경우 별소 제기

변론종결 후의 승계인은 전소 확정판결의 기판력을 받으므로, 특별한 사정이 없는 한 이 자를 상대로 한 말소등기청구의 소 등은 **소의 이익이 없는 부적법한 소**이다(∵ 승계집행문부여 또는 승계집행문부여의 소 가능 - 장애사유).

> ※ 계약명의신탁(매도인 악의) : 명의수탁자로부터 대항력 갖춘 임차인과 등기명의를 회복한 매도인·매도인으로부터 다시 소유권이전등기를 마친 명의신탁자 관계 - 부동산실명법 제4조 제3항과 주택임대차보호법 제3조 제4항 사안
>
> 1. 소송물 자체의 승계인 해당 여부
>
>    (1) 주택임대차보호법상 법정승계 인정 여부
>
>    매도인이 악의인 계약명의신탁에서 **명의수탁자로부터** 명의신탁의 목적물인 **주택을 임차하여 주택 인도와 주민등록을 마침으로써** 주택임대차보호법 제3조 제1항에 의한 **대항요건을 갖춘 임차인**은 **부동산실명법 제4조 제3항**의 규정에 따라 명의신탁약정 및 그에 따른 물권변동의 무효를 대항할 수 없는 **제3자**에 **해당**하므로, **명의수탁자의 소유권이전등기가 말소됨으로써 등기명의를 회복하게 된 매도인 및 매도인으로부터 다시 소유권이전등기를 마친 명의신탁자에 대해 자신의 임차권을 대항할 수 있고**, 이 경우 임차인 보호를 위한 주택임대차보호법의 입법 목적 및 임차인이 보증금반환청구권을 행사하는 때의 임차주택 소유자로 하여금 임차보증금반환채무를 부담하게 함으로써 임차인을 두텁게 보호하고자 하는 주택임대차보호법 제3조 제4항의 개정 취지 등을 종합하면 위의 방법으로 **소유권이전등기를 마친 명의신탁자는 주택임대차보호법 제3조 제4항에 따라 임대인의 지위를 승계한다.**
>
>    (2) 법정승계의 효과·내용
>
>    **주택임대차보호법 제3조 제4항**에 따라 **임차주택의 양수인은** 임대인의 지위를 승계한 것으로 보므로 **임대차보증금 반환채무도 부동산의 소유권과 결합하여 일체로서 임대인의 지위를 승계한 양수인에게 이전**되고 양도인의 보증금반환채무는 소멸하는 것으로 해석되므로, **변론종결 후 임대부동산을 양수한 자**는 민사소송법 제218조 제1항의 **변론종결 후의 승계인**에 **해당**한다.
>
> 2. 소의 이익의 유무
>
>    승계집행문은 그 승계가 법원에 명백한 사실이거나 증명서로 승계를 증명한 때에 한하여 내어 줄 수 있고(민사집행법 제31조 제1항), 승계를 증명할 수 없는 때에는 채권자가 승계집행문 부여의 소를 제기할 수 있다(민사집행법 제33조). 따라서 ① 임차인이 임대인을 상대로 보증금반환의 승소확정판결을 받았으나 이후 주택 양수인을 상대로 이를 반환받고자 할 경우 **승계가 명확하지 않거나 임대인 지위의 승계를 증명할 수 없는 때에는** 임차인이 양수인

> 을 상대로 **승계집행문 부여의 소를 제기하여 승계집행문을 부여받음**이 **원칙이나**, ② <u>**이미 임차인이 양수인을 상대로 임대차보증금의 반환을 구하는 소를 제기하여** 양수인과 사이에 **임대인 지위의 승계 여부에 대해 상당한 정도의 공격방어 및 법원의 심리가 진행**됨으로써 '**사실상 승계집행문 부여의 소가 제기되었을 때와 큰 차이가 없다**'</u>면, 그럼에도 법원이 소의 이익이 없다는 이유로 후소를 각하하고 임차인으로 하여금 다시 승계집행문 부여의 소를 제기하도록 하는 것은 당사자들로 하여금 그동안의 노력과 시간을 무위로 돌리고 사실상 동일한 소송행위를 반복하도록 하는 것이어서 당사자들에게 가혹할 뿐만 아니라 신속한 분쟁해결이나 소송경제의 측면에서 타당하다고 보기 어려우므로 이와 같은 경우 **소의 이익이 없다고 섣불리 단정하여서는 안 된다**.

### (3) 추정승계인

당사자가 변론종결 전에 소송물을 승계하였어도 그 승계사실을 진술하지 않은 경우에는 변론종결 후에 승계가 있는 것으로 추정이 되어 반증이 없는 한 기판력이 미치게 된다(제218조 제2항). → 종전의 확정판결의 기판력의 배제를 원하는 **당사자 일방이 변론종결 전에 당사자 지위의 승계가 이루어진 사실**을 **입증**한다면, <u>종전소송에서 당사자가 그 승계에 관한 진술을 하였는지 여부와 상관없이</u>, 그 승계인이 종전의 확정판결의 기판력이 미치는 **변론종결 후의 승계인**이라는 민사소송법 제218조 제2항의 **추정**은 **깨어진다**(※ [참고] – 부동산의 경우에는 등기에 의해 승계시기를 분명히 알 수 있으므로, 추정승계인 제도가 활용될 여지는 거의 없다).

### (4) 청구의 목적물 소지자

소송물이 특정물의 인도를 구하는 청구권의 경우에 그 특정물의 소지에 대하여 고유한 이익을 가지지 않고 오히려 당사자(또는 변론종결 뒤의 승계인)를 위하여 소지한 사람(예 점유매개관계 – 수치인, 관리인 등)에 대하여도 기판력이 확장된다(제218조 제1항). → **청구는 물권적이든 채권적이든 불문하고, 변론종결 전부터 소지하고 있는 사람**이라도 **무방**하다.

### (5) 제3자의 소송담당에 있어서 권리귀속주체

다른 사람을 위하여 원고나 피고가 된 사람에 대한 확정판결의 효력, 즉 기판력은 그 권리의무의 귀속주체인 다른 사람에게 미친다(<u>제218조 제3항</u>). 제3자의 소송담당의 경우에 제3자(담당자)가 받은 판결은 본인(피담당자)에게도 미친다는 것이다. 이는 갈음형 소송담당, 직무상의 당사자, 임의적 소송담당의 경우에 적용됨은 의문이 없으나, 병행형 소송담당, 특히 채권자대위소송의 경우에도 제218조 제3항이 적용되어 제3자가 받은 판결의 기판력이 권리귀속주체인 자(채무자)에게 미치는지가 문제된다.

※ 채권자대위소송과 기판력(+민법 정리부분 참조)

1. **채권자대위소송의 기판력이 채무자에게 미치는지 여부**

   ① 채권자가 채권자대위권을 행사하는 방법으로 제3채무자를 상대로 소송을 제기하고 판결을 받은 경우에는 **어떠한 사유로 인하였던** 적어도 **채무자가 채권자대위권에 의한 소송이 제기된 사실을 알았을 경우**(예 소송고지, 채무자가 증인으로 출석하여 증언한 경우 등)에는 그 **판결의 효력**은 채무자에게 **미친다**.

   ② 채무자에게도 기판력이 미친다는 의미는 채권자대위소송의 **소송물인 피대위채권의 존부에 관하여 채무자에게도 기판력이 인정**된다는 것이고, 채권자대위소송의 소송요건인 **피보전채권의 존부에 관하여** 당해 소송의 당사자가 아닌 **채무자에게 기판력이 인정된다는 것**은 **아니다**. 따라서 채권자가 채권자대위권을 행사하는 방법으로 제3채무자를 상대로 소송을 제기하였다가 채무자를 대위할 **피보전채권이 인정되지 않는다는 이유로 소 각하 판결을 받아 확정된 경우** 그 판결의 **기판력**이 채권자가 채무자를 상대로 피보전채권의 이행을 구하는 소송에 미치는 것은 **아니다**.

2. **채무자의 제3채무자에 대한 소송의 기판력이 채권자에게 미치는지 여부**

   ① 채권자가 채무자를 대위하여 제3자를 상대로 제기한 소송과 이미 판결확정이 되어 있는 채무자와 그 제3자 간의 기존 소송이 당사자만 다를 뿐 실질적으로 동일 내용의 소송이라면, 위 **확정판결의 효력**이 **채권자대위소송**에 **미친다**.

   ※ [비교] (제3채무자의 채무자에 대한 소송에서 채무자의 패소판결 확정 후 채권자대위소송) – 부동산의 소유자에 대하여 소유권이전등기를 청구할 지위에 있기는 하지만 아직 그 소유권이전등기를 경료하지 않은 상태에서, **제3자가 부동산의 소유자를 상대로 그 부동산에 관한 소유권이전등기절차 이행의 확정판결을 받아 소유권이전등기를 경료한 경우**, 그 확정판결이 당연무효이거나 재심의 소에 의하여 취소되지 않는 한, 종전의 소유권이전등기 청구권을 가지는 자가 매도인에 대한 소유권이전등기 청구권을 보전하기 위하여 **매도인을 대위하여 제3자 명의의 소유권이전등기가 원인무효임을 내세워 그 등기의 말소를 구하는 것**은 확정판결의 **기판력**에 **저촉**되므로 허용될 수 없다(※ 모순관계로 작용).

   ② 다만, 근자에는 채권자는 채무자를 대위할 **당사자적격**이 **없다는** 이유로 **소 각하** 판결로 나아가는 경향이다. 즉, 채권자대위권은 채무자가 제3채무자에 대한 권리를 행사하지 아니하는 경우에 한하여 채권자가 자기의 채권을 보전하기 위하여 행사할 수 있는 것이기 때문에 **채권자가 대위권을 행사할 당시 이미 채무자가 그 권리를 재판상 행사하였을 때**에는 **설사 패소의 확정판결을 받았더라도** 채권자는 채무자를 대위하여 채무자의 권리를 행사할 **당사자적격**이 **없다**(※ [참고] – 소송요건 심리의 선순위성과 결부된 문제이기도 하다).

### 3. 채권자대위소송의 기판력이 다른 채권자에게 미치는지 여부

어느 채권자가 채권자대위권을 행사하는 방법으로 제3채무자를 상대로 소송을 제기하여 판결을 받은 경우, **어떠한 사유로든 채무자가 채권자대위소송이 제기된 사실을 알았을 경우**에 한하여 그 **판결의 효력이 채무자에게 미치므로**, 이러한 경우에는 그 후 **다른 채권자가 동일한 소송물에 대하여 채권자대위권에 기한 소를 제기하면** 전소의 **기판력을 받게 된다**고 할 것이지만, 채무자가 전소인 채권자대위소송이 제기된 사실을 알지 못하였을 경우에는 전소의 기판력이 다른 채권자가 제기한 후소인 채권자대위소송에 미치지 않는다.

※ [비교] (추심금소송의 기판력이 변론종결 전 다른 추심채권자에게 미치는지 여부) – ① 동일한 채권에 대해 복수의 채권자들이 압류·추심명령을 받은 경우 **어느 한 채권자가 제기한 추심금소송에서 확정된 판결의 기판력은** 그 소송의 **변론종결일 이전에 압류·추심명령을 받았던 다른 추심채권자에게 미치지 않는다**고 보았다. 왜냐하면 ① **기판력의 주관적 범위는** 법률에 특별한 규정이 있는 경우로 **국한**되므로, 추심채권자들이 제기하는 추심금소송의 **소송물이** 채무자의 제3채무자에 대한 피압류채권의 존부로서 **서로 같더라도 소송당사자가 다른 이상 그 확정판결의 기판력이 서로에게 미친다고 할 수 없다.** ② **민사집행법 제249조 제3항과 제4항**은 추심의 소를 제기당한 제3채무자는 다른 채권자에게 공동소송인으로 원고 쪽에 참가하도록 명할 것을 법원에 신청할 수 있고 그 **참가명령을 받은 채권자에게는 재판의 효력이 미친다**고 정하고 있는데, 이는 참가명령을 받지 않은 채권자에게는 추심금소송의 확정판결의 효력이 미치지 않음을 전제로 한 것이다. 결국 **채권자대위소송과 추심금소송은 소송물이 채무자의 제3채무자에 대한 채권의 존부로서 같다고 볼 수 있지만, 그 근거 규정과 당사자적격의 요건이 달라 채권자대위소송의 기판력과 추심금소송의 기판력을 반드시 같이 보아야 하는 것은 아니다.** ② 확정된 화해권고결정에는 재판상 화해와 같은 효력이 있다(제231조). 위에서 본 추심금소송의 확정판결에 관한 법리는 추심채권자가 제3채무자를 상대로 제기한 추심금소송에서 화해권고결정이 확정된 경우에도 마찬가지로 적용된다. 따라서 어느 한 채권자가 제기한 **추심금소송에서 화해권고결정이 확정되었더라도 화해권고결정의 기판력은 화해권고결정 확정일 전에 압류·추심명령을 받았던 다른 추심채권자에게 미치지 않는다.**

### (6) 소송탈퇴자

독립당사자참가(제79조)·참가승계(제81조)·인수승계(제82조)의 경우에 종전당사자는 그 소송에서 탈퇴할 수 있는데, 이 경우 참가인과 상대방 당사자 간의 판결의 기판력은 탈퇴자에게도 미친다.

## Set 54  기판력의 객관적 범위와 작용국면

### 1. 기판력의 발생범위

(1) 판결주문의 판단

확정판결은 **주문**에 포함된 것(소송물)에 한하여 기판력을 가진다(제216조 제1항).

(2) 판결이유 중의 판단

1) 내용 – 원칙 및 예외

기판력은 판결주문에 포함된 것에 한하므로 **판결이유 중**에 **판단**된 사실, 선결적 법률관계, 항변의 존부에 관한 판단에 대하여는 **기판력**이 **발생하지 않는다**. **다만, 상계항변**의 경우에는 자동채권의 존부에 대하여 상계로써 **대항한 액수의 한도**에서 **기판력**이 **발생**한다(제216조 제2항).

2) 선결적 법률관계

**전소의 선결적 법률관계가 후소의 소송물이 되는 경우**, ① 판결이유 중 판단에는 **기판력**이 **발생하지 않음**을 전제로, ② 판결이유에 포함된 판단에 일정한 구속력을 인정하자는 **쟁점효이론**을 **부정**하고, ③ 판결의 모순·저촉의 방지는 **증명력이론**에 따라 **해결**하고 있다(증거력설). → 다른 민사사건 등의 판결에서 인정된 사실에 구속받는 것이 아니라 할지라도 **이미 확정된 관련 민사·형사사건에서 인정된 사실**은 특별한 사정이 없는 한 **유력한 증거**(자료)가 되므로, **합리적인 이유설시 없이** 이를 **배척할 수 없다**(※ [참고] – 다만 새로운 증거를 통해서 배척할 수는 있다).

※ [참고] – 증명력이론이 적용되기 위해서는 ① 전소 확정된 판결문 + ② 후소 쟁점이 전소 판결이유 중 판단에 기재되어 있어야 한다. 따라서 전소 확정판결문의 판단이유 중 판단에 기재가 없다면 새로운 증거자료가 더욱 필요하다.

3) 항변

가) 원칙

① [**기판력 발생 부정**] – 판결이유 속에서 판단되는 피고의 항변에 대해서는 기판력이 생기지 않는다. 따라서 건물철거·토지인도청구가 피고의 지상권이 있다는 항변에 따라 기각된 경우에도 지상권의 판단에는 기판력이 생기지 않는다.

② [**상환이행판결의 경우 기판력 발생 여부 및 범위**] – 소송물 내지 청구권에 **동시이행조건이 붙어 있다는 점**에 **기판력**이 **발생**한다. But 상환이행을 명한 **반대채권의 존부나 그 수액**에 **기판력이 미치는 것**은 **아니다**. 따라서 **무조건 이행의무가 있다는 주장**은 확정판결의 **기판력**에 **저촉**된다.

**나) 예외 – 상계의 항변**

> ※ **상계의 항변**
>
> 1. **의의 및 인정취지**
>
>    상계항변은 그 대항한 액수의 한도에서 **기판력**이 **생긴다**(제216조 제2항). → [**이중분쟁의 방지 위함**] : 만일 기판력을 인정하지 않는다면, 종전의 분쟁이 나중에 반대채권(또는 자동채권)의 존부에 대한 분쟁으로 변형되어 상대방은 상계를 주장한 자가 반대채권을 이중으로 행사하는 것에 의하여 불이익을 입을 수 있게 될 뿐만 아니라, 전소의 판결이 결과적으로 무의미하게 될 우려가 있게 되므로, 이를 막기 위함이다.
>
> 2. **기판력 발생요건**
>
>    ① [**수동채권에 관한 요건**] – ⅰ) (**소구채권**) : 수동채권은 소송물로서 심판되는 **소구채권이거나 그와 실질적으로 동일한 경우**(◎ 원고가 상계를 주장하면서 청구이의의 소를 제기하는 경우)에 한한다. / ⅱ) (**수동채권이 동시이행항변으로 주장된 채권**) : 수동채권이 동시이행항변으로 주장된 채권일 경우에는 그러한 **상계주장에 대한 판단**에 **기판력이 생기지 않는다**. 만일 이와 같이 해석하지 않고 기판력의 발생을 인정한다면 동시이행항변이 상대방의 상계의 재항변에 의하여 배척된 경우에 그 동시이행항변에 행사된 채권을 나중에 소송상 행사할 수 없게 되어 민사소송법 **제216조가 예정하고 있는 것과 달리 동시이행항변에 행사된 채권의 존부나 범위에 관한 판결 이유 중의 판단에 기판력이 미치는 결과**에 이르기 때문이다
>
>    ② [**자동채권에 관한 요건**] – 자동채권의 존부에 대하여 **실질적**으로 **판단**을 한 경우에 한한다. → ∴ ⅰ) 상계항변이 **실기한 공격방어방법**으로 **각하**(제149조)된 경우나, ⅱ) **상계가 불허되거나**(◎ 민법 제496조 등), ⅲ) **부적상을 이유로 배척된 경우**(◎ 자동채권의 변제기 도래✗ 등)에는 **기판력**이 **발생하지 않는다**.
>
> 3. **기판력의 발생범위 및 내용**
>
>    ① [**대등액 한도 내**] – 반대채권(자동채권)의 존부에 대해서는 상계로써 대항한 액수의 한도에서 기판력이 생긴다. 즉, **상계항변을 배척하든 인용하든 대등액 범위에서 기판력**이 **발생**한다.
>
>    ② [**상계항변의 배척**] – 상계항변을 배척하는 경우에는 **수동채권**(소구채권)이 **존재**한다는 점 + **대등액**에서 **반대채권**(자동채권)이 **부존재**한다는 점에 기판력이 생긴다.
>
>    ③ [**상계항변의 인용**] – 상계항변을 인용하여 원고의 청구를 기각하는 경우에는 **수동채권**(소구채권) 및 **반대채권**(자동채권)이 **대등액**에서 **모두 존재**한다는 점 + **대등액**에서 상계로 **소멸**하였다는 점에 기판력이 생긴다.

※ [참고] - 전소에서 수동채권을 넘는 금액을 자동채권으로 삼아 상계항변으로 주장한 후 동일한 채권을 후소로 제기한 경우, 후소 법원은 ① 기판력이 저촉되는 대등액에 대해서는 청구기각을, ② 초과금액에 대해서는 기판력의 저촉이 없으므로 본안심리를 하여야 하는데 이 경우 증명력이론이 적용된다(※ 전소 판결이유 중 판단사항은 유력한 증거자료).

④ **[2개 이상의 반대채권 중 법원이 그중 어느 하나의 반대채권의 존재를 인정하여 수동채권의 일부와 대등액에서 상계항변을 인용하고 나머지 반대채권들은 모두 부존재한다고 판단하여 그 부분 상계항변을 배척한 경우]** - 피고가 상계항변으로 2개 이상의 반대채권(자동채권)을 주장하였는데 법원이 그중 어느 하나의 반대채권의 존재를 인정하여 수동채권의 일부와 대등액에서 상계하는 판단을 하고, 나머지 반대채권들은 모두 부존재한다고 판단하여 그 부분 상계항변은 배척한 경우에, **반대채권들이 부존재한다는 판단**에 대하여 **기판력이 발생하는** 전체 범위는 '**상계를 마친 후의 수동채권의 잔액**'을 **초과할 수 없다**고 보아야 한다. 그리고 **이러한 법리는** 피고가 주장하는 **2개 이상의 반대채권의 원리금 액수의 합계가** 법원이 인정하는 **수동채권의 원리금 액수를 초과하는 경우에도 마찬가지로 적용된다**. 이 경우 기판력의 범위의 상한이 되는 '**상계를 마친 후의 수동채권의 잔액**'은 **수동채권의 '원금'의 잔액만을 의미**한다.

※ [사례] - 예 甲은 乙에게 1억 원의 대여금반환을 구하는 소를 제기하였고, 乙은 甲에 대하여 4,000만 원의 약정금 채권과 1억 원의 투자금반환 채권을 가지고 있다고 주장하며, 위 약정금 채권과 투자금 채권을 자동채권으로 하여 甲의 대여금 채권과 상계한다고 항변하였다. 법원은 甲의 대여금 청구 중 6,000만 원 부분만을 인용하는 판결을 선고하고 이러한 판결은 그대로 확정되었는데, 그 판결문의 이유 부분에서는 대여금 채권 1억 원이 존재한다고 인정한 다음, 乙의 상계항변에 대하여 ① 약정금 채권 4,000만 원을 자동채권으로 한 상계항변은 모두 받아들이고, ② 투자금 채권 1억 원을 자동채권으로 한 상계항변은 그 원인사실을 인정할 증거가 없다는 이유로 배척한다는 취지로 기재되어 있었다. → 이 경우 乙의 甲에 대한 투자금 채권이 부존재한다는 판단의 기판력은 6천만 원의 범위에서 발생한다.

4. 상계계약에서의 적용 여부

① **제216조 제2항의 상계**는 민법 제492조 이하에 규정된 **단독행위로서의 상계를 의미**한다.

② 따라서 피고가 상계항변을 한 것이 아니라 원고와 채권 상호간에 **상계하여 정산하기로 하는 내용의 합의**를 하였다는 취지의 항변을 한 것에 지나지 않는 경우라면, 위

> 피고의 항변은 **본래 의미의 상계를 주장하는 것이 아니므로** 원심의 이 부분 판단에 관하여는 **기판력이 미치지 않는다**.

## 2. 기판력의 작용국면

### (1) 개 설

전소의 소송물과 후소의 소송물이 **동일**(동일관계)하거나, 소송물이 다르더라도 전소의 소송물에 관한 판단이 후소의 소송물에 관한 판단에 **선결**문제(선결관계)인 경우 또는 **모순관계**에 있는 경우 전소 기판력은 후소에 작용한다.

※ [비교] (소송물이 동일하거나 선결문제 또는 모순관계에 의하여 기판력이 미치는 객관적 범위에 해당하지 아니하는 경우) – 소송물이 동일하거나 선결문제 또는 모순관계에 의하여 기판력이 미치는 객관적 범위에 해당하지 아니하는 경우에는 전소 판결의 **변론종결 후에 당사자로부터 계쟁물 등을 승계한 자**가 후소를 제기하더라도 후소에 전소 판결의 **기판력**이 미치지 아니한다. → [사안] : 甲 등이 乙을 상대로 건물 등에 관한 소유권이전등기의 말소등기절차 이행을 구하는 소를 제기하여 승소확정판결을 받았는데, 위 판결의 변론종결 후에 乙로부터 건물 등의 소유권을 이전받은 丙이 甲 등을 상대로 위 건물의 인도 및 차임 상당 부당이득의 반환을 구하는 소를 제기한 사안에서, **전소인 말소등기청구권에 대한 판단이 건물인도 등 청구의 소의 선결문제가 되거나 건물인도청구권 등의 존부가 전소의 소송물인 말소등기청구권의 존부와 모순관계에 있다고 볼 수 없어** 전소의 기판력이 건물인도 등 청구의 소에 미친다고 할 수 없으며, 이는 丙이 전소 판결의 **변론종결 후에** 乙로부터 **건물을 매수하여 소유권이전등기를 마쳤더라도 기판력**이 **미치지 아니한다**.

### (2) 동일관계 – 소송물의 동일 여부

#### 1) 내 용

전소에서 승소한 원고이든 패소한 원고이든 같은 소송물에 대하여 다시 소를 제기하면 기판력에 저촉된다. 다만, ① 시효중단의 필요, ② 판결내용의 불특정에 기한 집행불능, ③ 판결원본의 멸실 등의 특별한 사정이 있는 경우에는 예외적으로 허용된다.

#### 2) 구체적 사안 (※ 소송물이론 부분 참조)

① [**불법행위에 기한 손해배상청구와 채무불이행에 기한 손해배상청구**] – 소송물 동일 ✗
② [**말소등기청구**] – 등기원인의 개개의 무효 사유는 공격방법의 차이에 불과
③ [**말소등기청구와 진정명의회복을 원인으로 한 소유권이전등기청구**] – 실질상 소송물 동일 ○
④ [**소유권이전등기청구**] – 등기원인별 별개의 소송물

⑤ [**건물인도와 건물퇴거청구**] – 건물의 '**인도**'는 건물에 대한 **현실적·사실적 지배를 완전히 이전하는 것**을 **의미**하고, 민사집행법(제258조)상 인도청구의 집행은 집행관이 채무자로부터 물건의 점유를 빼앗아 이를 채권자에게 인도하는 방법으로 한다. 한편 건물에서의 '**퇴거**'는 건물에 대한 채무자의 **점유를 해제하는 것**을 **의미할 뿐**, 더 나아가 채권자에게 **점유를 이전할 것까지 의미하지는 않는다**는 점에서 건물의 '인도'와 구별된다. 그러므로 채권자가 소로써 채무자가 건물에서 퇴거할 것을 구하고 있는데 법원이 채무자의 건물 인도를 명하는 것은 처분권주의에 반하여 허용되지 않는다.

⑥ [**부당이득반환청구와 계약해제에 기한 원상회복청구**] – 계약해제의 효과로서의 원상회복은 부당이득에 관한 특별규정의 성격을 가지는 것이고, **부당이득반환청구에서 법률상의 원인 없는 사유**를 계약의 불성립, 취소, 무효, 해제 등으로 주장하는 것은 **공격방법에 지나지 아니하**므로 그중 어느 사유를 주장하여 패소한 경우에 다른 사유를 주장하여 청구하는 것은 기판력에 저촉되어 허용될 수 없다 할 것인바, **패소판결이 확정된 전소에서 주장하였던 기망에 의한 의사표시의 취소의 효과로서 구하였던 매매대금반환의 성질은 부당이득반환이라고 할 것이고, 후소에서 계약해제의 효과인 원상회복으로서 구하는 것도 같은 성질의 것**이라 할 것이므로, 전소의 소송물인 부당이득반환청구권의 존부에 관한 공격방법을 후소에 다시 제출하여 전소와 다른 판단을 구하는 것은 **전소의 확정판결의 기판력에 저촉되어 허용될 수 없으며, 이는 전소에서 이행불능사실을 몰랐다고 하더라도 마찬가지이다**.

⑦ [**부당이득반환청구**] – 부당이득반환청구에서 **법률상의 원인 없는 사유**를 계약의 **불성립, 취소, 무효, 해제 등**으로 주장하는 것은 **공격방법에 지나지 않으므로**, 그중 어느 사유를 주장하여 패소한 경우에 다른 사유를 주장하여 청구하는 것은 기판력에 저촉되어 허용할 수 없다.

⑧ [**일부청구와 잔부청구**] – 명시적 일부청구설

⑨ [**후유증에 의한 확대손해**] – 불법행위로 인한 적극적 손해의 배상을 명한 전소송의 **변론종결 후에 새로운 적극적 손해가 발생**한 경우에 그 소송의 변론종결 당시 그 손해의 발생을 예견할 수 없었고 또 그 부분 청구를 포기하였다고 볼 수 없는 등 특별한 사정이 있다면 전소송에서 그 부분에 관한 청구가 유보되어 있지 않다고 하더라도 이는 전소송의 소송물과는 **별개의 소송물**이므로 전소송의 **기판력에 저촉되는 것**이 **아니다**.

※ [**비교**] (불법행위로 인한 손해배상청구소송의 판결이 확정된 후 피해자가 그 판결에서 손해배상액 산정의 기초로 인정된 기대여명보다 일찍 사망한 경우, 기지급된 손해배상금 일부를 부당이득으로 반환을 구할 수 있는지 여부) – 확정판결이 실체적 권리관계와 다르다 하더라도 그 판결이 재심의 소 등으로 취소되지 않는 한 그 판결의 기판력에 저촉되는 주장을 할 수 없어 그 판결의 집행으로 교부받은 금원을 법률상 원인 없는 이득이라 할 수 없는 것이므로, **불법행위로 인한 인신손해에 대한 손해배상청구소송에서 판결이 확정된 후 피해자가** 그 판결에서 손해배상액 산정의 기초로 인정된 **기대여명보다 일찍 사망한 경우**라도 그 판결이 재심의 소 등으로 취소되지 않는 한 그 **판결에 기하여 지급받은 손해배상금 중 일부**[예]기지

급된 실제 사망시점 이후의 치료비 및 개호비(흔히 간병비) 등]를 **법률상 원인 없는 이득이라 하여 반환을 구하는 것**은 그 판결의 **기판력에 저촉되어 허용될 수 없다**[∵ 후소는 전소 판결이 재심의 소 등으로 취소되지 않는 한 전소 판결의 기판력에 저촉(**모순관계에 해당**)되어 허용될 수 없고 또한 법률상 원인 없는 이득이라고 할 수 없기 때문이다].

### (3) 선결관계

#### 1) 내 용

**전소의 소송물**이 후소의 소송물 자체가 되지 아니하여도 **후소의 선결문제**(선결적 법률관계)가 되는 때에는 기판력이 작용하고, 이 경우 법원은 **전소 판단에 구속되어 판단**하여야 하고 그와 다른 판단을 하여서는 안 된다(※ [**주의**] - 전소의 판결이유에서 판단된 선결적 법률관계가 후소에 미치지 아니하는 것 - 판단이유 중 판단과 다른 문제이다).

#### 2) 구체적 사안

① [소유권확인청구에 대한 판결이 확정된 후 소유권에 기한 목적물인도청구소송을 제기한 경우]

② [대여원금지급청구에 대한 판결이 확정된 후 이자나 지연손해금청구소송을 제기한 경우]

※ [비교] (소유권이전등기말소소송의 승소 확정판결에 기하여 소유권이전등기가 말소된 후 순차 제3자 명의로 소유권이전등기 및 근저당권설정등기 등이 마쳐졌는데 위 말소된 등기의 명의자가 현재의 등기명의인을 상대로 진정한 등기명의의 회복을 위한 소유권이전등기청구와 근저당권자 등을 상대로 그 근저당권설정등기 등의 말소등기청구 등을 하는 경우) - 甲·乙 간의 소유권이전등기말소소송에서 乙이 패소 → 乙 명의의 등기말소 → 등기명의를 회복한 甲이 丙에게 소유권이전등기를 넘겨주고 순차 丁에게 저당권설정등기가 넘어간 사안에서, 乙이 ① 丙에게는 진정한 등기명의회복의 이전등기청구, ② 丁에게는 저당권설정등기말소청구를 한 경우에, **丙과 丁은 모두 전소의 변론종결 후의 승계인**으로서, ① **丙 상대의 이전등기청구**는 전소와 **실질적**으로 **소송물이 동일**하다는 이유에서, ② **丁 상대의 저당권설정등기말소청구**는 전소의 말소등기청구권의 존부를 선결문제로 한다는 이유에서 전소의 **기판력**이 모두 **미친다**.

### (4) 모순관계

#### 1) 내용

후소가 **전소의 소송물**(실체법상 청구권)에 대한 **판단을 배척 또는 부인**하는 것인 때에는 후소는 전소의 기판력에 저촉된다. 그러나 후소가 전소의 소송물에 대한 판단을 부정하지 않고 위 판단과 양립가능한 다른 원인을 들고 있다면 전소의 기판력에 저촉되지 않는다.

#### 2) 구체적 사안

① [**해당**] - (전소 소유권이전등기청구의 확정판결에 의하여 소유권이전등기가 경료된 후 피고가 원인무효를 이유로 말소등기청구를 한 경우) - 판결이 형식적으로 확정되면 그 내용에 따른 기판력이 생기므로, **소유권이전등기절차를 명하는 확정판결**에 의하여 소유권이전등기

가 마쳐진 경우에, **다시 원인무효임을 내세워 그 말소등기절차의 이행을 청구**함은 확정된 **이전등기청구권**을 **부인**하는 것이어서 **기판력**에 **저촉**된다.

② **[불해당]** – (**전소 소유권이전등기의 말소청구소송에서 패소한 자가 그 후 상대방에 대하여 토지를 매수하였음을 원인으로 소유권이전등기청구를 한 경우**) – 확정판결의 기판력은 소송물로 주장된 법률관계의 존부에 관한 판단 그 자체에만 미치는 것이고 전소와 후소가 그 소송물이 동일한 경우에 작용하는 것이므로, 부동산에 관한 **소유권이전등기가 원인무효라는 이유로 그 등기의 말소를 명하는 판결이 확정**되었다고 하더라도 그 확정판결의 기판력은 그 소송물이었던 말소등기청구권의 존부에만 미치는 것이므로, 그 소송에서 **패소한 당사자도 전소에서 문제된 것과는 전혀 다른 청구원인에 기하여 상대방에 대하여 소유권이전등기청구를 할 수 있다.**

※ **[비교]** (**중복등기의 말소를 구하는 소송에서 취득시효완성으로 실체관계에 부합한다는 항변을 하였으나 뒤에 경료된 등기라는 이유로 그 말소를 명하는 판결이 선고된 후, 같은 부동산에 관하여 시효취득을 원인으로 한 소유권이전등기를 구하는 소송을 제기한 경우**) – 전소의 소송물은 중복소유권보존등기 및 이에 바탕을 둔 소유권이전등기의 말소청구권의 존부이고, 후소에서 쟁점이 된 소송물은 같은 부동산에 관한 청구이기는 하지만 취득시효완성을 원인으로 한 소유권이전등기청구권의 존부로서, **전소와 후소는 청구취지와 청구원인을 전혀 달리하는 소송으로서 그 소송물이 다르고** 특별히 서로 **모순관계에 있거나 전소의 소송물이 후소의 선결문제에 해당하는 것도 아니므로** 전소판결의 **기판력이 후소에 미친다고 볼 수 없다.**

## Set 55 기판력의 시적 범위(작용)

### 1. 의의

확정판결에 따라 소송물인 권리관계의 존부가 확정된다고 하여도 기판력이 생기는 판단이 어느 시점에 있는 권리관계의 존부에 관한 것인지가 기판력의 시적 범위의 문제이다.

※ **[비교]** (**기판력의 시적 범위와 객관적 범위와의 관계**) – 기판력의 시적 범위에서 **차단효**는 후소가 전소와 **동일**한 소송물이거나 **선결**관계인 경우 또는 **모순관계**에 있는 경우에 **한하여 생긴다** (기판력의 시적 범위는 기판력의 객관적 범위 내에서 문제되는 것이므로 양자는 불가분 관계에 있다). → 동일·선결·모순관계에 해당하지 않는다면 시적 범위에서 차단될 수도 없다.

## 2. 표준시

① [**일반론**] – 사실심의 변론종결시까지 소송자료를 제출할 수 있고 법원은 그때까지 제출된 소송자료를 기초로 하여 종국판결을 하기 때문에, **사실심의 변론종결시**(무변론판결의 경우는 판결선고시)가 기판력이 발생하는 **표준시**가 된다(제218조, 민집법 제44조 제2항).

② [**표준시 전·후의 권리관계**] – 표준시 이전은 물론 표준시 이후의 권리관계에는 **미치지 않는다.** 구체적으로는 ⅰ) (**표준시 전 권리관계의 주장**) : 표준시 전에 그와 같은 권리가 존재하였음을 주장할 수 있으며, 이러한 주장이 **기판력에 저촉되지 아니한다.** / ⅱ) (**표준시 후 권리관계의 주장**) : 표준시 후에 권리가 존재함을 **주장할 수도 있다**(<u>예</u> 표준시 후에나 비로소 이행기가 도래한 경우). **다만, 표준시 후의 권리가 표준시의 권리를 논리적 전제로 하는 경우에는 기판력이 미친다.**

※ [비교] (**대여금채권과 지연손해금청구**) – 확정판결의 기판력은 사실심의 최종변론종결 당시의 권리관계를 확정하는 것이므로, ① 원고의 청구 중 확정판결의 **사실심 변론종결시 후의 이행지연으로 인한 손해배상**(이자)**청구부분**은 그 **선결문제**로서 확정판결에 저촉되는 금원에 대한 피고의 지급의무의 존재를 주장하게 되어 **논리상 확정판결의 기판력의 효과를 받게 되는 것**이라고 할 것이나, ② **그 외의 부분**(변론종결 당시까지의 분)**의 청구**는 확정판결의 **기판력의 효과를 받지 않는다**(※ [참고] – 이 경우 법원은 <u>본안심사</u>를 하여야 하고, <u>증거자료</u>에 관해서는 <u>증명력이론이 적용될 수 있다</u>).

## 3. 표준시의 작용 – 차단효(실권효)

(1) 표준시 전에 존재한 사유

**표준시 전에 존재하였으나** 표준시까지 **제출하지 않은** 사유에 기한 **공격방어방법**은 기판력에 의해 **실권효가 적용되고 후소에 다시 제출하지 못한다.** → 당사자가 표준시 이전에 존재하였던 사실을 제출하지 못한 데 대하여 **知·不知, 고의·과실**을 **묻지 않고** 일률적으로 후소에서 제출이 **차단**된다.

※ [비교] (**한정승인과 상속포기**) – ① [**한정승인**] : 채권자가 피상속인의 금전채무를 상속한 상속인을 상대로 그 상속채무의 이행을 구하여 제기한 소송에서 **채무자가 한정승인 사실을 주장하지 않으면, 책임의 범위는** 현실적인 심판대상으로 등장하지 아니하여 **주문에서는 물론 이유에서도 판단되지 않는 것**이므로 그에 관하여는 **기판력이 미치지 않는다.** 그러므로 채무자가 한정승인을 하고도 채권자가 제기한 소송의 사실심 변론종결시까지 그 사실을 주장하지 아니하는 바람에 책임의 범위에 관하여 아무런 유보가 없는 판결이 선고되어 확정되었다고 하더라도, **채무자는 그 후 위 한정승인 사실을 내세워 청구에 관한 이의의 소를 제기할 수 있다**(※ [참고] – 한정승인에 의한 책임 제한은 상속채무의 존재 및 범위의 확정과는 관계가 없고 다만 판결의 집행대상을 상속재산의 한도로 한정함으로써 판결의 집행력을 제한할 뿐이다. 따라서 한정승인 사실의 주장이 전소 판결과 모순관계에 있지도 않다). / ② [**상속포기**] : 한정승인과 달리 **상속에 의한 채무의 존재 자체가 문제**되어 그에 관한 확정판결의 **주문에 당연히 기판력이 미치게 되는 상속포기**

의 경우에는 **한정승인 사안에서의** 기판력에 의한 **실권효 제한의 법리는 적용될 수 없다**(즉, 실권효 적용 O). 따라서 **채무자는 상속포기 사실을 내세워 청구이의의 소를 제기할 수 없다.**

(2) 표준시 후에 발생한 새로운 사유

① [**내용**] - **변론종결 이후**의 사정변경에 의해 '**새로이 발생한 사유**'는 실권효의 제재를 받지 않는다. → 예 ① 전소에서 정지조건 미성취를 이유로 청구가 기각되었다 하더라도 변론종결 후에 그 조건이 성취되었다면 동일한 청구에 대하여 다시 소를 제기할 수 있다. ② 변론종결 후에 새로 발생한 변제, 면제나 소멸시효 완성 등의 주장도 가능하다.

② [**한계**] - '**변론종결 후에 발생한 새로운 사유**'란 **새로운 사실관계를 말하는 것일 뿐** 기존의 사실관계에 대한 **새로운 증거자료**가 있다거나 **새로운 법적 평가** 또는 **그와 같은 법적 평가가 담긴 다른 판결이 존재**한다는 등의 사정은 **포함되지 아니한다.** 즉, 새로이 발생한 사유에 해당하지 않으므로 그와 같은 주장은 차단된다.

③ [**표준시**(변론종결) **뒤의 형성권 행사**] - i) (**일반적**) : 확정판결의 변론종결 전에 이미 발생하였던 **취소권·해제권**을 확정 후에 행사하는 경우 **실권효**를 **적용**하고(차단 O), / ii) (**상계권**) : 확정판결의 변론종결 전에 상대방에 대하여 상계적상에 있는 채권을 가지고 있었다 하더라도 확정판결의 **변론종결 후**에 이르러 **비로소 상계의 의사표시를 한 때**에는 당사자가 채무명의인 확정판결의 **변론종결 전에 자동채권의 존재를 알았는가 몰랐는가에 관계없이 적법한 청구이의 사유로 된다**(차단 ✗). / iii) (**지상물매수청구권**) : 건물매수청구권을 행사할 수 있음에도 불구하고 이를 행사하지 아니한 채, 토지의 임대인이 임차인에 대하여 제기한 토지인도 및 건물철거 청구소송에서 패소하여 그 패소판결이 확정되었다고 하더라도, 그 확정판결에 의하여 건물철거가 집행되지 아니한 이상, **토지의 임차인으로서는 건물매수청구권을 행사하여 별소로써 임대인에 대하여 건물 매매대금의 지급을 구할 수 있다.** 즉, **전소인 토지인도 및 건물철거 청구소송과 후소인 매매대금청구소송은 서로 그 소송물을 달리하는 것**이므로, 종전 소송의 확정판결의 기판력에 의하여 **건물매수청구권의 행사가 차단된다고 할 수도 없다**(차단 ✗).

## Set 56  정기금판결에 대한 변경의 소

1. 의의 및 입법취지(배경)

① [**의의**] - 정기금의 지급을 명한 판결이 확정된 뒤에 그 액수산정의 기초가 된 사정이 현저하게 바뀐 경우에 장차 지급할 정기금 액수를 바꾸어 달라는 소(제252조)

② [**입법배경**] - 개정법이 신설되기 전 전원합의체 판례는 그 논거로 일부청구임을 명시하지는 아니하였지만 전소의 청구를 명시적 일부청구로 보아 전소판결의 기판력이 그 차액 부분에는

미치지 않으므로, 토지의 소유자는 점유자를 상대로 새로 소를 제기하여 전소 판결에서 인용된 임료액과 적정한 임료액의 차액에 상당하는 부당이득금의 반환을 청구할 수 있다고 하였다(유보된 일부청구의제이론). 그러나 이러한 법리구성은 원고가 전소에서 일부청구임을 명시한 일이 없음에도 불구하고 이를 명시적 일부청구로 의제하는 것이므로, **해석론의 한계를 벗어난 판결**이라는 **비판**이 있었고, 이에 결국 독일의 민사소송법 규정을 받아들임으로써 **제252조**의 변경의 소를 **신설**하기에 이르렀다.

## 2. 법적 성질 및 소송물

① [**법적 성질**] - 정기금의 지급을 명한 확정판결의 변경을 구하는 소로서 **기판력의 변경·배제를 목적**으로 하는 **소송법상의 형성의 소**에 속한다.

② [**소송물**] - 변경의 소는 형평의 관념에서 전소판결의 기판력을 배제하는 것이므로 **전소의 소송물과 동일**하다.

## 3. 변경의 소의 요건

(1) 소송요건

① 전소 '**제1심 판결법원**'에 제소할 것(전속관할), ② **전소 확정판결의 기판력을 받는 '당사자** 또는 **제218조 제1항**에 의하여 **확정판결의 기판력을 받는 제3자**'일 것(※ [**주의**] - 제3자 : 변론종결 후 승계인에 해당하는지 여부에 관한 논의가 형성되어야 한다), ③ '**정기금의 지급**'을 **명하는 판결**이 있을 것, ④ 정기금채권에 대한 '**기판력 있는 확정판결**'이 있을 것(※ [**참고**] - 정기금의 지급을 내용으로 하는 재판상 화해조서 등에 대해서도 기판력을 긍정하는 바에 따르면 그 대상이 될 수 있다), ⑤ 기타 일반적인 소송요건을 갖출 것이 필요하다.

---

※ 변론종결 후 토지의 소유권을 취득한 제3자의 변경의 소

1. 정기금판결에 대한 변경의 소 - 의의·법적 성질 및 소송물

2. 변경의 소의 요건

 (1) 소송요건

 (2) 변론종결 후 승계인 해당 여부

① 토지의 소유자가 소유권에 기하여 토지의 무단 점유자를 상대로 차임 상당의 부당이득반환을 구하는 소송을 제기하여 무단 점유자가 점유 토지의 인도 시까지 매월 일정 금액의 차임 상당 부당이득을 반환하라는 판결이 확정된 경우, 이러한 소송의 **소송물**은 **채권적 청구권**인 **부당이득반환청구권**이므로, 소송의 **변론종결 후에 토지의 소유권을 취득한 사람**은 민사소송법 제218조 제1항에 의하여 확정판결의 기판력이 미치는 **변론을 종결한**

> 뒤의 승계인에 해당한다고 볼 수 없다. 따라서 토지의 전 소유자가 제기한 부당이득반환청구소송의 변론종결 후에 토지의 소유권을 취득한 사람에 대해서는 소송에서 내려진 정기금 지급을 명하는 확정판결의 기판력이 미치지 아니하므로, 토지의 전 소유자가 앞서 제기한 부당이득반환청구소송에서 내려진 **정기금판결에 대하여 변경의 소를 제기하는 것은 부적법**하다.
> ② **토지의 새로운 소유자는** 토지의 무단 점유자를 상대로 다시 **부당이득반환청구의 소를 제기하여야 한다.**

(2) 본안요건 - 현저한 사정변경

**단순히 종전 확정판결의 결론이 위법·부당하다는 등의 사정**을 이유로 본조에 따라 정기금의 액수를 바꾸어 달라고 하는 것은 **허용될 수 없고**, 정기금판결의 **변론종결 이후 정기금 액수산정의 기초가 된 사정이 현저하게 바뀜**으로써 당사자 사이의 형평을 침해할 특별한 사정이 생겼어야 한다. → ① 사정변경은 전소의 사실심 변론종결 이후에 발생한 것이어야 하고(차단효 고려), ② 전소판결시 예상할 수 없었던 것이어야 한다. ③ **증명책임**은 사정변경을 주장하는 **원고**에게 있다.

4. 심판

① [**심판 범위**] - 법원은 **변경된 사정만 심리**하여야 하고, 전소 확정된 정기금청구권의 존재 등의 사실에 대하여는 구속된다.

② [**판결**] - 법원이 청구를 인용하는 경우에는 원판결을 감액 또는 증액으로 변경하는 판결주문을 내면 된다. 즉, **변경의 소 제기를 기점**으로 하여 장차 지급할 정기금액수만이 변경판결의 대상이 된다.

③ [**소송요건심리의 선순위성**] - 당사자적격이 없는 자가 원고이면서 현저한 사정변경에 기해 당사자 사이의 형평을 침해할 만한 특별한 사정이 있다는 점에 대해 증명을 못한 경우라면, 법원은 부적법 소각하판결을 하여야 한다.

5. 관련문제 - 후유증에 의한 확대손해

후유증에 의한 확대손해의 배상청구를 위하여 변경의 소를 이용할 수 있는지 여부가 문제 → 후유증에 의한 확대손해의 청구는 전소 소송물과는 **별개의 소송물**이므로, **전소의 소송물과 동일하다는 전제에서 기판력의 배제를 목적으로 하는 변경의 소를 제기할 수는 없고, 별개의 소로 청구**하는 것이 타당하다.

## Set 57 판결의 편취

### 1. 의의
당사자가 상대방이나 법원을 악의로 기망하여 부당한 내용의 판결을 받은 경우를 판결의 편취(사위판결)라고 한다. → 특히 공시송달에 의한 판결의 편취와 허위주소지 송달에 의한 판결의 편취(자백간주에 의한 판결의 편취)가 문제이다.

### 2. 편취판결의 효력
판결이 형식적으로 존재하는 이상 편취판결도 **당연무효의 판결**이 **아니다**(※ [참고] – 법적 안정과 제451조 제1항 제11호에서 재심사유로 규정하고 있다는 점 고려).

### 3. 소송법상 구제수단
① [**공시송달에 의한 판결의 편취**] – ⅰ) (**송달의 효력 및 판결의 확정 여부**) : 판결정본의 송달은 법률상 **적법한 송달**의 방법으로 인정된 것이므로 **유효**하고, 따라서 위 판결에 대하여 상소제기 기간 안에 상소를 하지 아니하면 판결은 **형식적**으로 **확정**된다(기판력 발생 ○). / ⅱ) (**구제수단**) : **추완상소와 재심의 소는 독립된 별개의 제도**이므로 재심의 소와 추완상소를 **택일적**으로 할 수 있다. 다만, 재심은 확정판결 후 5년 내에 하여야 하는 제한이 있으며, 추완항소는 기간부준수의 사유가 오래되어도 장애사유가 없어진 날로부터 2주일 내에 가능하다.

② [**허위주소지 송달에 의한 판결의 편취**] – ⅰ) (**송달의 효력 및 판결의 확정 여부**) : 판결정본의 **송달**은 부적법하여 **무효**이고, 따라서 **상소기간은 진행하지 않으므로** 판결은 형식적으로 **확정되지 않는다**(기판력 발생 ✗). / ⅱ) (**구제수단**) : **어느 때나 상소를 제기**할 수 있다. 그러나 **재심의 소는 부적법하다.**

### 4. 실체법상 구제수단
① [**문제점**] – 편취판결이 확정되어 집행된 경우 재심과 같은 소송법적 구제조치를 취하지 않고서도 실체법상 부당이득반환청구나 불법행위에 기한 손해배상청구를 허용할 것인지가 문제된다. 부당이득반환청구(예 말소등기청구) 또는 불법행위를 이유로 한 손해배상청구의 경우에는 모순관계로서 기판력에 저촉될 소지가 있기 때문이다(※ [참고] – 편취판결이 확정되지 않아 기판력이 생기지 않는 경우에는 재심의 소를 거칠 필요가 있는지 여부는 문제되지 아니한다).

② [**부당이득반환청구**] – ⅰ) 편취된 판결에 의한 강제집행의 경우 그 판결이 **재심의 소 등으로 취소되지 않는 한** 부당이득반환청구를 하는 것은 **기판력에 저촉되어 허용될 수 없다**(재심필요설). / ⅱ) **다만, 허위주소지 송달에 의한 편취판결의 경우** 판결의 송달은 부적법하여 무효이므로 상대방은 **상소를 제기할 수 있을 뿐만 아니라**, 위 편취판결에 기하여 부동산에 관한 소유권이전등기가 경료된 경우에는 상소를 제기하지 않고 **별소로서 그 등기의 말소를 구할 수도 있다**(※ 상소와 부당이득반환청구의 선택 인정 ○).

③ [**불법행위에 기한 손해배상청구**] – 확정판결의 내용이 단순히 실체적 권리관계에 배치되어 부당하고 또한 확정판결에 기한 집행 채권자가 이를 알고 있었다는 것만으로는 그 집행행위가 불법행위를 구성한다고 할 수 없는바, 편취된 판결에 기한 강제집행이 불법행위로 되는 경우가 있다고 하더라도 당사자의 법적 안정성을 위해 확정판결에 기판력을 인정한 취지나 확정판결의 효력을 배제하기 위하여는 그 확정판결에 재심사유가 존재하는 경우에 **재심의 소에 의하여 그 취소를 구하는 것**이 **원칙적인 방법**인 점에 비추어 볼 때 **불법행위의 성립을 쉽게 인정하여서는 아니 되고**, 확정판결에 기한 강제집행이 **불법행위로 되는 것**은 당사자의 **절차적 기본권이 근본적으로 침해**된 상태에서 판결이 선고되었거나 확정판결에 **재심사유가 존재하는 등 확정판결의 효력을 존중하는 것이 정의에 반함이 명백하여 이를 묵과할 수 없는 경우**로 **한정**하여야 한다.

### 5. 집행법상 구제수단

확정판결에 의한 권리라 하더라도 신의에 좇아 성실히 행사되어야 하고 판결에 기한 <u>집행이 권리남용이 되는 경우에는 허용되지 않으므로 집행채무자는 청구 이의의 소에 의하여 집행의 배제를 구할 수 있다</u>. 즉, 확정된 청구가 그 판결의 변론종결 뒤에 변경 소멸된 경우뿐만 아니라 판결을 집행하는 자체가 불법한 경우에는 청구이의의 소를 허용함이 상당하다.

## Set 58  상소

※ <u>항소 – 논증구도</u>

Ⅰ. **적**법성 → Ⅱ. 상소불가분의 원칙 → Ⅲ. 불이익변경금지의 원칙(제415조) → Ⅳ. 판단
① **당**사자자격　　① 의의　　　　　　　　① 의의　　　　　　　　　① **순**서
② **대**상적격　　　② 적용 여부　　　　　　② 적용 여부　　　　　　② **결**과
③ **항**소의 이익
④ **중**단 ✗

### 1. 적법성 – 항소요건

**(1) 일반론**

① 항소제기의 방식이 맞고 **항소기간**이 **준수**되었을 것, ② 항소인이 항소권을 포기하지 않았고 당사자 간에 불항소의 합의가 없을 것, ③ 항소의 **당**사자자격(=당사자능력, 당사자적격, 소송능력, 대리권의 존재)이 있을 것, ④ 불복하는 판결이 항소의 **대**상적격이 있을 것, ⑤ **항**소의 이익이 있을 것을 들 수 있다. ⑥ 나아가 소송절차 **중**단 중의 항소가 아닐 것이 요구된다.

※ [비교] (**항소기간의 준수**) - ① 판결정본이 송달된 날로부터 <u>2주</u> 이내(제396조, 제425조)에 <u>원심법원</u>에 <u>제출</u>하여야 하는데(제397조 제1항), **항소장이 항소심법원에 접수되었다가 제1심 법원으로 송부된 경우 항소기간의 준수 여부는 항소장이 제1심 법원에 접수된 때를 기준**으로 한다. ② **항소기간 경과 전**에 **항소취하**가 있는 경우에는 판결은 확정되지 아니하고 **항소기간 내라면** 항소인은 **다시 항소의 제기**가 **가능**하다.

※ [비교] (**불항소 합의**) - 불항소 합의가 있는 경우(※ [참고] - 당사자의 일방만이 항소를 하지 않기로 약정하는 합의는 공평에 어긋나는 경우로 불항소 합의로서의 효력이 없다), **항소**는 **부적법**한 것이므로 **각하**하여야 한다. 이러한 불항소 합의는 항소의 적법요건으로서 법원의 **직권조사사항이지 항변사항**이 **아니다**.

※ [참고] (**항소이유서 제출**) - <u>제402조의2</u>·<u>제402조의3</u> → 항소장에 항소이유를 적지 아니한 항소인은 제400조 제3항의 통지를 받은 날부터 40일 이내에 항소이유서를 항소법원에 제출하여야 한다. 항소법원은 항소인의 신청에 따른 결정으로 제1항에 따른 제출기간을 1회에 한하여 1개월 연장할 수 있다. 항소인이 제402조의2 제1항에 따른 제출기간(같은 조 제2항에 따라 제출기간이 연장된 경우에는 그 연장된 기간을 말한다) 내에 항소이유서를 제출하지 아니한 때에는 항소법원은 결정으로 항소를 각하하여야 한다. 다만, 직권으로 조사하여야 할 사유가 있거나 항소장에 항소이유가 기재되어 있는 때에는 그러하지 아니하다.

(2) 당사자자격

**판결의 효력을 받는 자**로서 당사자 또는 당사자로 참가할 수 있는 제3자(제79조, 제83조), 소송절차가 중단된 경우 소송수계인은 당사자자격이 있다. 다만, **보조참가인**은 <u>피참가인이 항소권을 포기하지 않는 한</u> **항소할 수 있지만**, 당사자는 아니므로 **항소인은 될 수 없다**.

(3) 대상적격

**확정되지 않은 종국** + **유효**한 **판결** → ① 선고 전의 판결·중간판결 ✗, ② 제소 전 사망한 자를 당사자로 한 당연무효인 판결 ✗

(4) 항소의 이익

 1) 의의 및 항소이익 유무의 판단기준

  ① [**의의**] - 제1심 법원의 종국재판에 대하여 불복신청함으로써 그 취소를 구하는 것이 가능한 당사자의 법적 지위를 항소의 이익이라고 한다.

  ② [**항소이익 유무의 판단기준**] - 상소는 자기에게 불이익한 재판에 대하여 유리하게 취소변경을 구하기 위한 것이므로 승소판결에 대한 불복상소는 허용할 수 없고, 재판이 상소인에게 불이익한 것인지 여부는 **원칙**적으로 재판의 **주문**을 **표준**으로 하여 판단한다(기본적으로 형식적 불복설).

## 2) 구체적 검토

### 가) 전부승소한 당사자

① [**원칙적 불허**] - 전부승소한 당사자는 원칙적으로 **상소의 이익**은 **없으며, 판결이유 중의 판단에 불만이 있더라도** 승소하였다면 원칙적으로 **상소의 이익**은 **없다**(∵ 기판력 발생✗).

② [**예외적 허용**] - ⅰ) (**처분권주의 위반**) : 원고 A가 乙을 상대로 매매를 원인으로 한 소유권이전등기를 청구한 데 대하여 원심이 양도담보약정을 원인으로 한 소유권이전등기를 명하였다면 판결주문상으로는 원고 A가 전부 승소한 것으로 보이기는 하나, **매매를 원인으로 한 소유권이전등기청구와 양도담보약정을 원인으로 한 소유권이전등기청구**와는 청구원인 사실이 달라 **동일한 청구라 할 수 없음**에 비추어, 결국 **원고 A의 청구는 실질적으로 인용한 것이 아니어서** 판결의 결과가 불이익하게 되었으므로, 원심판결에 **처분권주의를 위반한 위법이 있고** 그에 대한 원고 A의 **상소이익**이 **인정**된다. / ⅱ) (**묵시적 일부청구**) : 가분채권에 대한 이행청구의 소를 제기하면서 그것이 나머지 부분을 유보하고 일부만 청구하는 것이라는 취지를 명시하지 아니한 경우에는 그 확정판결의 **기판력은 나머지 부분에까지 미치는 것**이어서 별소로써 나머지 부분에 관하여 다시 청구할 수는 없으므로, 일부 청구에 관하여 **전부 승소한 채권자는 나머지 부분에 관하여 청구를 확장하기 위한 항소가 허용되지 아니한다면 나머지 부분을 소구할 기회를 상실하는 불이익**을 입게 되고, 따라서 이러한 경우에는 **예외적으로** 전부 승소한 판결에 대해서도 **나머지 부분에 관하여 청구를 확장하기 위한 항소의 이익**을 **인정**함이 상당하다. / ⅲ) (**불법행위로 인한 재산상 손해와 위자료청구**) : 원고가 재산상 손해(소극적 손해)에 대하여는 형식상 전부 승소하였으나 위자료에 대하여는 일부 패소하였고, 이에 대하여 원고가 원고 패소부분에 불복하는 형식으로 항소를 제기하여 사건 전부가 확정이 차단되고 소송물 전부가 항소심에 계속되게 된 경우에는, 더욱이 **불법행위로 인한 손해배상에 있어 재산상 손해나 위자료**는 단일한 원인에 근거한 것인데 **편의상** 이를 **별개의 소송물로 분류**하고 있는 것에 지나지 아니한 것이므로 이를 **실질적으로 파악**하여, **항소심에서 위자료는 물론이고 재산상 손해(소극적 손해)에 관하여도 청구의 확장을 허용하는 것이 상당하다.** 그러하지 아니하고 재산상 손해(소극적 손해)에 대한 항소의 이익을 부정하고 청구취지의 확장을 허용하지 아니하면 원고는 판결이 확정되기도 전에 나머지 부분을 청구할 기회를 절대적으로 박탈당하게 되어 부당하다.

### 나) 판결이유 중 판단에 대한 불복

① [**원칙적 불허**] - 승소판결에 대한 불복상소는 허용될 수 없고 재판이 상소인에게 불이익한 것인지 여부는 원칙적으로 재판의 주문을 표준으로 하여야 하는 것이어서, 승소한 당사자는 비록 그 판결이유에 불만이 있더라도 그에 대하여는 **상소의 이익**이 **없다**.

② [**예외적 허용 - 상계의 항변**] - 상계의 항변의 경우에는 법원의 판단이 내려지면 자동채권의 존부에 대하여도 **기판력**이 **생기므로**(제216조 제2항), **상계의 항변이 인정된 경우**에도 피고는 원고의 **소구채권의 부존재를 판결이유로 승소한 것보다도** 결과적으로 반대채권의 상실이라는 **불이익**이 되기 때문에, **상계의 항변을 인용한 판단을 불복하는 항소는 예외적으로**

**항소의 이익**이 있다(※ [보충] – '원고의 소구채권 그 자체를 부정하여 원고의 청구를 기각한 판결'과 '소구채권의 존재를 인정하면서도 상계항변을 받아들인 결과 원고의 청구를 기각한 판결'은 민사소송법 제216조에 따라 기판력의 범위를 서로 달리한다).

### 다) 일부승소·일부패소판결

원·피고 쌍방에게 불이익한 판결이므로, **원·피고 모두 항소할 수 있다**.

※ [비교] (객관적 병합) – ① [선택적 병합] : 청구 중 어느 하나가 인용된 경우 원고는 항소할 수 없으나, 피고는 항소의 이익이 있다. / ② [예비적 병합] : 주위적 청구기각·예비적 청구인용의 경우 원고는 주위적 청구가 기각된 데 대해, 피고는 예비적 청구가 인용된 데 대해 항소의 이익이 있다.

### 라) 소각하판결

소각하판결은 원고에게 불이익일 뿐만 아니라, 피고가 청구기각의 신청을 구한 때에는 본안판결을 받지 못한 점에 피고에게도 불이익이 있으므로, **원·피고 모두 항소할 수 있다**.

## 2. 상소불가분의 원칙 – 확정차단 및 이심의 범위

### (1) 의의

상소의 제기에 의한 **확정차단의 효력 및 이심의 효력**은 상소인의 불복신청의 범위에도 불구하고 원판결의 **전부**에 대하여 **불가분적으로 발생**한다. → 예 원고 청구의 일부승소·일부패소의 전부판결에 대해 피고가 패소부분에 대해서만 불복한 경우라도 피고가 불복하지 아니한 나머지 부분도 분리확정되지 않고 전부 항소심에 이심된다. 다만, 불복하지 아니한 부분은 항소심의 심판대상이 될 수 없을 뿐이다.

### (2) 적용 여부 – '전부판결'에 대한 일부항소

#### 1) 적용되지 않는 경우 – 통상공동소송

통상공동소송의 경우에는 **공동소송인 독립의 원칙**(제66조)이 적용되므로 **상소불가분의 원칙 적용 ✕** → **공동소송인 중 1인의 상소** 또는 공동소송인 중 1인에 대한 상소는 **다른 공동소송인에게 영향을 미치지 않고**, 불복신청의 대상이 된 당사자 사이의 청구에 대하여만 확정차단의 효력 및 이심의 효력이 생기고, **나머지 공동소송인에 대한 부분은 그대로 확정**된다(분리확정).

#### 2) 적용되는 경우 – 통상공동소송 외

① [객관적 병합] – **단순병합·선택적 병합·예비적 병합**의 경우 전부판결에 대한 일부항소시 **상소불가분의 원칙 적용 ○** → 불복신청의 대상이 아닌 청구에 대해서도 모두 확정차단의 효력 및 이심의 효력이 생긴다.

② [필수적 공동소송·예비적·선택적 공동소송·독립당사자참가] – 합일확정의 필요상 **상소불가분의 원칙 적용 ○** → 패소한 당사자 가운데 1인의 상소는 다른 당사자에 대하여도 확정차단 및 이심의 효력이 생긴다.

③ [불복신청하지 않은 부분의 확정시기] – **항소심 또는 상고심 판결선고시** 확정된다.

## 3. 불이익변경금지의 원칙 – 항소심의 심판대상·범위

※ [비교] (**항소심법원의 본안심리**) – ① 항소심절차에 관하여는 특별한 규정이 없으면 **제1심의 규정을 준용**한다(제408조). 제1심에서 한 변론, 증거조사 등의 소송행위는 항소심에서도 그 효력을 가진다(제409조, 제410조). ② 당사자는 항소심의 변론종결시까지 종전의 주장을 보충·정정하거나 제1심에서 제출하지 않은 **새로운 공격방어방법도 제출**할 수 있다(속심제).

### (1) 의의

제1심에서 심판된 사건은 항소의 제기에 의하여 사건은 원칙적으로 전부 이심되지만, **항소법원의 심판범위**는 당사자의 **불복신청의 범위**에 **한**하며(제415조), 그 한도를 넘어서 제1심 판결을 불이익 또는 이익으로 변경할 수 없는 원칙을 불이익변경금지의 원칙이라고 한다( → 심판대상·범위에 관한 처분권주의의 발현).

### (2) 불이익변경금지의 원칙 위반 여부의 판단 기준

① [유리·불리의 구별기준] – 불이익변경의 금지에서 유리·불리의 구별은 **기판력의 범위를 기준**으로 한다. 따라서 기판력이 미치는 판결의 **주문에 영향을 미치는 경우**에만 위 원칙이 **적용**되고 기판력이 생기지 않는 판결이유 등의 판단에는 불이익변경금지의 원칙이 적용되지 않는다. 다만, 상계항변은 예외적으로 기판력이 생기기 때문에 불이익변경의 문제가 있다.

② [소송물이론과의 관계] – 이익변경금지·불이익변경금지에 위배되는지 여부는 **각 소송물별로 판단**하여야 한다. → 예 재산상 손해배상청구와 위자료청구는 소송물이 동일하지 아니한 별개의 청구이므로 원심이 1심 판결에 대하여 항소하지 아니한 원고에 대하여 1심 판결보다 더 많은 위자료의 지급을 명하였음은 위법하다.

### (3) 적용 여부

1) 상계의 항변과 불이익변경금지의 원칙

가) 제1심에서 상계항변이 주장·인용된 경우

① [문제점] – 상계항변을 받아들여 청구를 기각한 제1심 판결에 대하여 원고나 피고가 각 항소한 경우 항소심 법원은 어떠한 판단을 할 것인지가 문제되는데, 이는 상계항변은 판결이유 중의 판단이지만 예외적으로 **제216조 제2항**에 의해 **기판력이 생**기기 때문에 불이익변경금지의 원칙과 관련하여 문제된다.

② [원고만 항소] – i) (**피고의 반대채권이 부존재한다고 판단되는 경우**) : 항소심 법원은 **제1심 판결**을 **취소**하고 **청구인용의 자판**을 해야 한다. / ii) (**소구채권이 부존재한다고 판단되는 경우**) : **항소심이** 제1심과는 다르게 원고가 청구한 채권의 발생이 인정되지 않는다는 이유로 **원고의 청구를 기각하는 것은** 항소인인 원고에게 불이익하게 제1심 판결을 변경하는 것이 되어 **허용되지 아니한다**(**불이익변경금지의 원칙 적용 O**). 이 경우 항소심 법원은 제1

심판결을 취소하여 청구기각판결을 할 수 없고, **제1심판결과 똑같은 이유로 항소기각판결을 하여야 한다**(※ 실무상으로는 1심 판결의 이유를 그대로 원용하는 식으로 처리한다).

③ [**피고만 항소**] - ⅰ) (**항소의 이익 유무**) : 피고의 상계항변을 인용한 제1심 판결에 대하여 피고만이 항소한 경우, 전부승소한 피고라도 소구채권의 부존재를 판단받기 위한 **항소의 이익**은 **인정**된다. 왜냐하면 **상계의 항변**의 경우에는 **기판력**이 **생기고**(제216조 제2항), 그것이 인정된 경우에는 형식적으로는 승소하였더라도 실질적으로는 패소한 것과 마찬가지이므로, **피고로서 원고의 소구채권의 부존재를 판결이유로 승소한 것보다도** 결과적으로 반대채권의 상실이라는 **불이익**이 되기 때문이다. / ⅱ) (**반대채권이 부존재한다고 판단되는 경우**) : 항소심의 심리결과 반대채권이 부존재한다고 판단한 경우, **제1심이 자동채권으로 인정하였던 부분을 항소심이 오히려 인정하지 아니하고** 그 부분에 관하여 피고의 **상계항변 마저 배척한다면**, 그것은 **항소인인 피고에게 불이익하게 제1심 판결을 변경한 것에 해당한다**(불이익변경금지의 원칙 적용 O). 따라서 **항소심법원은 제1심 판결을 취소하여 청구인용판결을 할 수 없고, 반대채권의 부존재를 이유로 항소기각판결도 할 수 없으며, 제1심 판결과 똑같은 이유로 항소기각판결을 해야 한다.** 즉, 상계에 의한 청구기각의 원판결을 유지해야 한다(※ 실무상으로는 1심 판결의 이유를 그대로 원용하는 식으로 처리한다).

나) **항소심에서 비로소 피고의 상계항변이 있는 경우**

항소심에서 피고측의 상계주장이 이유 있다고 인정되는 때에는 **불이익변경금지의 원칙은 적용되지 않는다**(제415조 단서). → 예 원고의 대여금청구에서 피고가 전부 변제의 항변을 하였는데, 제1심 법원이 변제항변을 일부 인정하여 일부승소·일부패소 판결을 하였고 이에 대해 원고만이 항소한 경우, 항소심이 변제항변이 전부 이유 없지만 항소심에서 피고가 제출한 상계항변이 오히려 전부 이유 있는 것으로 인정되었다면, 항소심으로서는 항소인에게 오히려 더 불리하게 제1심의 원고승소부분마저 취소하여 원고의 청구를 모두 기각할 수 있다.

2) **소각하한 제1심 판결과 불이익변경금지의 원칙**

① [**문제점**] - 소각하한 제1심 판결에 대하여 원고가 항소한 경우 항소심 법원이 소 자체는 적법하지만 청구기각될 사안이라고 판단한 경우, 항소심 법원은 환송하지 않고 자판하여 청구기각을 할 수 있는지가 문제이다. 소각하판결보다 청구기각판결이 더 불리한 판결이라고 볼 여지가 있기 때문이다.

② [**불이익변경금지의 원칙 적용**] - 소를 각하한 제1심 판결에 대하여 원고만이 불복상소하였으나 심리한 결과 원고의 청구가 이유가 없다고 인정되는 경우, 그 **제1심 판결을 취소하여 원고의 청구를 기각한다면** 오히려 **항소인인 원고에게 불이익한 결과로 되어 부당**하므로 항소심은 원고의 **항소를 기각하여야 한다.**

3) **처분권주의가 적용되지 않는 경우 및 직권조사사항과 불이익변경금지의 원칙**

① [**처분권주의가 적용되지 않는 경우**] - 처분권주의가 적용되지 않는 경우로서, **공유물분할청구의 소·토지경계확정의 소**와 같은 **형식적 형성의 소**의 경우나 **직권탐지주의**에 의하는 절차에는 **불이익변경금지의 원칙이 적용되지 않는다.**

② [**직권조사사항**] – 일부기각의 제1심 판결에 대하여 원고가 항소한 경우, 항소심 법원은 소송요건의 흠이 인정된다면 제1심 판결을 취소하고 소각하의 자판을 할 수 있다. 즉, 일부인용된 부분까지도 취소하고 소각하 판결을 하더라도 불이익변경금지의 원칙에 반하지 않는다.

4) 판결의 모순·저촉의 방지 또는 합일확정의 필요가 있는 경우

① **선택적 병합**(어느 하나의 청구를 택일하여 청구인용판결을 하고 나머지 청구를 판단하지 않은 경우에 피고의 항소), **예비적 병합**(주위적 청구를 인용하고 예비적 청구를 판단하지 않은 경우에 피고의 항소)의 경우는 청구간 밀접관련이 있어 판결의 모순·저촉의 방지를 위해 불이익변경금지의 원칙이 적용되지 않으며, ② **예비적·선택적 공동소송**이나 **필수적 공동소송**, **독립당사자참가**, **예비적 반소**의 경우는 합일확정의 필요상 불이익변경금지의 원칙이 적용되지 않는다. ③ 나아가 **부진정 예비적 병합**으로서 **실질적 선택적 병합관계의 경우**(주위적 청구를 기각하고 예비적 청구를 인용한 판단에 대해 피고의 항소)에도 **불이익변경금지의 원칙이 적용되지 않는다**.

## Set 59  항소심 법원의 판단

### 1. 항소의 취하

① [**의의**] – 항소의 취하라 함은 항소인 자신의 항소법원에 제기한 원판결에 대한 불복신청(항소의 신청)을 철회하는 것을 말하며, 항소심의 **종국판결**이 **선고**되기 **전까지**는 언제든지 취하할 수 있다(제393조 제1항).

② [**요건**] – ⅰ) (**당사자**) : 항소인과 소송대리인이 할 수 있다. 항소인은 당사자능력·소송능력이 있어야 하고, 소송대리인은 특별수권을 받아야 한다(제56조 제2항, 제90조 제2항). **통상공동소송**의 경우에는 공동소송인 **1인의 또는 1인에 대한 항소를 취하**할 수 있지만(제66조), **필수적 공동소송**의 경우에는 그 **전원이 또는 그 전원에 대하여 항소취하를 해야만** 그 **효력**이 있다(제67조). 다만, **유사필수적 공동소송에서는 1인의 항소취하도 효력**이 있다. / ⅱ) (**소송물**) : 착오·사기·강박 등과 같은 흠을 이유로 **민법규정을 유추적용**하여 항소취하의 **무효·취소를 주장할 수는 없다**. 그러나 형사상 처벌을 받을 다른 사람의 행위에 의해 항소가 취하되었을 때에는 **제451조 제1항 제5호의 재심사유에 관한 규정**을 유추하여 항소취하의 **철회**가 **허용**된다. / ⅲ) (**시기**) : 항소심의 **종국판결 선고 전까지** 할 수 있다. / ⅳ) (**방법**) : 서면으로 하고, 다만 변론이나 변론준비기일에서는 말로도 할 수 있으며, 이는 조서에 기재하여야 한다(제393조 제2항, 제266조 제3항). 항소의 제기는 **상소불가분의 원칙으로 인해** 청구 전부에 미치기 때문에 **항소의 일부취하는 허용되지 않는다**. / ⅴ) (**상대방 동의**) : 소의 취하와 달리 어느 때나 **상대방의 동의 없이 일방적으로 할 수 있다**.

③ **[효과]** - ⅰ) **(항소의 소급소멸·원판결 확정효)** : 항소취하가 된 경우 **항소는 소급적으로 그 효력을 잃게 되고, 항소심절차는 종료**된다(제393조 제2항, 제267조 제1항). 즉, 항소의 취하에 따라 항소심의 소송절차가 종료하고 **항소기간 경과 후에 항소취하**가 된 경우라면 '**항소기간 만료시**(항소취하시 ✗)'에 소급하여 **원심판결**이 그대로 **확정**된다. 다만, **항소취하 후이더라도 항소기간이 만료되지 않았다면** 상대방은 물론 항소인도 **다시 항소를 제기할 수 있다.** / ⅱ) **(항소심에서의 교환적 변경과 항소취하)** : 피고의 항소로 인한 **항소심에서 소의 교환적 변경**이 적법하게 이루어졌다면 **제1심 판결은** 소의 교환적 변경에 의한 **소취하로 실효**되고(∵ 교환적 변경의 구소취하의 성질), **항소심의 심판대상은 새로운 소송으로 바뀌어지고 항소심이 사실상 제1심으로 재판**하는 것이 되므로, 그 뒤에 피고가 **항소를 취하한다** 하더라도 항소취하는 **그 대상이 없어 아무런 효력을 발생할 수 없다.**

④ **[관련제도]** - ⅰ) **(항소취하의 간주)** : 2회에 걸쳐 항소심의 변론기일에 양쪽 당사자가 출석하지 아니한 때에 1월 내에 기일지정신청이 없거나 그 신청에 의하여 정한 기일에 또다시 출석하지 아니한 때에는 항소취하가 있는 것으로 본다(제268조 제4항). → 민사소송법 제268조 제4항에서 정한 **항소취하 간주는** 그 규정상 요건의 성취로 **법률에 의하여 당연히 발생하는 효과이고 법원의 재판이 아니므로** 상고의 대상이 되는 **종국판결에 해당하지 아니한다.** 따라서 항소취하 간주의 효력을 다투려면 **민사소송규칙 제67조**, 제68조에서 정한 절차에 따라 항소심 법원에 **기일지정신청을 할 수는 있으나 상고를 제기할 수는 없다.** / ⅱ) **(항소취하의 합의)** : 당사자 사이에 항소취하의 합의가 있는데도 항소취하서가 제출되지 않는 경우 상대방은 이를 **항변으로 주장할 수 있고**, 이 경우 항소심법원은 **항소의 이익**이 없다고 보아 그 **항소를 각하**함이 원칙이다.

## 2. 항소각하판결

항소요건에 흠이 있는 경우 부적법한 항소로서 흠을 보정할 수 없으면 변론 없이 판결로 항소를 각하할 수 있다(제413조).

## 3. 항소기각판결

제1심 판결이 정당하고 항소가 이유 없어 제1심 판결을 유지하는 경우 항소를 기각하여야 한다. 또한 제1심 판결의 이유가 정당하지 아니한 경우에도 다른 이유에 따라 그 판결이 정당하다고 인정되는 때에도 항소를 기각하여야 한다(제414조).

## 4. 항소인용판결

① **[원판결의 취소 + 자판의 원칙]** - ⅰ) 항소법원은 **제1심 판결을 정당하지 아니하다고 인정한 때**에는 **취소하고 스스로 판단**(자판)함이 원칙이다(제416조). → **예** 제1심에서 원고 청구가 전부인용된 때에는 '원판결을 취소한다. 원고의 청구를 기각한다', 제1심에서 원고 청구가 전부기각된 때에는 '원판결을 취소한다. 피고는 원고에게 금 1억 원을 지급하라(청구인용)'는 판결을 한다. / ⅱ) **제1심 판결의 절차가 법률에 어긋날 때**에 항소법원은 **제1심 판결을 취소하여야 한다**(제417조).

※ [비교] (제1심법원이 피고의 답변서 제출을 간과한 채 민사소송법 제257조 제1항에 따라 무변론판결을 선고한 경우) - ① 제1심법원이 판결선고 전에 피고의 답변서가 제출되었음에도 이를 간과한 채 민사소송법 제257조 제1항에 따라 무변론판결을 선고하였다면, 이러한 제1심판결의 절차는 법률에 어긋난 경우에 해당하고, ② 항소법원은 제1심판결의 절차가 법률에 어긋날 때에 제1심판결을 취소하여야 한다(제417조). ③ 따라서 **제1심법원이 피고의 답변서 제출을 간과한 채 민사소송법 제257조 제1항에 따라 무변론판결을 선고함으로써 제1심판결 절차가 법률에 어긋난 경우 항소법원은 민사소송법 제417조에 의하여 제1심판결을 취소하여야 한다.** 다만, 항소법원이 제1심판결을 취소하는 경우 반드시 사건을 제1심법원에 환송하여야 하는 것은 아니므로, 사건을 환송하지 않고 **직접 다시 판결할 수 있다.**

② [예외적 환송] - **소가 부적법하다고 각하한 제1심 판결을 취소**하는 경우에는 항소법원은 사건을 **제1심 법원에 환송하여야 한다.** 다만, 제1심에서 본안판결을 할 수 있을 정도로 심리가 된 경우, 또는 당사자의 동의가 있는 경우에는 항소법원은 스스로 본안판결을 할 수 있다(제418조).

③ [예외적 이송] - **관할위반을 이유로 제1심 판결을 취소한 때**에는 항소법원은 판결로 사건을 관할법원에 **이송하여야 한다**(제419조).

※ [비교] (상고심) - ① (**법률심**) : 원판결의 당부를 오로지 법령의 준수·적용의 측면에서만 심사하고 스스로 사건의 사실인정을 다시 하지 않는다(사실심 ✗). / ② (**상고이유**) : 상고는 '**판결에 영향을 미친**' 헌법·법률·명령 또는 규칙의 **위반**이 있다는 것을 이유로 드는 때에만 할 수 있다(제423조 - **일반적 상고이유**). 다만, 일반적 상고이유와 달리 법은 특히 중대한 절차위반을 열거하여 그러한 절차위반이 있으면 '**원판결에의 영향 유무에 관계없이**' 당연히 **상고이유**가 있는 것으로서 규정하고 있는데, 이를 **절대적 상고이유**라고 한다(제424조 - **예** 법률에 따라 판결에 관여할 수 없는 판사가 판결에 관여한 때, 전속관할에 관한 규정에 어긋난 때, 법정대리권·소송대리권 또는 대리인의 소송행위에 대한 특별한 권한의 수여에 흠이 있는 때 등). / ③ (**상고인용판결**) : ⅰ) [**파기환송**(이송)**의 원칙 및 기속력**] - 상고법원은 **상고에 정당한 이유가 있다고 인정할 때**에는 원심판결을 파기하고 사건을 원심법원에 환송하거나, 동등한 다른 법원에 이송하여야 한다. 사건을 환송받거나 이송받은 법원은 다시 변론을 거쳐 재판하여야 한다. 이 경우에는 **상고법원이 파기의 이유로 삼은 사실상 및 법률상 판단에 기속된다**(제436조). → "**상고법원의 파기이유로 한 사실상의 판단**"이라 함은 상고법원이 **절차상의 직권조사사항에 관하여 한 사실상의 판단**이나 **절차위배를 판단함에 있어 인정한 사실을 말하고, 본안에 관한 사실판단**을 말하는 것이 **아니다.** 또한 "**상고법원이 파기이유로 한 법률상의 판단**"에는 상고법원이 **명시적으로 설시한 법률상의 판단뿐 아니라** 명시적으로 설시하지 아니하였다 하더라도 **파기이유로 한 부분과 논리적·필연적 관계**가 있어서 상고법원이 파기이유의 전제로서 당연히 판단하였다고 볼 수 있는 법률상의 판단도 **포함**된다. 따라서 **채권자대위소송**에서 대위에 의하여 보전될 **채권자의 채무자에 대한 권리**(피보전채권)가 존재하는지는 **소송요건으로서 법원의 직권조사사항이고, 피대위권리의 존부판단에는** 피보전채권의 소송요건을 구비하였다는 판단을 **당연한 논리적 전제**로 하고 있

으므로, **환송판결의 기속력은 소송요건을 구비한 적법한 것이라는 판단에 대하여도 미치는 것인데, 환송 후 원심이 소송요건을 구비하지 못한 부적법한 소라고 본 것**은 환송판결의 **기속력에 반하여 위법**하다. 또한 **상고법원이 파기이유로 한 법률상의 판단은 항소심 뿐만 아니라 상고법원도 기속**하는 것이므로 당해사건에 관하여 상고법원도 그와 다른 견해를 취할 수 없다. 따라서 **종전의 대법원판례를 변경하는 내용의 파기환송판결이 전원합의체가 아닌 소부에서 행해졌다고 하더라도 파기이유로 한 법률상의 판단은 하급심 및 상고심을 모두 기속한다.** ii) (**예외적 파기자판**) : 확정된 사실에 대하여 **법령적용**이 어긋난다 하여 판결을 **파기하는 경우**에 사건이 그 사실을 바탕으로 재판하기 충분한 때에는 본안판결의 **파기자판**이 가능하다.

※ [비교] (**환송 후의 심리절차**) – 원고의 청구가 일부 인용된 환송 전 원심판결에 대하여 피고만이 상고하고 상고심은 이 상고를 받아들여 원심판결 중 피고 패소부분을 파기환송하였다면, ① **피고 패소부분만**이 상고되었으므로 위의 상고심에서의 심리대상은 이 부분에 국한되었으며, 환송되는 사건의 범위, 다시 말하자면 **환송 후 원심의 심판 범위도 환송 전 원심에서 피고가 패소한 부분에 한정되는 것이 원칙이고, 환송 전 원심판결 중 원고 패소부분은 확정되었다 할 것이므로 환송 후 원심으로서는 이에 대하여 심리할 수 없다.** ② 그러나 **환송 후 원심의 소송절차는 환송 전 항소심의 속행이므로 당사자는 원칙적으로 새로운 사실과 증거를 제출할 수 있음은 물론, 소의 변경, 부대항소의 제기뿐만 아니라 청구의 확장 등** 그 심급에서 허용되는 **모든 소송행위를 할 수 있고**, 이때 소를 교환적으로 변경하면, 제1심판결은 소취하로 실효되고 항소심의 심판대상은 교환된 청구에 대한 새로운 소송으로 바뀌어 항소심은 사실상 제1심으로 재판하는 것이 된다.

※ [비교] (**결정·명령에 대한 항고**) – ① (**통상항고**) : **불복신청의 기간을 따로 정함이 없이** 원재판의 취소를 구할 이익이 있는 한 **언제든지 제기할 수 있는 항고**로서 보통항고라고도 한다. / ② (**즉시항고**) : 신속하게 확정할 필요가 있어 **불변기간**으로서 원심재판이 고지된 날부터 **1주일 이내에 제기**해야 하며(제444조), 그 제기에 의하여 집행정지의 효력이 인정되는 항고를 말한다(제447조). 즉시항고는 '즉시항고 할 수 있다'는 명문규정이 있는 경우에만 예외적으로 허용된다. / ③ (**특별항고**) : **불복을 신청할 수 없는 결정이나 명령**에 대하여 **재판에 영향을 미친 헌법 또는 법률의 위반**이 있음을 이유로 **대법원에 제기하는 항고**를 특별항고라 한다(제449조). 여기서 결정이나 명령에 대하여 재판에 영향을 미친 헌법 위반이 있다고 함은 결정이나 명령의 절차에서 헌법 제27조 등이 정하고 있는 적법한 절차에 따라 공정한 재판을 받을 권리가 침해된 경우를 포함한다. / ④ (**재도의 고안**) : 항고할 수 있는 결정·명령에 대하여 불복이 있는 사람은 항고장을 원심법원에 제출하여 항고를 제기할 수 있다(제445조). 항고가 제기되면 원심법원은 반성의 의미에서 스스로 항고의 당부를 심사할 수 있으며, 만일 항고에 정당한 이유가 있다고 인정하는 때에는 그 재판을 경정하여야 한다(제446조). 이를 다시 한 번의 고려라는 재도(再度)의 고안이라 한다.

## Set 60 　부대항소

### 1. 의의 및 법적 성질

① [**의의**] – 부대항소란 피항소인이 항소인의 항소에 의하여 개시된 **항소심** 절차에 편승하여 항소심의 심판범위를 자기에게 유리하게 확장시키는 신청을 말한다(제403조).

② [**법적 성질**] – 부대항소는 특수한 구제방법일 뿐 **항소**가 **아니다**. 항소의 이익을 **요하지 않으므**로, **전부승소한 피항소인도** 상대방의 항소를 이용하여 **심판범위를** 자기에게 **유리하게 확장하는 것**이 **가능**하다. → 전부승소한 피항소인도 부대항소를 할 수 있다. 즉, 제1심에서 원고가 전부 승소하여 피고만이 항소한 경우에 원고는 항소심에서도 **청구취지를 확장·변경**할 수 있고, 그것이 피고에게 **불리하게 하는 한도 내**에서는 **부대항소**를 한 것으로 **의제**된다.

### 2. 요건

① [**주된 항소의 적법 제기·계속**] – 주된 항소가 적법하게 계속하고 있어야 한다. 따라서 항소가 취하되거나 부적법 각하된 때에는 그 효력을 잃는다(제404조).

② [**당사자**] – **피항소인**이 **항소인을 상대**로 **제기**한 것이어야 한다. 다만, 통상공동소송에서 항소인이 공동소송인의 1인에 대하여 항소한 경우에는 다른 공동소송인에 대하여는 공동소송인 독립의 원칙(제66조)에 의해 이미 분리·확정되었으므로, 피항소인이 아닌 다른 공동소송인은 부대항소를 할 수 없다.

③ [**항소심의 변론종결 전**] – 부대항소는 **항소심**의 **변론종결 전**에 하여야 하며(제403조), 항소기간 도과 또는 항소권의 포기에 의하여 자기의 항소권이 소멸된 후에도 항소심의 변론종결 전까지는 할 수 있다.

④ [**방식**] – 부대항소에는 **항소에 관한 규정**을 준용하고(제405조), **부대항소장**을 제출하여야 하지만 부대항소장을 제출하지 않고 대신에 **청구취지확장서나 반소장**을 **제출**한 경우에도 실질적으로 판단하여 **상대방에게 불리하게 되는 한도**에서는 **부대항소를** 한 것으로 **본다**. → 피항소인이 항소기간이 지난 뒤에 단순히 항소기각을 구하는 방어적 신청에 그치지 아니하고 제1심판결보다 자신에게 유리한 판결을 구하는 적극적·공격적 신청의 의미가 객관적으로 명백히 기재된 서면을 제출하고, 이에 대하여 상대방인 항소인에게 공격방어의 기회 등 절차적 권리가 보장된 경우에는 비록 그 서면에 '부대항소장'이나 '부대항소취지'라는 표현이 사용되지 않았더라도 이를 부대항소로 볼 수 있다.

### 3. 효력

① [**불이익변경금지원칙의 배제**] – 부대항소를 하면 **항소심 심판범위**가 항소인의 불복신청범위보다 **확장**되므로 **불이익변경금지의 원칙의 적용**이 **배제**되어, 결국 **항소인에게** 원심판결 이상의 **불이익한 판결이 날 수도 있다**. → 원고의 청구가 모두 인용된 제1심 판결에 대하여 피고가

지연손해금 부분에 대하여만 항소를 제기하고, 원금 부분에 대하여는 항소를 제기하지 아니하였다고 하더라도 제1심에서 전부 승소한 원고가 항소심 계속 중 부대항소로서 청구취지를 확장할 수 있는 것이므로, 항소심이 원고의 부대항소를 받아들여 제1심 판결의 인용금액을 초과하여 원고 청구를 인용하였더라도 거기에 불이익변경금지의 원칙이나 항소심의 심판범위에 관한 법리오해의 위법이 없다.

② [**부대항소의 종속성**] - 부대항소는 상대방의 항소에 편승하여 자기에게 유리한 청구를 확장하는 것이므로 **주된 항소의 취하 또는 각하에 의하여 그 효력을 잃는다**(제404조). **다만, 항소기간 내에 제기한 부대항소는 독립된 항소**로 보므로(제404조 단서) 항소의 취하나 각하에 의하여 영향을 받지 않는데, 이를 독립부대항소라고 한다.

# Set 61 재심

## 1. 의의 및 재심의 소송물

① [**의의**] - 재심이라 함은 확정된 종국판결에 중대한 흠이 있는 때에 당사자가 그 판결의 취소와 사건의 재심판을 구하는 비상의 불복신청방법이다.

② [**재심의 소송물**] - 재심의 소는 확정된 판결의 취소(재심을 허용해 달라) + 본안사건에 관하여 확정된 판결에 갈음한 판결을 구(다시 본안심리해서 확정된 판결과 달리 판단해 달라)하는 복합적 목적 → **원판결의 취소요구라는 소송물과 구소송의 소송물 두 가지로 구성**된다.

## 2. 적법요건

① [**일반**] - 재심당사자적격 + 재심대상적격 + 재심기간준수 + 재심이익 + 재심사유 + 상소에 대한 보충성의 요건을 갖추어야 한다.

② [**재심당사자**] - 재심대상판결의 당사자와 그 판결의 기판력을 받는 사람 ∴ 소송당사자는 물론 변론종결 후의 승계인, 선정자 등도 이를 제기할 수 있다.

③ [**재심의 대상적격**] - **확정 + 종국 + 유효** 판결 → ⅰ) **자백간주에 의한 편취판결의 경우 확정판결이 아니므로 재심의 대상**이 될 수 없다. / ⅱ) **제소 전에 사망한 사람을 상대로 한 판결**은 **당연무효**로서 이에 대한 재심의 소는 **부적법**하다.

※ [**비교**] (판결 확정 전에 제기한 재심의 소가 각하되지 아니하고 있는 동안 판결이 확정된 경우, 재심의 소가 적법한 것으로 되는지 여부) - 재심은 확정된 종국판결에 대하여 제기할 수 있는 것이므로, 확정되지 아니한 판결에 대한 재심의 소는 부적법하고, **판결 확정 전에 제기한 재심의 소가 부적법하다는 이유로 각하되지 아니하고 있는 동안에 판결이 확정되었다고 하더라도, 그 재심의 소는 적법한 것으로 되는 것이 아니다.**

※ [비교] (대법원의 파기·환송판결) – 대법원의 파기·환송판결은 당해 사건에 대하여 재판을 마치고 그 **심급을 이탈시키는 판결**인 점에서 **형식적으로는 종국판결**에 **해당**하지만, **실제로는 환송받은 하급심에서 다시 심리를 계속**하게 되므로 소송절차를 최종적으로 종료시키는 판결은 아니며, 소송물에 관하여 직접적으로 재판하지 아니하고 원심의 재판을 파기하여 다시 심리판단하여 보라는 종국적 판단을 유보한 재판의 성질상 중간판결의 특성을 갖는 판결로서 **'실질적으로 확정된 종국판결'이라 할 수 없으므로, 환송판결을 대상으로 재심의 소를 제기하는 것**은 **부적법**하다.

④ [**재심기간**] – 재심의 소는 원칙적으로 당사자가 판결이 확정된 뒤 재심사유를 안 날로부터 30일 이내에 제기하여야 하고, 이 기간은 불변기간이다(제456조 제1항, 제2항). 당사자가 재심사유의 존재를 알지 못하였더라도 판결이 확정된 뒤 5년이 지난 때에는 재심의 소를 제기하지 못한다(제456조 제3항). 다만, 판결이 확정된 뒤에 재심사유가 생긴 때에는 위 5년의 기간은 그 사유가 발생한 날부터 계산한다(제456조 제4항). 그러나 **대리권의 흠 또는 기판력의 저촉을 재심사유로 하는 때**에는 위 **기간의 제한을 받지 아니한다**(제457조).

⑤ [**재심사유**] – ⅰ) (**한정적 열거**) : **제451조 제1항 각호**에 한정적으로 열거된 재심사유가 있는 경우에 한하여 허용(※ 특히 3호, 5호, 6호, 9호, 11호가 중요) ∴ **재심사유에 해당하지 않는 사유**를 재심사유로 주장하여 제기된 경우 그 재심의 소는 **부적법**하므로 **각하**되어야 한다. / ⅱ) (**보충성**) : 당사자가 상소에 의하여 재심사유를 주장하였다가 기각된 경우이거나 재심사유를 알고도 주장하지 아니한 때에는 재심사유가 있더라도 재심의 소를 제기하지 못한다(제451조 제1항 단서). 따라서 재심의 소는 전 소송에서 재심사유를 상소로써 주장할 수 없었던 경우에 한하여 허용되는데, 이를 재심의 보충성이라고 한다.

※ [비교] (제451조 제1항 제1호 사유에 해당 여부) – 법원조직법 제7조 참고 → **재심대상판결에서 판시한 법률 등의 해석적용에 관한 의견이 그 전에 선고된 대법원 판결에서 판시한 의견을 변경하는 것임에도 대법관 전원의 3분의 2에 미달하는 대법관만으로 구성된 부에서 그 재심대상판결을 심판하였다면** 이는 **민사소송법 제451조 제1항 제1호의 '법률에 따라 판결법원을 구성하지 아니한 때'**의 **재심사유**에 **해당**된다.

3. 재심의 관할법원

① [**전속관할**] – 재심의 소는 소송목적의 값이나 심급에 관계없이 **취소**(재심)**대상인 판결을 한 법원의 전속관할**에 속한다(제453조 제1항).

② [**항소심법원의 관할**] – **항소심**에서 사건에 대하여 **본안판결을 하였을 때**에는 **제1심 판결에 대하여 재심의 소를 제기하지 못하고, 항소심판결만**이 그 **대상**이 된다(제451조 제3항). 따라서 이 경우에는 **항소심법원만**이 관할권을 갖게 된다. → [**주의**] : 취소대상의 판결이 상고심판결이면 상고심법원이 관할이 되지만, 상고심의 판결에 대하여 재심의 소를 제기하려면, 상고심의 소송절차 또는 판결에 민사소송법 제451조 소정의 사유가 있는 경우에 한하는 것인바, **상고심**에는

직권조사 사항이 아닌 이상 사실인정의 직책은 없고, 다만 사실심인 제2심 법원이 한 증거의 판단과 사실인정의 적법 여부를 판단할 뿐이고, 사실심에서 적법하게 확정한 사실은 상고심을 기속하는 바이므로, **재심사유 가운데 사실인정 자체에 관한 것**, 예컨대 민사소송법 **제451조 제1항 제6호의 서증의 위조·변조에 관한 것**이나 **제7호의 허위진술에 관한 것** 등에 대하여는 사실심의 판결에 대한 재심사유는 될지언정 상고심 판결에 대하여서는 재심사유로 삼을 수 없다. 따라서 이 경우에도 **항소심법원**이 **전속관할법원**이 된다.

## Set 62 병합소송의 기본적 논증구도

```
Ⅰ. 유형·성질/인정여부 → Ⅱ. 적법성 ─────→ Ⅲ. 본안심사 → Ⅳ. 판결 → Ⅴ. 항소
              ① 병합요건 ┬ 공통   ① 소송자료        ① 전부판결   ① 적법성
                        └ 개별   ② 소송절차 진행    ② 일부판결   ② 상불원
              ② 일반적 소송요건                                ③ 불변금
                                                            ④ 판단
```

### ※ 전부판결에 대한 일부항소의 경우

① [**상불원 적용 여부**] - **통공**만 적용 ✗ (∵ 제66조)
② [**불변금 적용 여부**] - ⅰ) **선택**적 병합에서 어느 하나의 청구 **인용**의 경우, ⅱ) **예**비적 병합에서 **주**위적 청구 **인용**의 경우, ⅲ) **예**비적·**선**택적 **공**동소송의 경우(∵ 제67조 준용), ⅳ) **필**수적 공동소송의 경우(∵ 제67조), ⅴ) **독**립당사자참가의 경우(∵ 제67조 준용), ⅵ) 예비적 **반**소의 경우(∵ 본소청구 인용의 조건성취), ⅶ) **부**진정 예비적 병합에서 주위적 청구를 **기**각하고 예비적 청구를 **인용**한 경우의 전부판결에 대한 일부항소의 경우에는 적용 ✗ → ∴ '**전부**'가 심판대상·범위 ○

## Set 63    단순병합 · 선택적 병합 · 예비적 병합

### 1. 유형 – 의의

(1) 단순병합

1) 의의

원고가 **아무런 관계가 없는 청구**를 병합하여 **모든 청구**에 대해 **심판을 구하는 형태**를 말한다.

2) 관련적 병합

① [**의의**] – 단순병합 중 어느 하나의 청구가 다른 청구의 **선결관계**에 있거나, 각 청구가 **기본적 법률관계를 공통**으로 하고 있는 경우를 '관련적 병합'이라고 한다. → 예 소유권 확인과 소유권에 기한 건물인도청구, 원금청구와 이자청구, 토지소유권에 기한 건물철거청구와 토지인도청구, 불법행위에 의한 손해배상청구에서 적극 손해, 소극 손해, 정신적 손해를 함께 청구하는 경우 등

② [**일부판결의 허용**] – 판례는 "확장된 지연손해금 청구 부분에 대하여 원심법원이 판결 주문이나 이유에서 아무런 판단을 하지 아니한 재판의 누락이 발생한 경우에, 이 부분 소송은 아직 원심에 계속 중이라고 보아야 할 것이어서 적법한 상소의 대상이 되지 아니하므로, 이 부분에 대한 상소는 부적법하다."는 입장으로서, 일부판결을 허용하고 있다.

※ [**비교**] (**특정물의 인도청구와 대상청구**) – ① [**의의**] – 원고가 어떤 물건의 인도를 구하면서 그 물건의 인도이행불능 또는 집행불능에 대비하여 그 물건의 가액에 상당하는 금액(특히 전보배상)을 청구하는 것을 대상청구라고 한다. / ② [**이행불능에 대비한 대상청구**] – '**변론종결 전**' 물건의 인도의무가 이행불능이 되는 경우를 대비한 전보배상청구의 경우라면 양 청구는 서로 양립할 수 없는 관계에 있기 때문에 그 병합형태는 **진정 예비적 병합**으로 본다. 이 경우는 모두 현재이행의 소에 해당한다. / ③ [**집행불능에 대비한 대상청구**] – '**변론종결 후**' 강제집행의 불능에 대비하여 대상청구를 병합하였다면 이는 부진정 예비적 병합으로서 **현재이행의 소와 장래이행의 소의 단순병합**에 해당한다. → Q. **장래이행의 소의 적법성** : 대상청구의 기초관계가 존재하고 이를 불허한다면 본래적 급부청구에 대한 판결이 난 경우라도 집행불능시에는 새로 대상청구를 할 수 밖에 없으므로 소송경제에 반하고 분쟁의 일회적 해결의 필요상 일반적으로 **청구적격**을 **인정**한다. 또한 의무자의 태도에 비춰 임의이행의 기대곤란이 있으므로 **미리 청구할 필요**도 **인정**된다.

(2) 선택적 병합

여러 개의 청구 가운데 **하나가 택일적으로 인용**되는 것을 **해제조건**으로 다른 청구에 대하여 심판을 신청하는 병합의 경우이다.

### (3) 예비적 병합

#### 1) 의의

각 청구가 **법률상 양립하지 않고**, **심판의 순위**를 붙여 **제1차**(주위적) **청구의 인용**을 해제조건으로 하여 **제2차**(예비적) **청구**에 대하여도 미리 심판을 신청하는 경우의 병합이다.

#### 2) 부진정 예비적 병합

① [**의의 및 인정 여부**] – 판례는 논리적으로 **양립할 수 있는 수개의 청구**라 하더라도 **심판의 순위를 붙여 청구할 합리적 필요성**이 있는 경우에는 주위적 청구가 인용·배척될 경우를 대비하여 예비적 청구에 대한 심판을 구할 수 있다고 하며, 이를 부진정 예비적 병합이라고 한다.

② [**성질 및 법원의 심판방법**] – 법원은 ⅰ) 부진정 예비적 병합이 **단순병합의 성질**을 갖는 경우 순서에 구속되어 재판하되 단순병합의 본질에 의해 병합된 모든 청구에 대해서 판결을 해야 한다. / ⅱ) 다만, 부진정 예비적 병합이 **선택적 병합의 성질**을 갖고 있는 경우에는 **순서에 구속**되어 재판하되, 선택적 병합의 본질에 의해 **제1차 청구가 인용되면 제2차 청구를 심판할 필요가 없으며, 제1차 청구가 기각되면 제2차 청구를 심판**하게 될 것이다.

## 2. 적법성

### (1) 청구병합의 일반적 요건

① **동종절차**(제253조)와 ② **공통관할**(각 청구에 있어서 수소법원이 관할권을 가질 것)이 요구된다.

### (2) 각 청구 사이의 관련성

① [**단순병합**] – 각 청구 사이에 관련성 필요 없다.

② [**선택적 병합**] – (**관련성 : 논리적 양립가능성**) → 논리적으로 양립할 수 없는 수개의 청구는 성질상 선택적 병합으로 동일 소송절차 내에서 동시에 심판될 수 없는 것이고, 이 경우에는 예비적 병합 청구를 하여야 한다.

③ [**예비적 병합**] – (**관련성 : 양립불가능성**) → ⅰ) 주위적 청구와 예비적 청구 간에 양립될 수 없는 관계이어야 한다. 따라서 전자가 후자를 흡수·포함하는 관계일 때에는 예비적 병합이라 할 수 없다. / ⅱ) **논리적으로 전혀 관계가 없어 순수하게 단순병합으로 구하여야 할 수개의 청구를 선택적 또는 예비적 청구로 병합하여 청구하는 것은 부적법하여 허용되지 않는다.** 이 경우 법원이 그 모든 청구의 본안에 대하여 심리를 한 다음 그중 하나의 청구만을 인용하고 나머지 청구를 기각하는 내용의 판결을 하였다면, 이는 법원이 위 청구의 병합관계를 본래의 성질에 맞게 단순병합으로서 판단한 것이다.

### (3) 소가의 산정과 병합요건 등의 조사

① [**소가산정**] – 단순병합의 경우(부진정 예비적 병합 제외)에는 합산의 원칙(제27조 제1항)에 따르며, 선택적·예비적 병합의 경우에는 중복청구의 흡수의 법리를 따른다.

② [**병합요건의 조사**] – 병합요건은 청구의 병합에 특수한 소송요건이므로 법원의 직권조사사항이다. 병합요건의 흠결시에는 변론을 분리하여 별도의 소로 분리심판하는 것이 원칙이다. 다만, 병합된 청구 중 어느 하나가 다른 법원의 전속관할에 속하는 때에는 결정으로 이송하여야 한다(제34조).

### 3. 본안심리

(1) 소송자료의 공통
① [**단순병합**] – 소송자료는 각 청구에 대한 개별자료가 된다.
② [**선택적 병합과 예비적 병합**] – 수개의 청구에 대한 사실자료와 증거자료는 모든 청구에 대한 판단의 자료가 된다(사실자료 및 증거자료의 공통).

(2) 소송진행의 공통
① [**단순병합**] – 변론의 분리 가능
② [**선택적 병합과 예비적 병합**] – 변론의 분리 불가

### 4. 판결

(1) 전부판결
① [**단순병합**] – 전부 인용, 전부 기각, 어느 하나의 청구인용과 나머지 청구기각의 전부판결
② [**선택적 병합**] – 법원은 이유 있는 하나의 청구를 선택하여 인용하면 나머지 청구에 대하여는 심판할 필요가 없지만, 원고를 패소시키려면 병합된 청구 전부를 기각하지 않으면 안 된다.
③ [**예비적 병합**] – 주위적 청구가 인용될 때에는 예비적 청구에 대하여 심판할 필요가 없지만, 그것이 기각되는 때에는 예비적 청구에 대하여 심판하여야 한다.

(2) 일부판결의 허용 여부 및 소송상 취급과 상소
① [**단순병합**] – ⅰ) (**일부판결의 허용 여부**) : **단순병합**의 경우에는 병합된 청구간에 **아무런 관련성이 없으므로** 일부판결 **허용** → ⅱ) (**소송상 취급**) : **재판의 누락**에 해당하여 누락된 부분은 그 **법원에 계속**하고 있다(제212조 제1항). 따라서 누락된 부분은 **추가판결**로서 완결하여야 하고, **상소의 대상이 될 수 없으므로 누락된 부분의 상소는** 불복의 대상이 부존재하여 **부적법**하다. → ⅲ) (**상소**) : **제1심 법원이 심리·판단하여 인용한 청구**에 대하여 **피고가 항소**한 경우 **불복신청한 부분만 항소심으로 이심되고 심판대상이** 될 뿐, **나머지 심리·판단하지 않은 청구는 여전히 제1심에 남아 있게 된다.**
② [**선택적 병합**] – 예 법원이 원고의 선택적 청구 중 하나만을 판단하여 기각하고 나머지 청구에 대하여는 아무런 판단을 하지 아니한 경우 → ⅰ) (**일부판결의 허용 여부**) : 병합된 청구 간에 **불가분적 결합관계**에 있으므로 일부판결은 **성질**에 반하며 **법률상 허용되지 않는다**. → ⅱ) (**소송상 취급**) : **위법한 전부판결**로 보아 판결하지 않은 부분은 **판단누락에 준**하여 취급해야 하

므로, 그 구제는 **상소 또는 재심**(제451조 제1항 제9호)에 의해야 한다. → ⅲ) **(상소)** : ① <u>**위법한 판결에 대하여 상소**한 경우 판단누락된 부분도 **모두 항소심**으로 **이심**되었다고 할 것이므로, 판단되지 않은 청구 부분이 재판의 누락으로서 제1심 법원에 그대로 계속되어 있다고 볼 것은 아니다.</u> ② 판단하지 않은 청구 부분은 기판력이 생기지 않으며, 위법한 판결로 인하여 불이익을 받게 된 당사자는 별소를 제기할 필요가 없이 **보다 더 간편한 상소절차를 이용할 수 있었음에도** 그를 이용하지 아니하고 그 분쟁을 **별소로 다시 제기하는 것은 권리보호이익의 흠**으로 **부적법**하다.

※ [비교] – 선택적 청구 중 하나에 대하여 '**일부**'만 인용하고 다른 선택적 청구에 대하여 아무런 판단을 하지 아니한 것은 위법하다.

③ [**예비적 병합**] – 예 <u>주위적 청구를 먼저 판단하지 않고 예비적 청구만을 인용하거나 주위적 청구만을 배척하고 예비적 청구에 대하여 판단하지 않은 경우</u> → 선택적 병합과 동일, 즉 ⅰ) **(일부판결의 허용 여부)** : 병합된 청구 간에 **불가분적 결합관계**에 있으므로 일부판결은 **성질에 반**하며 **법률상 허용되지 않는다**. → ⅱ) **(소송상 취급)** : **위법한 전부판결**로 보아 판결하지 않은 부분은 **판단누락에 준**하여 취급해야 하므로, 그 구제는 **상소 또는 재심**(제451조 제1항 제9호)에 의해야 한다. → ⅲ) **(상소)** : ① **위법한 판결에 대하여 상소**한 경우 판단누락된 부분도 **모두 항소심**으로 **이심**되었다고 할 것이므로, <u>판단되지 않은 청구 부분이 재판의 누락으로서 제1심 법원에 그대로 계속되어 있다고 볼 것은 아니다</u>. ② 판단하지 않은 청구 부분은 기판력이 생기지 않으며, 위법한 판결로 인하여 불이익을 받게 된 당사자는 별소를 제기할 필요가 없이 **보다 더 간편한 상소절차를 이용할 수 있었음에도** 그를 이용하지 아니하고 그 분쟁을 **별소로 다시 제기하는 것은 권리보호이익의 흠**으로 **부적법**하다.

※ [비교] (**예비적 청구에 대한 청구인낙**) – 예비적 청구만을 분리하여 심리하거나 일부 판결을 할 수 없으며, 피고로서도 **예비적 청구**에 관하여만 **인낙**을 **할 수 없다**. 설령 인낙을 한 취지가 조서에 기재되었다 하더라도 그 인낙의 효력이 발생하지 아니한다.

## 5. 상소

### (1) 확정차단 및 이심의 범위와 심판대상·범위

<u>전부판결에 대한 일부상소</u> → 상소불가분의 원칙과 불이익변경금지의 원칙(제415조) 적용 여부가 문제(※ 전부상소한 경우에는 전부 이심되며 전부가 심판의 대상이 된다)

### (2) 단순병합

전부판결의 일부에 대하여 상소하면 **모든 청구**에 대해서 **이심과 확정차단의 효력**이 생긴다(**상소불가분의 원칙 적용 ○**). **다만**, 이 경우라도 불이익변경금지의 원칙상 당사자의 **불복부분에 한하여 심판대상**이 된다(**불이익변경금지의 원칙 적용 ○**).

(3) 선택적 병합
  1) 이심의 범위와 심판대상[1]
    ① [청구 모두를 기각한 전부판결에 대한 원고의 상소] - 일부만 상소한 경우라면 전부가 항소심으로 이심되지만 불이익변경금지의 원칙이 적용되어 상소한 청구일부만 심판의 대상이 된다. 다만, 전부상소한 경우에는 전부가 항소심으로 이심되고 항소심의 심판대상이 된다.
    ※ [비교] (상고심의 파기의 범위) - 선택적으로 병합된 청구를 모두 기각한 항소심판결에 대하여 상고심법원이 선택적 청구 중 어느 하나의 청구에 관한 상고가 이유 있다고 인정할 때에는 이를 전부 파기하여야 한다. 그리고 이러한 법리는 성질상 선택적 관계에 있는 청구를 당사자가 심판의 순위를 붙여 청구한다는 취지에서 예비적으로 병합한 경우에도 마찬가지로 적용된다.
    ② [하나의 청구를 인용한 전부판결에 대한 피고의 상소] - 판단하지 않은 나머지 청구도 항소심으로 이심이 되며 항소심의 심판대상이 된다(상소불가분의 원칙 적용 ○, But 불이익변경금지의 원칙 적용 ✗). 다만 항소심의 판단과 관련하여 문제가 있다.
  2) 항소심 판결
    ① [문제점] - 항소심의 심리결과 제1심에서 인용된 청구가 오히려 이유 없고 다른 청구가 이유 있다고 판단한 경우 항소심은 어떠한 판결을 하여야 하는지 문제된다.
    ② [항소심의 판결] - ⅰ) 항소심은 제1심에서 인용된 청구를 먼저 심리하여 판단할 필요는 없고, 선택적으로 병합된 수개의 청구 중 제1심에서 심판되지 아니한 청구를 임의로 선택하여 심판할 수 있다고 할 것이나, ⅱ) 항소심에서 심리한 결과 제1심에서 심판하지 아니한 다른 청구가 이유 있다고 인정되고 그 결론이 제1심 판결의 주문과 동일한 경우에도 피고의 항소를 기각하여서는 안 되며, 제1심판결을 취소한 다음 새로이 청구를 인용하는 주문을 선고하여야 한다(항소인용 - 취소자판).

(4) 예비적 병합
  1) 주위적 청구 인용판결에 대하여 피고가 항소한 경우
    전부가 항소심으로 이심되고 심판의 대상이 된다(상소불가분의 원칙 적용 ○, But 불이익변경금지의 원칙 적용 ✗). 즉, 주위적 청구를 인용하는 판결은 전부판결로서 이러한 판결에 대하여 피고가 항소하면 제1심에서 심판을 받지 않은 다음 순위의 예비적 청구도 모두 이심되고, 항소심이 제1심에서 인용되었던 주위적 청구를 배척할 때에는 다음 순위의 예비적 청구에 관하여 심판을 하여야 한다.

---

[1] ※ [참고] - 선택적 병합은 판결주문이 1개만 나오게 되는 특성이 있다. 따라서 전부판결에 대한 원고·피고의 항소는 특별한 사정이 없는 한 전부항소로 취급되어 전부이심·전부심판의 대상이 된다.

2) 주위적 청구 기각·예비적 청구 인용판결에 대하여 피고만이 항소한 경우

항소제기에 의한 이심의 효력은 당연히 사건 전체에 미쳐 **주위적 청구에 관한 부분도 항소심에 이심되는 것이지만**(상소불가분의 원칙 적용 ○), 항소심의 **심판범위**는 이에 관계없이 피고의 **불복신청의 범위에 한**하는 것으로서 **예비적 청구를 인용한 제1심 판결의 당부에 그치고** 원고의 부대항소가 없는 한 주위적 청구는 심판대상이 될 수 없다(**불이익변경금지의 원칙 적용 ○**). → ※ [참고] : 이렇게 되면 예비적 병합의 경우임에도 주위적 청구·예비적 청구 모두 기각판결을 받게 되어 판결의 모순이 발생할 우려가 있다. 주위적 청구가 정당한 경우라면 이러한 점을 해결하기 위한 구체적 방법으로 상소심 법원이 석명권을 적절하게 행사하여 원고에게 부대항소를 촉구하는 방법에 의할 것이고, 원고도 그와 같은 위험을 피하기 위하여 항소하거나 또는 피고의 항소에 편승하여 부대항소를 제기하여야 할 것이다.

※ [비교] (**항소심에서 주위적 청구에 대한 청구인낙**) - 주위적 청구 기각·예비적 청구 인용판결에 대하여 피고만이 항소한 경우, 항소의 제기에 의한 이심의 효력은 피고의 불복신청의 범위와는 관계없이 사건 전부에 미쳐 주위적 청구에 관한 부분도 항소심에 이심되는 것이므로, **피고가** 항소심의 변론에서 원고의 **주위적 청구를 인낙**하여 그 인낙이 조서에 기재되면 그 조서는 **확정판결과 동일한 효력**이 있는 것이고, 따라서 그 인낙으로 인하여 주위적 청구의 인용을 해제조건으로 병합심판을 구한 예비적 청구에 관하여는 심판할 필요가 없어 사건이 그대로 종결되는 것이다.

(5) 부진정 예비적 병합

병합의 형태가 선택적 병합인지 예비적 병합인지는 **당사자의 의사가 아닌 병합청구의 성질**을 **기준**으로 판단하여야 하고, 항소심에서의 심판 범위도 그러한 병합청구의 성질을 기준으로 결정하여야 한다. 따라서 **실질적으로 선택적 병합 관계**에 있는 두 청구에 관하여 당사자가 **주위적·예비적으로 순위를 붙여 청구하였고**, 그에 대하여 **제1심 법원이 주위적 청구를 기각하고 예비적 청구만을 인용하는 판결을 선고하여 피고만이 항소를 제기한 경우**에도, 항소심으로서는 두 청구 모두를 심판의 대상으로 삼아 판단하여야 한다.

## Set 64 소의 변경

### 1. 의의·유형 및 성질

(1) 의의

제262조의 소의 변경은 소송물의 변경을 말한다. → ① 구청구 대신에 신청구로 바꾸는 교환적 변경과 ② 구청구에 신청구를 추가하는 추가적 변경이 있다.

(2) 소변경의 범위
  1) 청구취지의 변경
    ① [**청구의 확장**] – 청구의 양적 확장(예 가옥의 일부의 인도를 전부의 인도로 변경)이든 질적 확장(예 상환이행청구를 단순이행청구로 변경)이든 소의 변경에 해당한다.

    ※ [비교] – 매매 또는 취득시효 완성을 원인으로 하는 소유권이전등기청구소송에서 그 대상을 1필지 토지의 일부에서 전부로 확장하는 것은 청구의 양적 확장으로서 소의 추가적 변경에 해당한다.

    ② [**청구의 감축**] – 금전청구의 금액을 감액하는 양적 감축이나 단순이행청구를 상환이행청구로 바꾸는 질적 감축(※ 단순이행청구의 취지 속에 상환이행청구가 포함된 경우를 전제)과 같은 청구의 감축은 소의 변경에 해당하지 않는다. → Q. **소의 일부취하로 볼 것인지 청구의 일부포기로 볼 것인지 문제** : 원고의 의사가 **불분명**한 경우에는 원고에게 유리한 소의 일부취하로 본다.

  2) 청구원인의 변경 – 소송물이론
    ※ [비교] (**소유권이전등기청구 사안**) – 동일 부동산에 대하여 이전등기를 구하면서 그 등기청구권의 발생원인을 처음에는 매매로 하였다가 후에 취득시효의 완성을 선택적으로 추가하는 것은 단순한 공격방법의 차이가 아니라 별개의 청구를 추가시킨 것이므로 소의 추가적 변경에 해당한다.

(3) 성질
  ① [**교환적 변경**] – **신소 제기**와 **구소 취하**의 **결합**형태(결합설) → Q. (**피고의 동의 요부**) : 이 경우 변경 전후 청구의 기초사실의 동일성에 영향이 없으므로 구청구에 대하여 소취하에 준하는 피고의 동의는 필요하지 않다.

  ※ [비교] (**재소금지 관련**) – 소의 교환적 변경은 신청구의 추가적 병합과 구청구의 취하의 결합형태로 볼 것이므로 본안에 대한 종국판결이 있은 후 구청구를 신청구로 교환적 변경을 한 다음 다시 본래의 구청구로 교환적 변경을 한 경우에는 종국판결이 있은 후 소를 취하하였다가 동일한 소를 다시 제기한 경우에 해당하여 부적법하다.

  ② [**추가적 변경**] – **구소 유지**와 **신소 제기**의 **결합**형태에 해당하고, 이로써 청구의 후발적 병합이 생기게 된다. → 추가적 병합시 심판순서를 붙였는지 여부와 각 청구 사이의 양립불가능성·관련성의 유무에 따라 단순병합, 선택적 병합 또는 예비적 병합의 형태가 이루어진다.

  ③ [**변경형태가 불분명한 경우의 취급**] – 당사자가 구 청구를 취하한다는 명백한 의사표시 없이 새로운 청구로 변경하는 등으로 그 변경형태가 불명할 경우에는 사실심 법원으로서는 과연 청구변경의 취지가 무엇인가, 즉 교환적인가 또는 추가적인가의 점에 대하여 **석명**으로 이를 밝혀 볼 의무가 있다.

## 2. 적법성

(1) **청구기초의 동일성**(신·구 청구 사이의 관련성)
   ① [**의미**] – 각 청구가 **동일한 생활사실 또는 경제적 이익에 관한 분쟁**에 있어서 그 **해결방법**에 차이가 있음에 불과하다면 청구기초의 동일성 인정
   ② [**성질**] – **사익적 요건** ∴ 피고가 소의 변경에 동의하거나 이의 없이 응소한 때에는 이의권을 상실하여 동 요건을 갖추지 않더라도 소의 변경을 허용할 수 있다.

(2) **소송절차를 현저히 지연시키지 않을 것**
   ① [**의미**] – 종전 소송자료를 대부분 이용할 수 없고 새롭게 증명의 필요가 생기는 등 현저하게 절차의 지연을 발생시킨다면 소의 변경은 허용되지 않는다.
   ② [**성질**] – **공익적 요건** ∴ 피고가 이의하지 않는다고 하여 청구변경이 허용되는 것은 아니며, 직권조사를 요한다(직권조사사항).

(3) **사실심에 계속되고 변론종결 전일 것**
   ① [**시기상 제한**] – 상고심에서 소의 변경은 할 수 없다.
   ② [**항소심에서의 소변경**] – i) (**허용 여부**) : **제408조**에 의해 항소심의 소송절차에는 특별한 규정이 없으면 제1심의 소송절차에 관한 규정이 준용되므로, 항소심에서도 청구의 교환적·추가적 변경을 할 수 있다. / ii) (**전부승소한 원고의 항소심에서 소변경**) : 제1심에서 전부 승소한 원고도 항소심 계속 중 그 청구취지를 확장·변경할 수 있고, 그것이 **피고에게 불리하게 하는 한도 내**에서는 **부대항소**를 한 취지로도 볼 수 있다.
   ③ [**항소심에서 교환적 변경과 항소취하**] – i) (**항소심의 조치**) : 항소심에서 소의 교환적 변경이 적법하게 이루어진 경우, 결합설에 따르면 항소심에서는 구청구에 대한 제1심 판결을 취소할 필요 없이 **신청구에 대하여서만 사실상 제1심으로 판결**하게 된다. / ii) (**항소취하의 가부**) : 피고의 항소로 인한 항소심에서 소의 교환적 변경이 적법하게 이루어졌다면 구청구는 취하되므로 **제1심 판결은 소의 교환적 변경에 의한 소취하로 실효되고**, 항소심의 심판대상은 새로운 소송으로 바뀌어지고 항소심이 사실상 제1심으로 재판하는 것이 되므로, **그 뒤에 피고가 항소를 취하한다 하더라도 항소취하는 그 대상이 없어 아무런 효력을 발생할 수 없다.**

(4) 청구 병합의 일반적 요건을 갖출 것

## 3. 심판

① [**소변경의 불허 또는 허가 결정**] – i) 소변경의 요건에 흠이 있는 때에는 법원은 직권으로 또는 상대방의 신청에 따라 그 변경을 불허하는 결정을 하여야 한다(제263조). / ii) 반면 소의 변경을 적법하다고 인정하면 명시적으로 허가결정을 할 필요 없이 바로 신청구에 대하여 심판하면 된다.
② [**소송자료의 이용**] – 구청구의 소송자료는 당연히 변경 뒤 신청구의 자료가 된다.

③ [소변경을 간과한 경우의 조치] – ⅰ) (교환적 변경의 경우) : 법원이 청구의 교환적 변경을 간과하여 신청구는 심판함이 없이 구청구를 심판한 경우, 구청구에 대한 판결은 처분권주의에 위배된 것이므로 이에 대해 상소할 수 있고, 이 경우 상소심은 원심판결을 취소 또는 파기한 후에 소송종료선언을 하여야 하며, 신청구는 원심에 계속 중이므로 원심법원이 추가판결(제212조)을 하여야 한다. / ⅱ) (추가적 변경의 경우) : 법원이 청구의 추가적 변경을 간과하여 신청구는 남기고 구청구만 심판한 경우, ① 단순병합의 형태로 추가된 경우에는 원심이 누락된 신청구에 대해 추가판결로써 정리하여야 하고, ② 선택적·예비적 병합의 형태로 추가된 경우에는 신청구에 대한 추가판결이 허용되지 않으므로 상소하여 판단누락에 준하여 구제받을 수 있다.

## Set 65  중간확인의 소

### 1. 의의 및 취지

중간확인의 소는 소송계속 중 본소 청구의 판단에 대하여 **선결적 법률관계**의 존부에 관한 기판력 있는 판단을 받기 위하여 당사자 간에 다툼이 있을 때 그 소송절차에 병합하여 그 법률관계의 확인을 구하는 소를 말한다(제264조). → 소송경제와 재판의 모순·저촉을 방지하고, 나아가 쟁점효이론에 제동을 가하게 된다.

### 2. 요건

(1) 다툼이 있는 선결적 법률관계의 확인을 구할 것

① [**다툼이 있는 법률관계와 확인의 이익**] – 당사자 간에 다툼이 있는 법률관계여야 한다(계쟁성). 중간확인의 소도 확인의 소이므로 확인의 이익이 있어야 하지만 소송상 다툼이 있고 선결관계인 것으로 확인의 이익은 당연히 충족된다.

② [**선결적 법률관계**] – 본소 청구의 전부 또는 일부와 선결적 관계에 있어야 한다(선결성). 이러한 관계는 중간확인의 판결선고시까지 현실적으로 존재하여야 한다.

(2) 사실심 계속 중 변론종결 전일 것

(3) 청구의 일반적 병합요건을 구비할 것

### 3. 절차와 심판

① 중간확인의 소는 서면으로 해야 하며, 그 서면은 상대방에게 송달하여야 한다(제264조 제2항, 제3항).

② 선결적 법률관계가 없는 경우 등 병합요건을 구비하지 못한 경우라면 독립한 소로서 취급될 수 없는 한 소각하판결을 하여야 하고, 공격방어방법이 아닌 별개의 소이므로 주문에서 각하판결을 하여야 한다.

## Set 66  반소

### 1. 의의 및 취지

(1) 의의

반소라 함은 피고가 소송계속 중에 그 소송절차를 이용하여 원고에 대하여 제기하는 소를 말한다(제269조).

(2) 성질

① **[독립한 소]** – 반소는 독립적인 소이고 방어방법과 다르다. 따라서 본소에 대한 **방어방법 이상의 적극적 내용이 포함**되어야 하고 **본소청구 기각을 구하는 정도**라면 **반소의 이익**이 **없으**므로 반소청구로서 인정되지 않는다. → **예 어떤 채권에 기한 이행의 소에 대하여 동일 채권에 관한 채무부존재확인의 반소를 제기하는 것**은 그 청구의 내용이 **실질적으로 본소청구의 기각을 구하는 데 그치는 것**이므로 **부적법**하다.

※ **[비교] (채무부존재확인의 본소에 대한 채무이행의 반소)** – 원고가 피고에 대하여 **채무부존재확인을 구할 이익이 있어 본소로 그 확인을 구하였다면**, 피고가 그 후에 그 **채무의 이행을 구하는 반소를 제기하였다** 하더라도 그러한 사정만으로 **본소에 대한 확인의 이익이 소멸하여 본소가 부적법하게 된다고 볼 수는 없다**.

※ **[비교] (상계항변과 반소)** – 상계항변의 경우, ① 수동채권과 **대등한 액수의 범위**에서 제기한 **반소는 본소청구의 기각을 구하는 것에 불과하여 반소의 이익**이 **없다**. ② 반면 수동채권과 대등한 액수의 **초과채권의 이행을 구하는 반소는 반소의 이익**이 **있다**.

② **[피고가 원고를 상대로 한 소 : 반소의 당사자]** – Q. (**제3자 반소**) : ⅰ) **[원칙]** – 피고가 원고 이외의 제3자를 추가하여 반소피고로 하는 반소는 **원칙적으로 허용되지 않는다**. / ⅱ) **[예외]** – 피고가 제기하려는 반소가 필수적 공동소송이 될 때에는 민사소송법 **제68조의 필수적 공동소송인 추가의 요건을 갖추면 허용될 수 있다**.

## 2. 태양

### (1) 단순반소와 예비적 반소

① 단순반소란 본소청구의 인용 여부와 관계없이 반소청구에 대해 심판을 구하는 경우를 말하고, ② 예비적 반소란 본소의 인용에 대비하는 일종의 조건부 반소로서 본소청구가 취하·각하되는 경우에는 반소청구도 소멸하며, 본소청구가 기각되면 반소청구의 판단을 요하지 않는다.

### (2) 재반소

반소에 대한 재반소도 허용된다. 예컨대 원고가 본소의 이혼청구에 병합하여 재산분할청구를 제기한 후 피고가 반소로서 이혼청구를 한 경우, 원고가 반대의 의사를 표시하였다는 등의 특별한 사정이 없는 한, 원고의 재산분할청구 중에는 본소의 이혼청구가 받아들여지지 않고 피고의 반소청구에 의하여 이혼이 명하여지는 경우에도 재산을 분할해 달라는 취지의 청구가 포함된 것으로 봄이 상당하다고 할 것이므로 이때 원고의 재산분할청구는 피고의 반소청구에 대한 재반소로서의 실질을 가지게 된다.

## 3. 요건

### (1) **동종**절차·**공통**관할

### (2) 상호관련성 – 본소의 청구 또는 본소의 방어방법과 서로 관련이 있을 것

① [**의의 및 성질**] – 반소청구는 본소 청구 또는 본소의 방어방법과 서로 관련이 있어야 한다. 상호관련성이 없어도 원고가 이의 없이 응소한 경우에는 이의권의 상실로 반소는 적법하다(사익적 요건).

② [**본소 청구와 상호관련성**] – 본소청구와 반소청구의 **소송물 또는 그 권리의 대상이나 발생원인에 있어서 법률상 또는 사실상 공통성**이 있는 경우 → 예 반소청구가 본소청구와 동일한 법률관계의 형성을 목적으로 하는 경우, 청구원인이 동일한 경우, 소송물인 권리관계의 대상이나 발생원인에 있어서 주된 부분이 공통(대상의 공통, 발생원인의 공통)한 경우가 이에 해당한다.

③ [**본소의 방어방법과 상호관련성**] – ⅰ) 반소청구가 **본소청구에 대한 항변사유와 그 내용 또는 발생원인에 있어서 법률상 또는 사실상 공통성**이 있는 경우 + ⅱ) **본소의 방어방법이 현실적으로 제출되어야 하며 또한 적법**(법률상 허용)**하여야 한다.** → 예 유치권의 항변이 실기한 공격방어방법으로 각하된 경우(제149조)에 이에 바탕을 둔 반소나 상계금지채권(민법 제496조 등)과 같이 실체법상 상계가 허용되지 않는 경우에 이에 바탕을 둔 반소는 부적법하다.

※ [**비교**] (**점유권에 기한 본소와 본권에 기한 반소의 가부**) – 민법 제208조 제2항은 점유권에 기한 소는 본권에 관한 이유로 재판하지 못한다고 규정하고 있는데, **민법 제208조 제2항의 의미**는 점유권에 기한 본소에서 피고는 본권에 기한 방어방법의 제출을 할 수 없다는 것이지 **반소제기를 금하는 것은 아니다**. → ① [**본소와 반소 모두 인용 여부**] : 점유권에 기한 본소에 대하여 본권자가 본소청구 인용에 대비하여 본권에 기한 **예비적 반소**를 제기하고 **양 청구가**

**모두 이유 있는 경우, 법원은** 점유권에 기한 본소와 본권에 기한 예비적 반소를 **모두 인용**해야 하고 점유권에 기한 본소를 본권에 관한 이유로 배척할 수 없다. / ② [**집행순서**] : 점유회수의 본소에 대하여 본권자가 소유권에 기한 인도를 구하는 반소를 제기하여 본소청구와 예비적 반소청구가 모두 인용되어 확정되면, **점유자가 본소 확정판결에 의하여 집행문을 부여받아 강제집행으로 물건의 점유를 회복할 수 있고, 본권자는 위 본소 집행 후 집행문을 부여받아 비로소 반소 확정판결에 따른 강제집행으로 물건의 점유를 회복할 수 있다.** 다만, 점유자의 점유회수의 집행이 무의미한 점유상태의 변경을 반복하는 것에 불과할 뿐 아무런 실익이 없거나 본권자로 하여금 점유회수의 집행을 수인하도록 하는 것이 명백히 정의에 반하여 사회생활상 용인할 수 없다고 인정되는 경우 등 특별한 사정이 있다면 본권자는 점유자가 제기하여 승소한 본소 확정판결에 대한 청구이의의 소를 통해서 점유권에 기한 강제집행을 저지할 수 있다. / ③ [**법리의 확장**] : 위 법리는 점유를 침탈당한 자가 점유권에 기한 점유회수의 소를 제기하고, 본권자가 그 점유회수의 소가 인용될 것에 대비하여 **본권에 기초한 장래이행의 소로서 별소를 제기한 경우**에도 마찬가지로 **적용**된다.

(3) 본소절차를 현저히 지연시키지 않을 것

　　공익적 요건으로서 소송절차에 관한 이의권의 포기·상실의 대상이 되지 않는다.

(4) 본소가 **사**실심 계속 중 변론종결 전일 것

　　① [**본소의 소송계속**] – 본소의 소송계속은 반소제기의 요건이고 그 존속요건은 아니므로, 반소가 제기된 뒤에 본소가 각하 또는 취하되어도 반소가 예비적 반소가 아닌 이상 영향이 없다.

　　② [**항소심에서의 반소**] – 법률심인 상고심에서는 반소를 제기할 수 없지만, 항소심에서는 상대방의 심급의 이익을 해할 우려가 없는 경우 또는 상대방의 동의를 받은 경우에 제기할 수 있다 (제412조 제1항). → [**원고의 심급의 이익을 해할 우려가 없는 경우**] : ⅰ) 중간확인의 반소, ⅱ) **본소와 청구원인을 같이 하는 반소**, ⅲ) **제1심에서 충분히 심리한 쟁점과 관련된 반소**, ⅳ) 항소심에서 추가된 예비적 반소의 경우가 이에 해당될 것이고, 이때는 원고의 동의 없이 제기할 수 있다.

(5) **일**반적 소송요건을 갖추었을 것

## 4. 절차

　반소에는 본소에 관한 규정을 따른다(제270조). 따라서 반소장의 제출, 반소장의 기재사항, 반소제기의 효력발생시기, 송달, 기간준수의 효력 등에 관하여는 본소에 관한 규정이 준용된다.

## 5. 심판

(1) 반소요건과 일반적 소송요건의 조사

　반소가 제기되면, ① 우선 반소의 요건을 조사하여 그 요건에 흠이 있는 경우에는 판결로 부적법

각하하여야 하고, ② 반소요건을 갖추었어도 일반적 소송요건(예 소의 이익, 대리권 등)의 흠이 있는 경우에도 판결로 반소를 각하하여야 한다.

(2) 본안의 심판
① [**변론의 분리·일부판결**] – 반소는 본소와 병합하여 심판하고, 원칙적으로 변론의 분리나 일부판결은 허용되지 않으므로 1개의 전부판결을 하여야 한다.
② [**재판방법**] – 1개의 전부판결을 하는 경우에도 본소와 반소에 대하여 각각 판결주문을 따로 내야 한다.

※ [비교] (채권자취소소송의 반소) – ① [적법성] : 원고의 본소 청구에 대하여 피고가 **본소 청구를 다투면서 동시에 사해행위의 취소 및 원상회복을 구하는 반소를 적법하게 제기한 경우, 사해행위의 취소 여부는 반소의 청구원인임과 동시에 본소 청구에 대한 방어방법이자, 본소 청구 인용 여부의 선결문제가 될 수 있다**. / ② [본안심판] : 그 경우 법원이 **반소 청구가 이유 있다고 판단**하여, 사해행위의 취소 및 원상회복을 명하는 판결을 선고하는 경우, **비록 반소 청구에 대한 판결이 확정되지 않았다고 하더라도, 원고의 소유권 취득의 원인이 된 법률행위가 취소되었음을 전제로 원고의 본소 청구를 심리하여 판단할 수 있다**고 봄이 타당하다. 그때에는 반소 사해행위취소 판결의 확정을 기다리지 않고, 반소 사해행위취소 판결을 이유로 원고의 **본소 청구를 기각할 수 있다**. 그로 인해 원고의 소송상 지위가 불안정해진다고 볼 수도 없고, 소송경제를 도모하며, 본소 청구에 대한 판결과 반소 청구에 대한 판결의 모순 저촉을 피할 수 있다.

(3) 반소의 취하
① [**본소가 취하된 경우**] – 피고는 원고의 동의 없이 반소를 취하할 수 있다(제271조).
② [**본소가 각하된 경우**] – 본소가 원고의 의사와 관계없이 부적법하다고 하여 각하됨으로써 종료된 경우에는 본소가 취하된 경우와는 달리 원고의 동의가 있어야만 반소취하의 효력이 발생한다.

6. 예비적 반소와 항소

(1) 문제점
제1심에서 원고의 본소와 피고의 예비적 반소를 모두 각하한 경우 또는 본소청구를 기각하고 예비적 반소를 각하한 경우에, 예비적 반소를 각하한 것이 효력이 있는지 여부와 제1심판결에 대해 원고만이 항소한 경우 항소심은 예비적 반소를 심판의 대상으로 삼아야 하는지 여부가 문제된다.

(2) 예비적 반소에 대한 각하의 효력
예비적 반소는 본소청구가 인용될 것을 조건으로 그 심판을 구하는 것이다. 따라서 **본소청구가 취하, 각하, 기각된 경우 예비적 반소는 제1심의 심판대상이 될 수 없는 것이고**, 이와 같이 심판대상이 될 수 없는 소에 대하여 **제1심이 판단하였다고 하더라도 그 효력이 없다.**

(3) 원고의 항소로 인한 이심 및 심판의 대상·범위

① [**확정차단 및 이심의 범위**] – 원고의 본소청구에 대한 항소에 따라 예비적 반소도 **모두 확정이 차단되고** 항소심으로 **이심된다**(상소불가분의 원칙 적용 O).

② [**항소심의 심판의 대상·범위**] – 원고의 항소를 받아들여 **원고의 본소청구를 인용한 이상** 피고의 **예비적 반소청구**를 **심판대상**으로 삼아 이를 판단해야 한다(불이익변경금지의 원칙 적용 X).

## Set 67 다수당사자소송

### 1. 개관

| | | |
|---|---|---|
| 공동소송 | 유형 | 합일확정 필요 ┬ X : 통상공동소송 ⊃ 독립의 원칙(제66조) ⊃ 수정의 원리<br>└ O : 필수적 공동소송(제67조) ┬ 고유필수적 공동소송<br>　　　　　　　　　　　　　　　└ 유사필수적 공동소송 |
| | 특수공동소송 | ① 예비적·선택적 공동소송(제70조), ② 선정당사자(제53조), ③ 주관적·추가적 병합 |
| | 요건 | ┬ 주관적 요건(제65조 전문과 후문 : 관련성) ⊃ 항변사항<br>└ 객관적 요건(제253조 : ① 동종절차, ② 공통관할) ⊃ 직권조사사항 |
| 소송참가 | 유형 | 당사자적격 ┬ X : 보조참가 – 판결효(기판력) 영향 ┬ X : 보조참가(제71조)<br>　　　　　 │　　　　　　　　　　　　　　　　　└ O : 공동소송적 보조참가(제78조)<br>　　　　　 └ O : 당사자참가 ┬ 판결의 효력 O, 연합관계 – 공동소송참가(제83조)<br>　　　　　　　　　　　　　└ 판결의 효력 X, 대립관계 – 독립당사자참가(제79조) |
| | 공통요건 | ① 타인 간 소송계속 중, ② 참가신청(참가취지, 참가이유) |
| 당사자변경 | 당사자적격승계 X | 임의적 당사자변경<br>(1) 명문규정 O ┬ 혼동 : 교환 – 피고경정(제260조)<br>　　　　　　　　└ 누락 : 추가 ┬ ① 고유필수적 공동소송인 추가(제68조)<br>　　　　　　　　　　　　　　　└ ② 주관적·예비적·선택적 공동소송인 추가(제70조)<br>(2) 명문규정 X (예 원고경정, 통상공동소송인 추가) ⊃ 판례 : 불허 |
| | 당사자적격승계 O | (1) 당연승계(제233조 이하) ⊃ 실체법상 포괄승계 원인 발생(예 사망, 합병 등)<br>(2) 특정승계(소송물의 양도) ┬ 자발 : 참가승계(제81조)<br>　　　　　　　　　　　　　　└ 강제 : 인수승계(제82조) ┬ 교환적 인수<br>　　　　　　　　　　　　　　　　　　　　　　　　　　└ 추가적 인수 |

169

## 2. 공동소송 일반론

(1) 의의

공동소송은 하나의 소송절차에서 당사자의 일방 또는 쌍방 측에 여러 사람의 당사자가 있는 소송형태를 말한다. 소의 주관적 병합이라고도 한다.

(2) 공동소송의 유형·형성

① [**형성원인에 따른 유형**] – 처음부터 공동으로 소를 제기하거나 제기당하는 경우로서 원시적 공동소송과 소송계속 중에 제3자 스스로 당사자로 가입하거나, 종전의 원고 또는 피고가 제3자에 대한 소를 추가적으로 병합·제기하는 것에 의한 후발적 공동소송[예 ① 고유필수적 공동소송인의 추가나 예비적·선택적 공동소송인의 추가(제68조, 제70조), ② 공동소송참가(제83조), ③ 독립당사자참가(제79조), ④ 참가승계(제81조)나 인수승계(제82조)]이 있다.

② [**공동소송의 강제 여부에 따른 유형**] – ① 개별적으로 소송을 하여도 무방하나, 공동으로 소송을 하는 경우에는 제66조가 그 절차를 규율하는 통상공동소송, ② 공동소송형태가 법률상 강제되어 공동으로 소송을 할 수밖에 없으며(※ 모든 사람이 공동으로 원고 또는 피고가 되어야 비로소 당사자적격이 인정된다), 제67조가 그 절차를 규율하는 고유필수적 공동소송, ③ 공동소송이 실체법상 강제되지는 않으므로 개별적으로 소송을 하여도 무방하지만, 다만 공동으로 소송을 하는 경우에는 합일확정의 요청상 제67조가 그 절차를 규율하는 유사필수적 공동소송으로 나뉜다.

## 3. 공동소송의 일반적 요건

① [**객관적 요건**] – **동**종절차(제253조)와 **공**통관할(제65조 전문의 경우 제25조의 관련재판적 인정)

② [**주관적 요건 : 청구의 관련성**] – **제65조** → [**전문**] : 권리의무의 공통(예 합유자·공유자들의 소송, 여러 연대채무자에 대한 소송 등) 또는 발생원인의 공통(예 주채무자와 보증인을 공동피고로 하는 청구) / [**후문**] : 권리의무와 발생원인의 동종(예 여러 임차인의 건물주에 대한 보증금반환청구 등)

■ 제65조 전문과 후문의 법리상 차이

| 구분 | **관**련재판적 | **선**정당사자 | 공동소송인 독립의 원칙 수정 |
|---|---|---|---|
| 제65조 전문의 유형 | 인정 | 선정당사자 가능 | 수정 요청 ○ |
| 제65조 후문의 유형 | 부정 | 선정당사자 불가능 | 수정 요청 ✗ |

# Set 68 통상공동소송

## 1. 의의 및 근거
개별적으로 소송을 하여도 무방한 경우로서, 판결의 합일확정(승패의 일률)을 필요로 하지 않는 공동소송의 형태를 말한다. 처분권주의의 발현이다.

## 2. 공동소송의 유형·형태
① [**판단기준**] - 실체법상 관리처분권의 **공동귀속 유무**를 **기준**(관리처분권설)
② [**구체적인 예**] - ⅰ) 채권자가 **주채무자와 보증인**을 상대로 하는 대여금청구, ⅱ) 피해자가 사용자와 피용자를 상대로 한 손해배상청구가 이에 해당하고, ⅲ) **순차 경료된 소유권이전등기의 각 말소청구소송**은 통상공동소송이므로 그 중의 어느 한 등기명의자만을 상대로 말소를 구할 수 있고, 최종 등기명의자에 대하여 등기말소를 구할 수 있는지에 관계없이 중간의 등기명의자에 대하여 등기말소를 구할 소의 이익이 있다. ⅳ) 또한 집합건물 대지의 소유자는 대지사용권을 갖지 아니한 구분소유자에 대하여 전유부분의 철거를 구할 수 있다. 구분소유자 전체를 상대로 각 전유부분과 공용부분의 철거 판결을 받거나 동의를 얻는 등으로 집합건물 전체를 철거하는 것은 가능하고 이와 같은 **철거 청구가 구분소유자 전원을 공동피고로 해야 하는 필수적 공동소송이라고 할 수 없으므로**, 일부 전유부분만을 철거하는 것이 사실상 불가능하다는 사정은 집행개시의 장애요건에 불과할 뿐 철거 청구를 기각할 사유에 해당하지 않는다.

## 3. 요건
공동소송의 일반적 요건 - 주관적 요건(제65조) + 객관적 요건

## 4. 절차·심판

(1) 공동소송인 독립의 원칙

① [**의의 및 근거**] - **제66조** → 공동소송인 가운데 한 사람의 소송행위 또는 이에 대한 상대방의 소송행위와 공동소송인 가운데 한 사람에 관한 사항은 **다른 공동소송인에게 영향을 미치지 아니한다**(∵ 처분권주의나 변론주의 下).
② [**내용**] - ⅰ) 소송**요**건의 독립(소송요건의 존부는 각 공동소송인별로 심사하고, 소송요건 흠결이 있는 공동소송인에 한하여 일부 각하 또는 일부 이송해야 한다), ⅱ) 소송**자**료의 독립(공동소송인 중 1인의 소송행위는 유리·불리를 막론하고 원칙적으로 다른 공동소송인에 영향을 미치지 않으며, 각 공동소송인은 공격방어방법을 개별적으로 제출할 수도 있다. 따라서 기일 해태의 효과인 진술간주·자백간주는 그 자에게만 효과가 있다), ⅲ) 소송**진**행의 독립(공동소송인의 1인에 대한 사항은 다른 공동소송인에게 영향이 없다. 따라서 변론의 분리·일부판결을 할 수 있고, 1인에 대한 중단사유는 그 1인에게만 효과가 있다. 또한 상소기간의 진행도 독립적이다), ⅳ) **판**결의 독립(불통일 우려)

### (2) 공동소송인 독립의 원칙의 수정

① [**문제점**] – 제65조 전문의 경우 재판의 통일을 위해 공동소송인 독립의 원칙을 수정하려는 논의가 있다.

② [**주장공통의 원칙**] – **제66조의 명문**의 규정과 **변론주의 소송구조** 등에 비추어 볼 때, 통상의 공동소송에 있어서 이른바 **주장공통의 원칙은 적용되지 아니한다.**

③ [**증거공통의 원칙**] – 공동소송에 있어서 **증명 기타 행위**는 행위자를 구속할 뿐 **다른 당사자에게는 영향을 주지 않는 것**이 원칙이고, 필수적 공동소송이 아닌 경우 공동피고가 한 **자백은 다른 피고의 소송관계에** 직접적으로 **무슨 효력을 발생할 수 없다**(다만 변론전체의 취지로서의 증거자료는 된다).

## 5. 상소

① [**상소기간의 개별진행**] – 공동소송인에 대한 상소기간의 진행도 독립적으로 진행된다.

② [**확정차단 및 이심의 범위**] – 제66조의 공동소송인 독립의 원칙상 상소불가분의 원칙은 적용되지 않는다. 따라서 공동소송인 중 1인의 상소 또는 공동소송인 중 1인에 대한 상소는 **불복신청의 당사자 사이의 청구에 대하여만** 확정차단의 효력 및 이심의 효력이 생긴다. 결국 나머지 공동소송인에 대한 부분은 그대로 분리확정된다.

③ [**심판의 대상·범위**] – **불이익변경금지의 원칙**이 **적용**되므로, 항소심의 심판대상·범위는 **불복신청한 부분**에 **한**한다.

## Set 69 고유필수적 공동소송

### 1. 의의

고유필수적 공동소송은 **합일확정의 필요**가 있고 소송의 공동이 **법률상 강제**(실체법상 강제)되는 공동소송으로서, 관계인 모두가 당사자가 되지 않으면 소송이 부적법하게 되는 공동소송이다.

### 2. 공동소송의 유형·형태

(1) 판단기준

**실체법상 관리처분권의 공동귀속 유무를 기준**으로 판단한다.

(2) 구체적인 예

1) 합유관계소송

① [**능동소송**] – ⅰ) 민법상 합유물의 관리처분권은 합유자 전원에 귀속되므로(민법 제272조),

**합유재산에 관한 소송**은 **고유필수적 공동소송**에 해당한다. / ⅱ) 다만, 합유물에 관한 것이라도 원인무효의 소유권이전등기의 말소를 구하는 소송과 같은 **보존행위에 관한 소송**은 필수적 공동소송이 아니고 합유자 **각자**가 할 수 있다(민법 제272조 단서).

※ [비교] (동업자가 공동으로 토지를 매수한 경우 소유권이전등기청구소송) - 동업약정에 따라 동업자가 공동으로 토지를 매수하였다면 그 토지는 동업자들을 조합원으로 하는 동업체에서 토지를 매수한 것이므로 그 동업자들은 토지에 대한 소유권이전등기청구권을 준합유하는 관계에 있고, **합유재산에 관한 소**는 이른바 **고유필요적 공동소송**이라 할 것이므로 그 매매계약에 기하여 소유권이전등기의 이행을 구하는 소를 제기하려면 **동업자들이 공동으로 하지 않으면 안 된다**(※ [주의] - 단순히 공동으로 토지를 매수하였을 뿐이라면 매도인은 각자에게 지분에 대한 이전등기의무를 지게 되고 매수인들이 공동으로 제기하는 소유권이전등기청구의 소는 통상공동소송이 된다).

※ [비교] (**조합원의 조합재산 횡령행위로 조합이 손해를 입은 경우 전 조합원의 손해배상청구**) - 조합원이 조합재산을 횡령하는 행위로 인하여 손해를 입은 주체는 조합재산을 상실한 조합이므로, 이로 인하여 조합원이 조합재산에 대한 합유지분을 상실하였다고 하더라도 이는 조합원의 지위에서 입은 손해에 지나지 않는다. 따라서 **조합원으로서는 조합관계를 벗어난 개인의 지위에서 손해배상을 구할 수는 없고**, 그 손해배상채권은 조합원 전원의 준합유에 속하므로 원칙적으로 **전 조합원이 고유필수적 공동소송에 의하여만 구할 수 있다**.

② [**수동소송**] - ⅰ) **조합재산의 공동책임**을 묻는 경우라면 **고유필수적 공동소송**에 해당하지만, ⅱ) **조합원의 개인적 책임**을 묻는 경우에는 조합원 각자를 상대로 조합채무의 이행을 구할 수 있고, 조합원 전원을 피고로 삼았더라도 이는 **통상공동소송**에 해당한다(민법 제712조).

2) 총유관계소송

총유물의 관리처분권은 구성원 전원에 귀속되므로(민법 제276조), 그 구성원 모두가 당사자로 나서는 경우에는 **고유필수적 공동소송**이 된다. → ∴ ① 총유재산에 관한 소송은 법인 아닌 사**단**이 그 명의로 사원총회의 결의를 거쳐 하거나 또는 ② 그 구성원 **전**원이 당사자가 되어 필수적 공동소송의 형태로 할 수 있을 뿐, ③ 그 사단의 구성원 **개**인은 설령 그가 사단의 대표자라거나 사원총회의 결의를 거쳤다 하더라도 그 소송의 당사자가 될 수 없고, 이러한 법리는 총유재산의 **보존**행위로서 소를 제기하는 경우에도 마찬가지이다.

3) 공유관계소송

① [**능동소송**] - ⅰ) **지분권에 기초한 경우**(민법 제263조)이거나 **보존행위**(민법 제265조 단서)에 해당하는 경우에는 각자 단독으로 가능하므로 공유자 전원이 당사자가 되더라도 **통상공동소송**에 해당한다. 즉, 공유물의 불법점거로 인한 손해배상청구의 소, 공유물에 대한 방해배제청구(예 공유물에 관한 원인무효의 등기에 대한 말소등기청구), 공유물의 반환청구는 통상공동소송이다. / ⅱ) 다만, **공유관계에 기초한 청구**는 **필수적 공동소송**에 해당한다. 즉, 공유물 전

부에 대한 소유권이전등기청구, 공유물 전체에 대한 소유권확인청구(예 공유물 전체에 대한 소유관계 확인도 이를 다투는 제3자를 상대로 공유자 전원이 하여야 하는 것이지 공유자 일부만이 그 관계를 대외적으로 주장할 수 있는 것이 아니므로, 아무런 특별한 사정이 없이 다른 공유자의 지분의 확인을 구하는 것은 확인의 이익이 없다. 또한 공동상속인이 다른 공동상속인을 상대로 어떤 재산이 상속재산임의 확인을 구하는 소는 고유필수적 공동소송이다) 등의 경우에는 필수적 공동소송이라고 한다.

② [**수동소송**] – ⅰ) **공유자를 상대로 한 인도·철거·등기말소청구**의 경우 **통상공동소송**에 해당하고, ⅱ) **공유자들을 상대로 한 소유권이전등기청구**의 소송형태도 **통상공동소송**에 해당한다. 즉 토지를 수인이 공유하는 경우에 공유자들의 소유권이 지분의 형식으로 공존하는 것뿐이고, 그 처분권이 공동에 속하는 것은 아니므로 공유토지의 일부에 대하여 취득시효완성을 원인으로 공유자들을 상대로 그 시효취득부분에 대한 소유권이전등기절차의 이행을 청구하는 소송은 필수적 공동소송이라고 할 수 없다. ⅲ) 나아가 공동점유물의 인도를 청구하는 경우에도 상반된 판결이 나는 때에는 사실상 인도청구의 목적을 달성할 수 없을 때가 있을 수 있으나 그와 같은 사실상 필요가 있다는 것만으로 그것을 필수적 공동소송이라고 할 수는 없다.

③ [**공유물분할청구의 소·토지경계확정의 소**] – 공유자 쪽이 또는 공유자 쪽을 상대로 제기하는 공유물분할청구의 소나 토지경계확정소송은 **고유필수적 공동소송**이다.

④ [**복수채권자의 매매예약완결권 및 가등기에 기한 본등기청구**] – 복수의 가등기채권자가 매매예약완결권행사로서 하는 본등기청구가 고유필수적 공동소송인지 통상공동소송인지에 대해서 문제가 있는데, ⅰ) 종래 판례는 지분권에 기초한 경우로서 단독으로 가등기에 기한 본등기를 청구할 수 있다고 하거나, 매매예약완결권을 준공유하는 관계로서 1인이 매매예약완결권을 행사하는 것은 처분행위라 할 것이므로 복수채권자 전원이 제기하여야 한다고 하여 혼동된 입장이었으나, ⅱ) 최근 전원합의체 판결에서는 "**수인의 채권자가 공동으로 매매예약완결권을 가지는 관계인지 아니면 채권자 각자의 지분별로 별개의 독립적인 매매예약완결권을 가지는 관계인지는 매매예약의 내용에 따라야 한다**"는 입장으로 정리되었다. 즉, 매매예약의 내용이나 매매예약완결권 행사와 관련한 당사자의 의사와 관계없이 언제나 수인의 채권자가 공동으로 매매예약완결권을 가진다고 보고, 매매예약완결의 의사표시도 수인의 채권자 전원이 공동으로 행사하여야 한다는 취지의 판결 등은 이 판결의 견해와 저촉되는 한도에서 변경하기로 하여, 종래의 혼동된 입장을 정리하였다. 나아가 매매예약에서 **그러한 내용을 명시적으로 정하지 않은 경우**에는 수인의 채권자가 공동으로 매매예약을 체결하게 된 동기 및 경위, 그 매매예약에 의하여 달성하려는 담보의 목적, 담보 관련 권리를 공동 행사하려는 의사의 유무, **채권자별 구체적인 지분권의 표시 여부 및 그 지분권 비율과 피담보채권 비율의 일치 여부**, 가등기담보권 설정의 관행 등을 **종합적**으로 **고려하여 판단**하여야 한다고 하였고, 이 경우 채권자 중 1인은 단독으로 이 사건 담보목적물 중 이 사건 지분에 관하여 매매예약완결권을 행사할 수 있고, 이에 따라 단독으로 이 사건 지분에 관하여 가등기에 기한 본등기절차의 이행을 구할 수 있다고 하였다.

## 3. 요건
공동소송의 일반적 요건 = 주관적 요건(제65조) + 객관적 요건

## 4. 심판 - 특별규정 : **제67조**
### (1) 소송**요건**의 통일
1) 소송요건의 존부 및 조사

소송요건은 각 공동소송인별로 개별적으로 조사하되 공동소송인 중 1인에 소송요건의 흠결이 있으면, ① **고유필수적 공동소송**의 경우에는 **전부각하**, ② **유사필수적 공동소송**의 경우에는 그 공동소송인만을 **일부각하**하면 된다.

※ [비교] (**공유물분할청구소송**) - **공유물분할청구의 소**는 분할을 청구하는 공유자가 원고가 되어 다른 공유자 전부를 공동피고로 하여야 하는 **필수적 공동소송**으로서 공유자 전원에 대하여 판결이 합일적으로 확정되어야 하므로, **공동소송인 중 1인에 소송요건의 흠이 있으면 전 소송이 부적법하게 된다.**

2) 당사자적격의 문제

가) 부적법 소각하

① **고유필수적 공동소송**에서 공동소송인이 될 사람을 **한 사람**이라도 **누락**하였을 때에는 당사자적격의 흠결로 **전 소송**은 **부적법**하게 된다. ② 반면 **유사필수적 공동소송**에서는 **일부가 누락**되었어도 전 소송이 **부적법**하여 **각하될 것**은 아니다.

나) 흠의 보정방법
① [**당사자의 보정방법**] - 필수적 공동소송인의 추가(제68조)
② [**누락자 스스로의 보정방법**] - 공동소송참가(제83조)

### (2) 소송**자료**의 통일
1) **능동적 소송행위**(제67조 제1항)

① [**유리한 소송행위**] - 유리한 소송행위는 공동소송인 가운데 한 사람이 행하면 **모두를 위하여 효력**이 **생긴다**. 따라서 i) 공동소송인 가운데 한 사람이 상대방의 주장사실을 다투면 모두가 다툰 것이 되고(예 부인, 항변, 상소제기 등), ii) 공동소송인 가운데 **한 사람이 기일에 출석**하여 변론하였으면 **다른 공동소송인이 결석하여도 기일해태의 효과가 발생하지 않는다.**

② [**불리한 소송행위**] - 불리한 소송행위는 공동소송인 **모두가 함께 하여야 하고**, 공동소송인 가운데 **한 사람이 한 것**은 그 **효력**이 **없다**. 따라서 i) **재판상 자백, 청구의 포기·인낙, 소송상 화해**는 불리한 소송행위이므로 공동소송인 모두가 함께 하여야 하고, 공동소송인 가운데 **한 사람의 소의 취하 또는 한 사람에 대한 소의 취하도 불가능**하다. ii) 다만, **유사필수적 공동소송의 경우**에는 개별적으로 제소할 수 있으므로 **한 사람의 소의 취하도 가능**하다.

2) 수동적 소송행위(제67조 제2항)

한 사람에 대하여 행한 상대방의 소송행위는 그 행위가 **공동소송인에게 유리한 행위인가 아니면 불리한 행위인가와 관계없이** 공동소송인 **모두에** 대하여 **효력**이 발생한다.

(3) 소송<u>진</u>행의 통일과 재<u>판</u>의 통일

① 변론의 분리나 일부판결을 할 수 없으므로 법원이 잘못하여 **일부판결**을 한 때에는 **위법한 전부판결**로 취급한다. ② **한 사람에 대하여 중단의 사유**가 발생하면 공동소송인 **모두의 절차가 정지**한다(제67조 제3항). ③ 또한 상소기간은 각 공동소송인에게 판결정본이 송달된 때로부터 개별적으로 진행하지만(개별진행설), 공동소송인 **모두에 대하여 상소기간이 만료되기까지는 판결은 확정되지 않는다.**

5. <u>상</u>소 – 공동소송인 중 1인의 상소

① [확정차단 및 이심의 범위] – **상소불가분의 원칙**이 **적용**되므로, 공동소송인 중 한 사람이 상소를 제기하면 **전원**에 대하여 판결의 **확정이 차단되고** 상급심에 전소송이 **이심**된다.

② [상소하지 않은 당사자의 지위] – 상소하지 않은 다른 공동소송인은 '**단순한 상소심 당사자**'로 보아 단순히 원고 또는 피고로 표시되고 상소인으로 표시되지 않으며 상소인지를 붙이지 않아도 되고 상소비용도 부담하지 않는다.

③ [심판의 대상·범위] – 합일확정의 필요상 **제67조**에 기해 **불이익변경금지의 원칙은 적용되지 않는다.** 따라서 공동소송인 전부가 항소심의 심판대상이 되므로 상소심으로서는 공동소송인 **전원**에 대하여 **심리·판단**하여야 한다.

■ 통상공동소송과 필수적 공동소송의 비교(개관)

| 구분 | 통상공동소송 | 필수적 공동소송 |
|---|---|---|
| 의의 등 | ▶ 합일확정 불요<br>▶ 공동소송인 독립의 원칙<br>▶ 불통일 여지 有 | ▶ 합일확정 필요<br>▶ 법률상 강제 ┌ O – 고필공<br>　　　　　└ X – 유필공(판결의 효력이 미치는 자)<br>▶ 통일 |
| 소송 요건 | 각 공동소송인 개별조사<br>일부 흠결 ⇨ 일부 각하 | 각 공동소송인 개별조사(∵ 소송관계의 복수)<br>일부 흠결 ┌ 고필공 – 전부 각하<br>　　　　 └ 유필공 – 일부 각하 |
| 소송 자료 | ① 1인의 소송행위 ➜ 다른 공동소송인에 영향 ✗<br>② 기일·기간의 해태 ➜ 다른 공동소송인에 영향 ✗ (그 자에 대해서만 효과 O) | (1) **능동적 소송행위** – 1인의 소송행위<br>┌ **유리한 소송행위**(예 부인·항변, 응소, 기일, 기간)<br>│　　➜ 전원에 대하여 효력 O<br>└ **불리한 소송행위**(예 자백, 청구의 포기 인낙, 재판상 화해)<br>　　　➜ 전원이 함께 해야 효력 O<br>(2) **수동적 소송행위** – 1인에 대한 소송행위<br>　➜ 유리·불리를 불문하고 전원에 대해 효력 O |

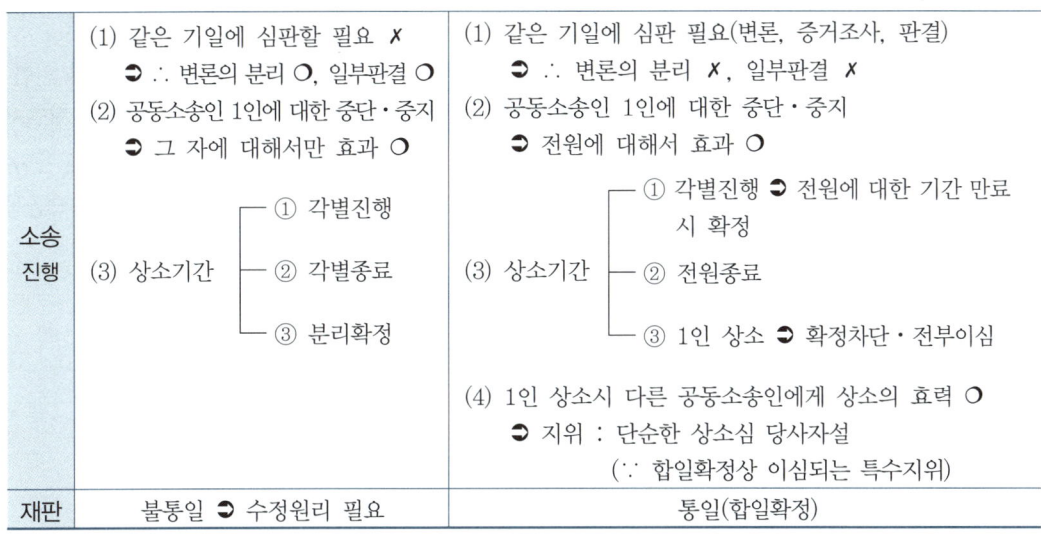

# Set 70 유사필수적 공동소송

## 1. 의의

각 공동소송인은 **개별적**으로 소송을 하여도 **무방**하나, 일단 **공동소송인으로 된 이상** 그들 사이에 **합일확정의 필요**는 있어 승패를 일률적으로 하여야 할 공동소송이다. 소송공동이 **법률상 강제되지 않는 공동소송으로서 소송법상 판결의 효력**(기판력 또는 반사적 효력)이 제3자에게 **확장**되는 경우에 인정되는 점에서 소송법상 이유에 의한 필수적 공동소송이라 하고, 고유필수적 공동소송과 구별된다.

## 2. 공동소송의 유형·형태

(1) 판결의 효력이 직접 제3자에게 확장되는 경우

수인이 제기하는 회사설립 무효·취소의 소(상법 제184조), 회사합병무효의 소(상법 제236조), 주주총회결의 취소·무효·부존재확인의 소(상법 제376조, 제380조) 등이 유사필수적 공동소송에 해당한다.

※ [비교] (**주주총회결의의 부존재 또는 무효 확인을 구하는 소를 여러 사람이 공동으로 제기한 경우**) - 주주총회결의의 부존재 또는 무효 확인을 구하는 소를 여러 사람이 공동으로 제기한 경우 당사자 1인이 받은 승소판결의 효력이 다른 공동소송인에게 미치므로 공동소송인 사이에 **소송법상 합일확정의 필요성이 인정**되므로, 이는 민사소송법 **제67조가 적용되는 필수적 공동소송에 해당한다**(주 - 유사필수적 공동소송).

(2) 수인의 채권자 대위소송의 공동소송 형태

① 채권자가 제3채무자에게 채권자대위소송을 제기하였을 때, **채무자가** 채권자대위권에 의한 소송이 제기된 것을 **알았을 경우**에는 그 **확정판결의 효력은 채무자에게도 미치고, 다른 채권자**는 이 채무자를 통하여 **판결의 효력이 미치기 때문에**, 복수의 채권자에 의한 채권자대위소송은 **유사필수적 공동소송**이 된다. ② 반면 채무자가 대위소송이 제기된 사실을 모른 경우에는 통상공동소송에 해당한다.

### 3. 요건

공동소송의 일반적 요건 - 주관적 요건(제65조) + 객관적 요건

### 4. 심판 - <u>제67조 준용</u>

(1) 소송요건의 존부 및 조사

① 공동소송인 중 1인에 소송요건의 흠결이 있으면 그 공동소송인만을 **일부각하**하면 된다.
② 유사필수적 공동소송에서는 **일부가 누락**되었어도 전 소송이 **부적법**하여 **각하될 것**은 **아니다**.

(2) 소송자료의 통일

① 유리한 소송행위는 공동소송인 가운데 한 사람이 행하면 모두를 위하여 효력이 생기고, 불리한 소송행위는 모두가 하지 않는 한, 그 소송행위를 행한 공동소송인과의 관계에서도 효력이 생기지 않는다.
② 다만, 유사필수적 공동소송의 경우에는 개별적으로 제소할 수 있으므로 **한 사람의 소의 취하도 가능**하다.

(3) 소송진행의 통일과 재판의 통일

### 5. 상소 - 공동소송인 중 1인의 상소

① [확정차단 및 이심의 범위] - 공동소송인 중 일부의 상소제기는 전원의 이익에 해당된다고 할 것이어서 다른 공동소송인에 대하여도 그 효력이 미치며, **상소불가분의 원칙**이 <u>적용</u>되므로 **전원**에 대하여 **확정이 차단**되고 상소심에 **전소송이 이심**된다.
② [심판의 대상·범위] - 합일확정의 필요상 <u>제67조</u>가 <u>준용</u>되므로 **불이익변경금지의 원칙**은 <u>적용되지 않는다</u>. 따라서 공동소송인 전부가 항소심의 심판대상이 되므로 상소심으로서는 **공동소송인 전원에 대하여 심리·판단**하여야 한다.

## Set 71  예비적·선택적 공동소송

### 1. 의의 및 유형·형태

(1) 의의

공동소송인 가운데 일부의 청구가 다른 공동소송인의 청구와 법률상 양립할 수 없거나 또는 공동소송인 가운데 일부에 대한 청구가 다른 공동소송인에 대한 청구와 법률상 양립할 수 없는 경우를 말한다(제70조).

(2) 형태

① [**당사자 기준**] - 원고 측 공동소송(예 **채권양도** 사안)과 피고 측 공동소송인(예 **무권대리** 사안, **이중매매의 경우 제390조 관련** 사안, **3자간 등기명의신탁** 사안, **면책적 채무인수** 사안, **제758조** 사안)이 있다.

② [**심판순서 기준**] - 각 청구 사이에 심판의 순서를 붙인 예비적 공동소송과 순서를 붙이지 않고 어느 한 사람에 대한 청구가 택일적으로 인용될 것을 해제조건으로 다른 사람에 대한 심판을 구하는 선택적 공동소송이 있다.

③ [**시기 기준**] - 소 제기 당시부터 예비적·선택적 공동소송을 제기하는 경우(원시형)와 소송계속 중 제1심 변론종결시까지 당사자를 추가하여 후발적으로 예비적·선택적 공동소송으로 할 수 있다(제68조 준용 ; 후발형).

### 2. 인정 여부

① 제70조를 마련하여 입법적으로 해결하였으며, ② 예비적 피고의 지위불안은 제70조 제2항에서 전부판결을 하도록 하였고, ③ 재판의 불통일 위험은 제67조를 준용하여 해결하였다.

### 3. **요건**

(1) 공동소송의 일반요건

주관적 요건 + 객관적 요건(동종절차와 공통관할)을 갖추어야 한다(제65조, 제253조 등).

(2) 청구의 법률상 양립 불가능

1) 의미

민사소송법 제70조 제1항에 있어서 '법률상 양립할 수 없다'는 것은, ① **동일한 사실관계에 대한 법률적인 평가를 달리**하여 두 청구 중 **어느 한 쪽에 대한 법률효과가 인정되면 다른 쪽에 대한 법률효과가 부정**됨으로써 **두 청구가 모두 인용될 수는 없는 관계**에 있는 경우나, 당사자들 사이의 사실관계 여하에 의하여 또는 청구원인을 구성하는 **택일적 사실인정**에 의하여 어느 일방의 **법률효과**를 긍정하거나 부정하고 이로써 다른 일방의 법률효과를 부정하거나 긍정하는 **반대의 결과가 되는 경우(상반된 법률효과)**로서, ② 두 청구들 사이에서 **한 쪽 청구에 대한 판단 이유가**

다른 쪽 청구에 대한 판단 이유에 영향을 주어 각 청구에 대한 **판단 과정이 필연적으로 상호 결합되어 있는 관계**를 의미하며, ③ 실체법적으로 서로 양립할 수 없는 경우뿐 아니라 소송법상으로 서로 양립할 수 없는 경우를 포함한다. ④ 또한 민사소송법 제70조 제1항 본문이 규정하는 '**공동소송인 가운데 일부에 대한 청구**'를 반드시 '공동소송인 가운데 일부에 대한 **모든** 청구'라고 해석할 근거는 없다. 따라서 주위적 피고에 대한 주위적·예비적 청구 중 주위적 청구 부분이 인용되지 아니할 경우 그와 법률상 양립할 수 없는 관계에 있는 예비적 피고에 대한 청구를 인용하여 달라는 취지로 결합하여 소를 제기하는 것도 가능하다.

2) 구체적 사안

① [**긍정 예**] - 무권대리 사안, 이중매매의 경우 제390조 관련 사안, 3자간 등기명의신탁 사안, 면책적 채무인수 사안, 제758조 사안, 피고적격 사안

② [**부정 예**] - **부진정연대채무의 관계**에 있는 채무자들을 공동피고로 하여 이행의 소가 제기된 경우 그 공동피고에 대한 각 청구가 서로 **법률상 양립할 수 없는 것**이 **아니므로** 그 소송을 민사소송법 제70조 제1항 소정의 **예비적·선택적 공동소송이라고 할 수 없다.** → ※ [취급] : 주위적 피고에 대한 예비적 청구와 예비적 피고에 대한 청구가 서로 법률상 양립할 수 있는 관계에 있으면 양 청구를 병합하여 **통상의 공동소송으로 보아 심리·판단**할 수 있다.

### 4. 본안심판

① [**소송자료**] - ⅰ) (**원칙**) : 제70조 제1항 본문에서 **제67조를 준용**하므로 필수적 공동소송의 심판절차에 의한다. 따라서 공동소송인 한사람의 소송행위는 전원의 이익을 위해서만 효력이 있고, 한 사람에 대한 소송행위는 유리·불리를 불문하고 전원에 대하여 효력이 있다. / ⅱ) (**예외**) : **제70조 제1항 단서**에서는 불리한 행위이지만 **소의 취하, 청구의 포기·인낙, 재판상 화해를 각자 할 수 있도록 하였다.**[2)3)]

※ [**비교**] (**일부의 소취하**) - 공동소송인 중 일부가 소를 취하하거나 일부 공동소송인에 대한 소를 취하할 수 있고, 이 경우 **소를 취하하지 않은 나머지 공동소송인에 관한 청구부분은 여전히 심판의 대상이 된다.**

② [**소송진행**] - ⅰ) 변론의 분리나 일부판결은 할 수 없고, ⅱ) 주위적 피고와 예비적 피고 중 한 사람에 대하여 중단·중지의 원인이 발생하면 전체 소송절차의 진행은 정지된다(제67조 제3항의 준용).

---

2) 예비적·선택적 공동소송의 청구는 원래 각 별소로 제기하는 것이 가능한 경우로서 각 공동소송인의 처분의 자유를 인정하기 위함이다.
3) ① 예비적 피고의 청구인낙의 효력에 대해서 견해의 대립(긍정설, 부정설, 제한설)이 있고, ② 1인의 자백의 효력에 대해서도 견해의 대립(긍정설, 부정설, 제한설)이 있다.

## 5. 판결

① **모든 공동소송인에 대한 청구**에 관하여 **판결**을 하여야 한다(제70조 제2항). ② **일부판결은 허용되지 않으며**, 이 경우 일부판결이 아닌 **위법한 전부판결**에 해당하여 상소로써 이를 다투어야 하고 그 판결에서 누락된 공동소송인은 이러한 **판단누락**을 시정하기 위하여 **상소**를 제기할 이익이 있다(추가판결은 허용 ✗).

## 6. 상소

① 공동소송인의 일부가 상소하면 **모든 공동소송인**에 대한 판결은 **확정이 차단**되고 상소심으로 **이심**된다(**상소불가분의 원칙 적용 ○**). ② 이때 항소심법원의 심판범위는 판결에 대한 합일확정의 요청을 확보하기 위하여 제70조의 해석상 **모든 청구가 심판의 대상**이 된다(**불이익변경금지 원칙의 적용 ✗**).

## Set 72 주관적·추가적 병합(추가적 공동소송)

### 1. 명문의 규정이 있는 경우

① 누락된 필수적 공동소송인의 추가(제68조), ② 당사자의 추가에 따른 예비적·선택적 공동소송(제70조), ③ 공동소송참가(제83조), ④ 독립당사자참가(제79조), ⑤ 참가승계(제81조)와 인수승계(제82조).

### 2. 명문의 규정이 없는 경우

판례는 일관하여 명문이 있는 경우를 제외하고는 **그 경위가 어떻든 간에 형식 여하**를 불문하고 **허용될 수 없다**고 하였다. 따라서 통상공동소송인의 추가는 인정될 수 없다.

## Set 73 선정당사자

### 1. 의의 및 성질

공동의 이해관계를 가진 여러 사람이 공동소송인이 되어 소송을 하여야 할 경우에 그 가운데서 모두를 위하여 소송을 수행할 당사자로 선출된 자를 선정당사자라고 한다(제53조). 이는 **임의적 소송담당**의 일종이고, 선정당사자와 선정자는 대리관계가 아니다.

## 2. 요건

① [**요건**] – 공동소송을 할 여러 사람이 있을 것 + 공동의 이해관계가 있을 것 + 공동의 이해관계가 있는 자 중에서 선정할 것

② [**공동의 이해관계**] – 제65조 전문의 관계로 **주요한 공격방어방법**을 **공통**으로 하는 경우를 의미하고, 제65조 후문의 관계에 있는 것만으로는 공동의 이해관계가 있는 경우라고 할 수 없다.

## 3. 선정의 방법

① [**심급한정의 선정**] – 선정행위시 심급을 제한하였다면 이러한 제한도 **유효**하다. 다만, 선정서에 사건명을 기재한 다음에 '제1심 소송절차에 관하여' 또는 '제1심 소송절차를 수행하게 한다'라는 문언이 기재되어 있는 경우, 특단의 사정이 없는 한 그 기재는 사건명 등과 더불어 선정당사자를 선정하는 사건을 특정하기 위한 것으로 보아야 하고, 따라서 그 선정의 효력은 제1심의 소송에 한정하는 것이 아니라 소송의 종료에 이르기까지 계속하는 것으로 해석함이 상당하다.

② [**선정의 시기 및 방법**] – i) 소송계속의 전후를 불문한다. ii) 선정은 각자가 개별적으로 하여야 하고 다수결로 결정할 수 없으며, 상대방 쪽에서는 다수자 가운데 특정한 사람을 선정할 수는 없다.

## 4. 선정의 효과

(1) 선정당사자의 지위

① [**당사자의 지위**] – 선정당사자는 **당사자로서 일체의 소송행위**(예 소의 취하, 청구의 포기·인낙, 화해, 상소의 제기 등)는 물론 소송수행에 필요한 **사법상의 행위**도 **할 수 있고**, 개개의 소송행위를 함에 있어서 선정자의 개별적인 동의가 필요한 것은 아니다. 또한 선정당사자는 선정자의 대리인이 아니고 당사자 본인이므로 소송대리인에 관한 특별수권사항(제90조 제2항)과 같은 제한을 받지 않는다.

② [**복수의 선정당사자 지위**] – i) (**동일 선정자단**) – 수인의 선정당사자는 **소송수행권**을 **합유**하는 관계이기 때문에 **고유 필수적 공동소송**으로 되고, **제67조**의 **적용**을 받게 된다. / ii) (**별개의 선정자단**) – **본래의 소송의 성질에 따라 정해진다**. 따라서 본래의 소송이 필수적 공동소송의 형태가 아니면 통상공동소송관계로 된다.

③ [**선정당사자의 자격상실**] – 선정당사자 본인에 대한 부분의 소가 취하되거나 판결이 확정되는 등으로 공동의 이해관계가 소멸하는 경우에는 선정당사자는 선정당사자의 자격을 당연히 상실한다.

④ [**간과판결**] – 공동의 이해관계가 없는 자가 선정당사자로 선정되었음에도 **법원이** 그러한 **선정당사자 자격의 흠을 간과하여 그를 당사자로 한 판결이 확정된 경우**, 선정자가 스스로 당해 소송의 공동소송인 중 1인인 선정당사자에게 소송수행권을 수여하는 선정행위를 하였다면 그 선정자로서는 실질적인 소송행위를 할 기회 또는 적법하게 당해 소송에 관여할 기회를 박탈당

한 것이 아니므로, 비록 그 선정당사자와의 사이에 공동의 이해관계가 없었다고 하더라도 그러한 사정은 민사소송법 **제451조 제1항 제3호가 정하는 재심사유에 해당하지 않는 것으로 봄이 상당**하고, 이러한 법리는 그 선정당사자에 대한 판결이 확정된 경우뿐만 아니라 그 선정당사자가 청구를 인낙하여 인낙조서가 확정된 경우에도 마찬가지이다.

(2) 선정자의 지위

① [**소송탈퇴와 당사자적격 유지 여부**] – 소송이 법원에 계속된 뒤 선정에 의하여 당사자를 바꾼 때에는 **선정자**는 **당연히 소송에서 탈퇴**한 것으로 보는데(제53조 제2항), 선정된 선정당사자는 선정자들로부터 소송수행을 위한 포괄적인 수권을 받은 당사자로서 선정자들 모두를 위한 일체의 소송행위를 할 수 있으며, 선정자들은 소송수행권을 상실하고 소송관계에서 탈퇴하게 된다.

② [**판결의 효력**] – 선정당사자가 받은 **판결**은 **선정자에게 효력이 미친다**(제218조 제3항).

## Set 74  보조참가(제71조~제77조)

### ※ 소송참가의 개관

| 소송<br>참가 | 유형 | 당사자적격 ┬ ✗ : 보조참가 – 판결효(기판력) 영향 ┬ ✗ : 보조참가(제71조)<br>　　　　　　　　　　　　　　　　　　　　　　　　 └ ○ : 공동소송적 보조참가(제78조)<br>　　　　　 └ ○ : 당사자참가 ┬ 판결의 효력 ○, 연합관계 – 공동소송참가(제83조)<br>　　　　　　　　　　　　　 └ 판결의 효력 ✗, 대립관계 – 독립당사자참가(제79조) |
|---|---|---|
| | 공통<br>요건 | ① 타인 간 소송계속 중, ② 참가신청(참가취지, 참가이유) |

### 1. 의의

보조참가는 다른 사람 사이의 소송계속 중에 소송의 결과에 이해관계가 있는 제3자가 당사자의 한 쪽의 승소를 보조하기 위하여 소송에 관여하는 것을 말한다(제71조 이하).

### 2. 요건

① [**요건**] – 타인간 소송**계**속 중 + 소송결과에 법률상 **이**해관계가 있는 경우 + 소송절차의 **현**저한 지연이 없을 것 + 소송**행**위의 유효요건 구비

② [**타인 간 소송계속 중**] – ⅰ) 자기의 공동소송인 또는 공동소송인의 상대방을 위하여 참가할 수 있다. ⅱ) 제1심·항소심·**상고심**을 불문한다.

③ [**소송결과에 대한 법률상 이해관계**] - ⅰ) **판결주문 중의 소송물인 권리관계의 존부에 논리적으로 의존관계** → 피참가인이 **패소**하면 그로부터 구상·손해배상청구를 당하게 되는 등 **실체법상의 권리의무에 불리한 영향을 받을 경우**가 이에 해당한다. 판결의 효력이 직접 미치지 않는다고 하더라도 그 판결을 전제로 보조참가를 하려는 자의 법률상 지위가 결정되는 관계에 있으면 이러한 이해관계가 인정된다. / ⅱ) 사실상, 경제상 또는 감정상의 이해관계가 아니라 법률상의 이해관계를 가리킨다.

※ [**비교**] (**보증채무 사안**) - 채권자가 보증인을 상대로 보증채무의 이행을 구하고 있는 소송에서 보증인이 패소하고 나면 **주채무자**는 **구상의무**을 지게 될 것이므로 주채무자는 보증인의 승소를 보조하기 위해 참가할 수 있다.

※ [**비교**] (**공동불법행위 사안**) - 불법행위로 인한 손해배상책임을 지는 자는 피해자인 원고가 다른 공동불법행위자를 상대로 제기한 손해배상청구소송의 결과에 대하여 법률상의 이해관계를 갖는다고 할 것이므로, 위 소송에 원고를 위하여 보조참가를 할 수 있다.

※ [**비교**] (**가압류 사안**) - 피고로부터 부동산을 매수한 참가인이 소유권이전등기를 미루고 있는 사이에 원고가 피고에 대한 채권이 있다 하여 당시 피고의 소유명의로 남아 있던 위 부동산에 대하여 가압류를 하고 본안소송을 제기하자 참가인이 피고보조참가를 한 사안에서, 원고가 승소하면 위 **가압류에 기하여 위 부동산에 대한 강제집행에 나설 것이고 그렇게 되면 참가인은** 그 후 소유권이전등기를 마친 위 **부동산의 소유권을 상실하게 되는 손해**를 입게 되며, 원고가 피고에게 구하는 채권이 허위채권으로 보여지는데도 **피고가 원고의 주장사실을 자백하여 원고를 승소시키려 한다는 사유만으로는** 참가인의 참가가 이른바 **공동소송적 보조참가에 해당하여 참가인이 피참가인인 피고와 저촉되는 소송행위를 할 수 있는 지위에 있다고 할 수 없다.**

3. 참가절차

① [**참가신청**] - 참가신청은 참가의 취지와 이유를 밝혀 **서면 또는 말**(구술)로 참가하고자 하는 소송이 계속된 법원에 제기한다(제72조 제1항).

② [**참가의 허부**] - 피참가인 또는 그 상대방이 이의가 있을 때에는 참가인은 참가의 이유를 소명하여야 하며, 법원은 그 허부를 결정으로 재판한다. 다만 이를 결정이 아닌 종국판결로써 심판하였더라도 위법한 것은 아니다. 또한 당사자의 이의가 없는 경우에도 법원은 직권으로 참가인에게 참가이유를 소명하도록 명할 수 있으며, 참가이유가 있다고 인정되지 아니하는 때에는 참가를 허가하지 아니하는 결정을 하여야 한다(제73조).

4. **참가인의 소송상 지위** - 본안심사(제76조 제1항과 제2항)

(1) **이중적** 지위

참가인은 당사자로부터 '**독립**'한 성격 + 당사자에게 '**종속**'하는 성격 겸유

(2) 참가인이 할 수 있는 소송행위와 그 제한
 1) 원칙
  ① [**독립적 지위**] – 보조참가인은 피참가인과 별도로 기일의 통지, 소송서류의 송달 등을 받아야 하므로, **보조참가인에게 기일통지를 하지 않았다면 기일의 진행은 적법한 것으로 볼 수 없다.** 다만 기일통지서를 송달받지 못한 보조참가인이 변론기일에 직접 출석하여 **변론할 기회를 가졌고**, 위 변론 당시 기일통지서를 송달받지 못한 점에 관하여 **이의를 하지 아니하였다면**, 기일통지를 하지 않은 절차진행상의 흠이 **치유**된다.
  ② [**소송행위**] – 참가인은 소송에 관하여 주장·항변·증거신청·상소의 제기, 그 밖의 **모든 소송행위**를 자기의 명의로 할 수 있고(제76조 제1항), 그 행위는 피참가인이 한 것과 동일한 효과가 발생한다.
 2) 제한
  ① [**종속적 지위**] – ⅰ) 소송계속 중 보조참가인이 사망하더라도 소송절차는 중단되지 아니한다. ⅱ) 참가인에 의한 **상소는 피참가인의 상소기간 내**에 한한다. 즉, **상소기간은 피참가인에 대한 판결정본이 송달된 때로부터 진행하고**, 참가인에 대한 판결정본이 송달된 때로부터 진행하는 것은 아니며, **상소기간의 준수 여부는 피참가인을 기준으로 한다.**
  ② [**피참가인도 할 수 없는 행위**] – 참가할 때의 소송의 진행 정도에 따라 **피참가인이 할 수 없는 소송행위는 참가인도 할 수 없다**(제76조 제1항 단서). → **예** ⅰ) 피참가인이 시기에 늦어 제출할 수 없게 된 공격방어방법은 참가인이 제출할 수가 없고, ⅱ) **피참가인**인 피고에 대한 관계에 있어서 **상고기간이 경과한 것이라면** 피고 보조참가인의 상고 역시 상고기간 경과 후의 것이 되어 피고 **보조참가인의 상고는 부적법**하다.
  ③ [**피참가인의 소송행위에 어긋나는 행위**] – 참가인의 소송행위가 **피참가인이 이미 행한 소송행위와 어긋나는 경우**에는 **효력이 생기지 않는다**(제76조 제2항). → **예** ⅰ) 피참가인이 상대방의 주장사실을 **자백한 이상 보조참가인이 이를 다투었다고 하여도** 민사소송법 제76조 제2항에 의하여 참가인의 주장은 그 **효력이** 없다. ⅱ) **보조참가인은 피참가인이 제기한 항소를 취하할 수 없지만, 피참가인은 보조참가인이 제기한 항소를 취하할 수 있다.**

 ※ [**비교**] (피참가인의 소송행위에 어긋나는 경우의 의미 및 소극적 불일치의 문제) – 피참가인의 소송행위에 **어긋나는 경우라 함은** 참가인의 소송행위가 피참가인의 행위와 **명백히 적극적으로 배치되는 경우**를 말하고 소극적으로만 피참가인의 행위와 **불일치하는 때에는 이에 해당하지 않는다.** 따라서 피참가인인 피고가 원고가 주장하는 사실을 명백히 다투지 아니하여 민사소송법 제150조에 의하여 그 사실을 자백한 것으로 보게 될 경우라도 참가인이 보조참가를 신청하면서 그 사실에 대하여 다투는 것은 피참가인의 행위와 명백히 적극적으로 배치되는 경우라 할 수 없어 그 소송행위의 효력이 없다고 할 수 없다.

※ [비교] (보조참가인이 신청한 증거에 터 잡아 피참가인에게 불이익한 사실을 인정할 수 있는지 여부) – 보조참가인의 증거신청행위가 피참가인의 소송행위와 저촉되지 아니하고(즉, 피참가인이 증거신청행위와 저촉되는 소송행위를 한 바 없고), 그 **증거들이 적법한 증거조사절차를 거쳐 법원에 현출되었다면 법원이 이들 증거에 터 잡아 피참가인에게 불이익한 사실을 인정하였다** 하여 그것이 민사소송법 제76조 제2항에 위배된다고 할 수 없다.

④ [**피참가인에게 불이익한 행위**] – 참가인은 청구의 포기·인낙, 소송상 화해 등 피참가인에게 불이익한 행위를 할 수 없다.

⑤ [**소송 그 자체를 처분·변경하는 행위**] – 소의 취하, 소의 변경 또는 반소의 제기 등은 할 수 없다.

⑥ [**사법상의 권리행사**] – 법률에서 참가인에게 그 권한의 행사를 인정하는 경우(민법 제404조, 제418조, 제434조)를 제외하고 보조참가인의 종속성을 강조하여 참가인은 피참가인이 가진 사법상의 권리를 행사할 수는 없다는 입장이 다수설이다(부정설).

### 5. 참가인에 대한 판결의 효력(제77조)

① [**법적 성질**] – 제77조에서는 참가인에게도 재판의 효력에 미친다고 하고 있는데, 그 성질은 **형평의 원칙상 보조참가인이 피참가인에게 그 패소판결이 부당하다고 주장할 수 없도록 하는 구속력**으로서 이른바 **참가적 효력**이다.

※ [비교] (전소가 화해권고결정에 의하여 종료된 경우 참가적 효력의 인정 여부) – 전소 확정판결의 참가적 효력은 전소 확정판결의 결론의 기초가 된 사실상 및 법률상의 판단으로서 보조참가인이 피참가인과 공동이익으로 주장하거나 다툴 수 있었던 사항에 한하여 미친다. 이러한 법리에 비추어 보면 **전소가 확정판결이 아닌 화해권고결정에 의하여 종료된 경우**에는 확정판결에서와 같은 **법원의 사실상 및 법률상의 판단이 이루어졌다고 할 수 없으므로 참가적 효력이 인정되지 아니한다**.

② [**효력의 범위**] – 참가적 효력의 범위는 **피참가인**이 **패소한 경우**에, ① **주관적**으로는 **참가인과 피참가인 사이**에만 발생되고 참가인과 피참가인의 상대방(원고) 간에는 미치지 않는다(※ [참고] – 참가인과 원고 사이에는 참가적 효력 ✕ · 기판력 ✕ · 판결이유 중 판단의 증명력 ○). ② **객관적**으로는 **주문 중의 판단만이 아니라** 전소 **판결이유 중 패소이유가 되었던 사실상·법률상의 판단에도 그 효력이 생긴다**. 다만 판결결과에 영향을 미칠 수 없는 방론이나 부가적·보충적 판단에는 미치지 않는다.

③ [**참가적 효력의 배제**] – 제77조 각호 → ⅰ) 참가인이 참가 당시의 소송 정도로 보아 소송행위를 유효하게 할 수 **없**거나, 참가인이 한 소송행위가 피참가인의 행위에 **어**긋나서 효력이 없는 경우(제1호), ⅱ) 피참가인이 참가인의 소송행위를 **방**해한 경우(제2호), ⅲ) 피참가인이 참가인이 할 수 없는 소송행위를 고의나 과**실**로 하지 아니한 경우(제3호)

※ [비교] (참가인의 소송행위 방해 : 부인 vs 자백) – **참가인이 부인**하는 사실을 **피참가인이 자백**한 경우와 같이 피참가인이 참가인의 소송행위를 **방해한 경우**에는 그 재판은 **참가인에 대하여 효력이 없다.**

■ 참가적 효력과 기판력의 비교

| 구분 | 참가적 효력 | 기판력 |
|---|---|---|
| 의의 | 피참가인이 패소하고 피참가인이 참가인을 상대로 후소를 제기한 경우에만 발생하는 효력 | 승소나 패소를 불문하고 일률적으로 발생하는 효력(실질적 확정력) |
| 주관적 범위 | 참가인과 피참가인 | 당사자 |
| 객관적 범위 | 판결주문 중의 판단뿐만이 아니라, 판결이유 중의 사실상·법률상 판단 | 판결주문 중의 판단에만 발생 |

## Set 75 공동소송적 보조참가(제78조)

### 1. 의의 및 유형

(1) 의의

공동소송적 보조참가란 판결의 효력이 미치는 제3자가 타인 간 계속 중인 소송에 보조참가하는 것을 말한다(제78조).

(2) 유형

1) 주주총회결의취소소송 중 선임된 이사의 참가형태

乙회사가 주주총회를 개최하여 A를 이사로 선임한 바, 乙회사의 주주 甲이 乙회사를 상대방으로 주주총회결의 취소를 구하는 소를 제기한 경우, 주주총회결의에 의하여 선임된 이사 A는 결의취소소송의 **피고적격을 가지지 않으므로,** A로서는 자기의 지위를 보전하기 위하여 피고 乙회사 측에 **공동소송적 보조참가**를 할 수밖에 없다.

2) 주주대표소송 중 회사의 참가형태

주주의 대표소송에 있어서 **판결의 효력을 받는 권리귀속주체인 회사**가 소송수행권한을 가진 **정당한 당사자로서** 그 소송에 **참가**할 필요가 있으며, 회사가 대표소송에 당사자로서 참가하는 경우 **소송경제가 도모될 뿐만 아니라 판결의 모순·저촉을 유발할 가능성도 없으므로** 회사의 참가는 **공동소송참가**를 의미하는 것으로 해석함이 타당하고, 나아가 이러한 해석이 **중복제소를 금지하고 있는 민사소송법 제259조에 반하는 것도 아니다.**

### 3) 채권자대위소송 중 참가의 유형

① [**채무자의 참가형태**] - 판례는 채권자대위소송에 관한 명시적 입장은 아니지만, 제3자 소송담당으로서 병행형에 해당하는 주주대표소송에서 회사가 참가하는 경우 소송경제가 도모될 뿐만 아니라 판결의 모순·저촉을 유발할 가능성도 없고, 회사의 참가는 공동소송참가에 해당하는 것으로서, 중복제소를 금지하고 있는 민사소송법 제259조에 반하는 것도 아니라고 하였다.

② [**다른 채권자의 참가형태**] - 채권자대위소송이 계속 중인 상황에서 다른 채권자가 동일한 채무자를 대위하여 채권자대위권을 행사하면서 **공동소송참가신청**을 할 경우, **양 청구의 소송물이 동일하다면** 민사소송법 **제83조 제1항**이 요구하는 '소송목적이 한 쪽 당사자와 제3자에게 **합일**적으로 **확정되어야 할 경우**'에 **해당**하므로 그 참가신청은 **적법**하다.

### 4) 추심금소송 중 채무자의 참가

추심금소송은 **제3자 소송담당**으로서 **갈음형**에 해당하므로, 채무자는 **당사자적격이 없는 자로서 참가하되 판결의 효력이 미치는 경우**로서 **공동소송적 보조참가**에 **해당**한다.

## 2. 요건

① 타인 간의 소송**계**속 중일 것(상고심에서의 참가도 허용) + ② 참가인은 당사자**적**격이 없을 것 + ③ **판**결의 효력이 참가인에게 미칠 것 + ④ 소송**행**위의 유**효**요건을 구비

## 3. 공동소송적 보조참가인의 지위 - 본안심사

### (1) 개설

① [**이중적 지위**] - 참가인은 소송물에 대하여 당사자적격이 없으므로 보조참가인으로서의 **종속성**을 완전히 벗어날 수는 없고, 다만 판결의 효력을 받는 사람이므로 그 **독립성**이 **강화**되어 있다. 따라서 참가인과 피참가인에 대하여 **제67조** 등을 **준용**한다(제78조).

② [**유사필수적 공동소송에 준하는 지위**] - 공동소송적 보조참가는 보조참가의 하나의 태양이지만, 참가인의 종된 지위를 일정한 경우에 수정하여 그에게 필수적 공동소송인에 준하는 지위, 엄밀히 말하면 **유사필수적 공동소송에 준하는 지위**를 **인정**함으로써, 참가인의 이익을 보호하기 위해 인정된 참가제도이다.

### (2) 독립적 지위

① [**제67조의 준용과 제76조 제2항의 적용 배제**] - ⅰ) **제76조 제2항**과 같은 것은 **배제**된다. 즉, **참가인은 피참가인의 행위와 어긋나는 행위를 할 수 있으며, 참가인이 상소제기하면 피참가인은 상소를 취하·포기할 수 없다.** / ⅱ) 또한 **피참가인의 소송행위는 모두의 이익을 위해서만 효력이 인정되고, 공동소송적 보조참가인에게 불리한 경우에는 효력이 없으므로, 참가인의 동의가 없는 한 피참가인이 자백하는 행위는 불리한 소송행위이므로 할 수 없다.** / ⅲ) 상소제기기간도 참가인에게 판결정본이 송달된 때부터 독립하여 진행된다. / ⅳ) 나아가 참가인에게 절차의 중단·중지사유가 있으면 피참가인에게도 절차의 중단·중지효과가 미치게 된다.

② [피참가인의 재심의 소취하와 소취하의 가부] - ⅰ) **재심의 소의 취하는 확정된 종국판결에 대한 불복의 기회를 상실**하게 하므로, 재심의 소에 공동소송적 보조참가인이 참가한 후 **피참가인은 참가인의 동의 없이 재심의 소를 취하할 수 없다.** / ⅱ) 그러나 **소취하**는 본안에 관한 종국판결이 선고된 경우에도 그 **판결 역시 처음부터 존재하지 아니한 것으로 간주되고**, 이는 **참가인에게 불이익이 된다고 할 것도 아니므로**, 피참가인이 **참가인의 동의 없이 소를 취하하였다 하더라도** 이는 **유효**하다.

(3) 종속적 지위

① 참가인은 소취하, 청구의 포기·인낙 등 소송의 처분행위를 할 수 없으며, ② **참가 당시의 소송 정도에 따라 피참가인도 할 수 없는 행위는 할 수 없다.** 즉, 제76조 제1항 단서는 **적용**된다.

### 4. 판결의 효력

① 공동소송적 보조참가도 보조참가의 일종이므로 피참가인의 패소판결이 부당하다고 주장할 수 없는 구속력으로서, 전소에서 피참가인과 같이 주장한 법률상·사실상 판단에 구속된다.
② 피참가인과 상대방 간의 판결의 효력인 **기판력**은 승·패를 불문하고 **참가인에게 미친다**.

## Set 76  소송고지

### 1. 의의 및 취지

① 소송고지란 소송계속 중에 당사자가 소송참가의 이해관계를 가지는 제3자에게 일정한 방식에 따라 소송계속 사실을 통지하는 것이다(제84조).
② 피고지자에게 소송에 참가하여 그 이익을 주장할 수 있는 기회를 주고, 피고지자가 소송에 참가하지 않은 경우에도 제77조의 규정을 적용하여(제86조), 참가적 효력을 미치도록 함에 실익이 있다.

### 2. 요건

① 소송계속 중 + ② 고지자(당사자 및 보조참가인이나 소송고지를 받은 피고지자도 가능) + ③ 피고지자(소송에 참가할 수 있는 제3자로서 보조참가·독립당사자참가·공동소송참가·권리승계참가를 할 수 있는 제3자 등 포함) + ④ 서면(소송고지서)을 법원에 제출하고 법원은 제출된 고지서를 그대로 피고지자 및 소송의 상대방에게 송달한다(제85조. 상대방 당사자에게도 송달하여야 한다는 점에 주의를 요한다).

## 3. 효과

(1) 소송법상 효과

① **피고지자가 고지를 받고도 참가하지 아니한 경우**에는 소송고지에 의해 참가할 수 있었을 때에 참가한 것과 같이 **제77조의 참가적 효력을 받게 된다**(제86조).

② 소송고지의 효력은 그 고지서를 법원에 제출한 때에 생기는 것이 아니라 **피고지자에게 적법하게 송달된 때**에 **생긴다**.

(2) 실체법상 효과

① 민법상 최고(제174조)로서 시효중단의 효과를 인정한다.

② 소송고지에 의한 **시효중단의 효력은** 민사소송법 제265조를 유추 적용하여 당사자가 **소송고지서를 법원에 제출한 때**에 **발생**한다.

③ 당해 소송이 계속 중인 동안은 최고에 의하여 권리를 행사하고 있는 상태가 지속되는 것으로 보아 민법 **제174조에 규정된 6월의 기간은 당해 소송이 종료된 때로부터 기산**되는 것으로 해석하여야 한다.


## Set 77  공동소송참가(제83조)

### 1. 의의 및 유형

(1) 의의

소송계속 중 당사자 사이의 판결의 효력을 받는(소송목적이 한쪽 당사자와 제3자에게 합일적으로 확정되어야 할 경우) 제3자가 원고 또는 피고의 공동소송인으로 소송에 참가하는 것을 말한다(제83조).

(2) 유형

1) 주주대표소송 중 회사의 참가형태

회사가 대표소송에 당사자로서 참가하는 경우 **소송경제가 도모될 뿐만 아니라 판결의 모순·저촉을 유발할 가능성도 없으므로** 회사의 참가는 **공동소송참가**를 의미하는 것으로 해석함이 타당하고, 나아가 이러한 해석이 **중복제소를 금지하고 있는 민사소송법 제259조에 반하는 것도 아니다**.

2) 채권자대위소송 중 참가의 유형

① [**채무자의 참가형태**] - 판례는 채권자대위소송에 관한 명시적 입장은 아니지만, 위 주주대표소송에서 회사가 참가하는 경우 공동소송참가에 해당하는 입장에 비추어 본다면 공동소송참가가 허용될 것이다.

② [**다른 채권자의 참가형태**] – 채권자대위소송이 계속 중인 상황에서 다른 채권자가 동일한 채무자를 대위하여 채권자대위권을 행사하면서 **공동소송참가신청**을 할 경우, **양 청구의 소송물이 동일하다면** 민사소송법 **제83조 제1항**이 요구하는 '소송목적이 한 쪽 당사자와 제3자에게 **합일적으로 확정되어야 할 경우**'에 **해당**하므로 그 참가신청은 **적법**하다.

3) 고유필수적 공동소송의 경우 누락자의 참가

① 고유필수적 공동소송의 경우에 제68조에서 일부 누락된 공동소송인을 추가하는 제도가 마련되었긴 하지만 이는 제1심에서만 허용하므로, 이 점에서 공동소송참가는 여전히 누락자 보정의 제도로서 그 의미가 있다.

② **당사자적격**이 있는 자로서 **합일확정**이 **필요**한 경우이므로 **공동소송참가**에 해당한다.

## 2. 요건

① [**요건**] – 타인 간의 소송**계**속 중일 것(신소 제기의 실질을 가지므로 항소심에서는 참가할 수 있으나 상고심에서는 할 수 없다) + 참가인은 당사자**적**격이 있을 것 + 소송목적이 **합**일적으로 확정되어야 할 것(합일확정의 필요) + 일반적 **소**송요건을 구비할 것

② [**합일적 확정**] – **판결의 효력**(기판력 등)이 미치는 경우로서 <u>유사필수적 공송소송이 될 경우</u>는 물론 <u>고유필수적 공동소송이 될 경우</u>를 <u>포함</u>한다.

※ [**비교**] (**필수적 공동소송 : 공유물분할청구 소송계속 중 참가**) – 필수적 공동소송인 공유물분할청구소송이 항소심 계속 중 당사자인 **공유자의 일부지분**이 제3자에게 **이전**되었고 그 제3자가 당사자로 **참가**(승계참가·소송인수 등)**하지 않았다면** 이로써 **소송 전부**가 **부적법**하다.

※ [**비교**] (**채권자대위소송 중 다른 채권자의 참가**) – 채권자대위소송이 계속 중인 상황에서 다른 채권자가 동일한 채무자를 대위하여 채권자대위권을 행사하면서 **공동소송참가신청**을 할 경우, **양 청구의 소송물이 동일하다면** 민사소송법 제83조 제1항이 요구하는 '소송목적이 한 쪽 당사자와 제3자에게 **합일적으로 확정되어야 할 경우**'에 **해당**하므로 그 참가신청은 **적법**하다. 이때 **양 청구의 소송물이 동일한지는** 채권자들이 각기 대위행사하는 **피대위채권이 동일한지**에 따라 **결정**되고, 채권자들이 각기 자신을 이행 상대방으로 하여 금전의 지급을 청구하였더라도 채권자들이 채무자를 대위하여 변제를 수령하게 될 뿐 자신의 채권에 대한 변제로서 수령하게 되는 것이 아니므로 이러한 채권자들의 청구가 서로 소송물이 다르다고 할 수 없다. 여기서 원고가 일부 청구임을 명시하여 피대위채권의 일부만을 청구한 것으로 볼 수 있는 경우에는 참가인의 청구금액이 원고의 청구금액을 초과하지 아니하는 한 참가인의 청구가 원고의 청구와 소송물이 동일하여 중복된다고 할 수 있으므로 소송목적이 원고와 참가인에게 합일적으로 확정되어야 할 필요성을 인정할 수 있어 참가인의 공동소송참가신청을 적법한 것으로 보아야 할 것이다.

> ※ 채권자대위소송 중 다른 채권자 참가
>
> 1. 공동소송참가의 의의 및 요건
>
> 2. 채권자대위소송의 법적 성질
>
> 3. 소송목적의 합일확정의 필요
>
>   (1) 의미
>
>   (2) 공동대위채권자 상호간 기판력이 미치는지 여부
>
>     1) 기판력의 주관적 범위
>
>     2) 기판력의 객관적 범위와 작용국면

### 3. 절차 및 심리와 판결의 효력

① [**절차**] - 참가신청의 방식은 보조참가에 준한다(제83조 제2항, 제72조 제1항). 따라서 참가취지와 참가이유를 기재하여야 하되, 소제기의 실질이므로 **서면**으로 하여야 한다(제248조).

② [**심리와 판결의 효력**] - ⅰ) 법원은 직권으로 참가요건을 조사하고, 흠이 있는 때에는 종국판결로써 각하하여야 한다. 다만 그것이 공동소송적 보조참가 또는 보조참가의 요건을 갖추었으면 소송행위의 전환의 법리에 의해 그러한 참가로 인정하여도 무방할 것이다. / ⅱ) **참가인과 피참가인 간에는 제67조가 적용**되고 참가인에게는 당연히 판결의 **기판력**이 **미친다**.

## Set 78 독립당사자참가(제79조)

### 1. 의의

독립당사자참가란 타인 간 소송의 계속 중 제3자가 원고·피고 양쪽(쌍면참가) 또는 한쪽(편면참가)을 상대방으로 하여 소송목적의 전부나 일부가 자기의 권리라고 주장하거나(권리주장참가), 소송결과에 따라 권리가 침해된다고 주장하면서(사해방지참가) 당사자로서 그 소송절차에 참가하는 것을 말한다(제79조).

## 2. 요건

### (1) 일반
① 타인 간 소송이 **계**속 중일 것 + ② **참**가신청, 즉 참가취지와 참가이유가 있을 것, ③ 소의 객관적 **병**합요건을 갖출 것 + ④ 일반적인 **소**송요건(※ 참가신청은 실질적으로 소제기이므로 당사자능력, 당사자적격, 중복제소, 기판력, 확인의 소의 이익 등에 관한 일반적인 소송요건을 갖추어야 한다)을 구비할 것

### (2) 타인 간의 소송계속 중일 것
소송이 계속 중이면 **1심·2심**을 불문하고, 제1심 판결선고 후 **상소 제기와 동시**에 **참가**할 수도 있다. 그러나 독립당사자참가는 실질적으로 **소제기의 성질**을 가지므로 **상고심에서는 할 수 없다**.

### (3) 참가신청

#### 1) 참가의 취지
① 참가인은 당사자 양쪽에 대하여 **쌍면참가**를 할 수 있다. ② 또한 **개정법**은 분쟁의 일회적 해결과 소송경제 도모라는 독립당사자참가제도의 취지에 부합하게 **편면참가**의 형태도 **인정**한다.

#### 2) 참가의 이유
① [**권리주장참가**] - 제3자가 "소송목적의 전부나 일부가 자기의 권리라고 주장"하면서 참가 → 원고의 본소청구(권리주장)와 참가인의 청구(권리주장)는 **양립불가능**한 관계 要 → ※ [**판단**] : 주장 자체에서 양립하지 않는 관계에 있으면 족하고, 본안심리 결과 양청구가 실제로 **양립하면** 참가인의 **청구**를 **기각**하면 된다.

※ [**비교**] (**단일매매 사안**) - 원고는 피고와의 사이에 체결된 매매계약의 매수당사자가 원고라고 주장하면서 그 소유권이전등기절차 이행을 구하고 있고 이에 대하여 참가인은 자기가 그 매수당사자라고 주장하는 경우에는 참가인은 원고에 의하여 자기의 권리 또는 법률상의 지위를 부인당하고 있다고 할 것이고, 그 불안을 제거하기 위하여 매수인으로서의 권리의무가 참가인에 있다는 확인의 소를 제기하는 것이 유효적절한 수단이라고 보여지므로, 결국 **참가인이 피고에 대하여 그 소유권이전등기절차의 이행을 구함과 동시에 원고에 대하여 이 사건 확인의 소를 구한 것**은 확인의 이익이 있는 **적법한 청구**라고 할 것이어서 이 사건 **독립당사자참가**는 **적법**하다.

※ [**비교**] (**채권의 이중양도 사안**) - 원고의 피고에 대한 전부금채권과 참가인의 피고에 대한 양수금채권은 **어느 한 쪽의 채권이 인정되면 다른 한 쪽의 채권은 인정될 수 없는 것**으로서 각 청구가 **서로 양립할 수 없는 관계**에 있고 이는 하나의 판결로써 모순 없이 일시에 해결할 수 있는 경우에 해당한다고 할 것인 바, 참가인은 원고에 의하여 자기의 권리 또는 법률상의 지위를 부인당하고 있는 자로서 그 불안을 제거하기 위하여 피고들에 대한 위 중도금반환채권이 참가인에게 있다는 확인의 소를 제기하는 것이 유효적절한 수단이라고 할 것이므로 결국 **참가인이 피고에 대하여 위 채권금액의 지급을 구함과 동시에 원고에 대하여 위 채권확인**

의 소를 구한 것은 확인의 이익이 있는 적법한 청구라고 할 것이어서 이 사건 **독립당사자참가**는 **적법**하다.

② [**사해방지참가**] - 제3자가 "소송결과에 따라 권리가 침해된다고 주장"하는 경우의 참가로서 권리주장참가와 달리 참가인의 청구와 원고의 청구가 논리상 **양립할 수 있는 관계**에 있다고 할지라도 **무방함** → ※ [**권리침해의 의미**] : 원고와 피고가 당해 소송을 통하여 **제3자를 해할 의사를 갖고 있다고 객관적으로 인정되고, 그 소송의 결과 제3자의 권리 또는 법률상의 지위가 침해될 염려가 있다고 인정되는 경우**를 말한다.

※ [**비교**] (독립당사자참가인이 원고의 피고에 대한 본소청구의 원인행위가 사해행위라는 이유로 원고에 대하여 사해행위취소를 청구하면서 사해방지참가하는 것이 적법한지 여부) - 채권자가 사해행위의 취소와 함께 수익자 또는 전득자로부터 책임재산의 회복을 명하는 사해행위취소의 판결을 받은 경우 그 **취소의 효과는 채권자와 수익자 또는 전득자 사이에만 미치므로**, 수익자 또는 전득자가 채권자에 대하여 사해행위의 취소로 인한 원상회복 의무를 부담하게 될 뿐, **채권자와 채무자 사이에서 그 취소로 인한 법률관계가 형성되거나 취소의 효력이 소급하여 채무자의 책임재산으로 복구되는 것은 아니다.** 이러한 사해행위취소의 상대적 효력에 의하면, 원고의 피고에 대한 청구의 원인행위가 사해행위라는 이유로 원고에 대하여 사해행위취소를 청구하면서 독립당사자참가신청을 하는 경우, **독립당사자참가인의 청구가 그대로 받아들여진다 하더라도 원고와 피고 사이의 법률관계에는 아무런 영향이 없고, 따라서 그러한 참가신청은 사해방지참가의 목적을 달성할 수 없으므로 부적법하다고 할 것이다.**

※ [**비교**] (물상보증인 소유의 부동산에 대한 후순위저당권자의 선순위공동저당권자를 상대로 한 근저당권의 이전을 구하는 본소 청구에 대하여, 채무자가 물상보증인의 변제자대위의 전제가 된 구상권이 상계로 소멸하였다는 이유로 선순위공동저당권자를 상대로 같은 등기의 말소를 구하는 독립당사자참가신청 사안) - 물상보증인 소유의 부동산에 대한 후순위저당권자가 물상보증인이 대위취득한 채무자 소유 부동산의 선순위공동저당권에 대하여 물상대위할 수 있음을 이유로 선순위공동저당권자 등을 상대로 근저당권의 이전 등을 구하는 본소 청구에 대하여, 채무자가 물상보증인의 변제자대위의 전제가 된 구상권이 상계로 소멸하였다는 이유로 선순위공동저당권자를 상대로 같은 등기의 말소를 구하는 독립당사자참가신청을 한 사안에서, 대법원은 이러한 **참가인의 말소등기청구**는 ① 위 등기의 이전을 구하는 원고의 청구와 동일한 권리관계에 관하여 주장 자체로 양립되지 않는 관계에 있지 않으므로 이 부분 독립당사자 참가신청은 민사소송법 제79조 제1항 전단에 따른 **권리주장참가의 요건을 갖추지 못하였고**, ② 나아가 **원고와 피고가 본소 소송을 통하여 참가인의 권리를 침해할 의사가 있다고 객관적으로 인정하기도 어려우므로** 민사소송법 제79조 제1항 후단에 따른 **사해방지참가의 요건을 갖추었다고 볼 수도 없다**는 이유로, 독립당사자참가요건을 갖추지 못하여 부적법하다고 보아 **독립당사자참가신청을 각하함이 타당하다고 보았다.**

(4) 소의 객관적 병합요건을 갖출 것(동종절차·공통관할)

(5) 일반적 소송요건의 구비

소제기의 실질이 있는 것이므로 일반적인 소송요건, 예컨대 **당사자능력, 당사자적격, 중복제소, 기판력, 확인의 소의 이익** 등에 관한 요건도 갖추어야 한다. 즉, 독립당사자참가는 종전당사인 원고와 피고에 대하여 **각 별개의 청구**가 있어야 하고 **각 청구는 소의 이익을 갖춘 것이어야 한다.**

※ [비교] (독립당사자참가인이 원고의 피고에 대한 권리 또는 법률관계의 부존재 확인을 구할 이익이 있는지 여부) – 참가인이 원고에 대하여 **원고의 피고에 대한 권리가 없다는 확인을 구하는 것**은 설령 그 확인의 소에서 독립당사자참가인이 승소판결을 받는다고 하더라도 그로 인하여 원고 또는 피고에 대한 관계에서 자기의 권리가 확정되는 것도 아니므로 **확인의 이익이 없어 부적법**하다.

3. 절차

① [**참가신청의 방식**] – ⅰ) 참가신청의 방식은 보조참가에 준한다(제79조 제2항 → 참가취지와 참가이유를 기재하여야 한다는 의미). 다만 소제기의 실질을 가지므로 **서면**으로 하여야 한다.

② [**참가신청의 효과**] – 소제기의 실질을 가지므로 참가인의 청구에 대한 **시효중단과 기간준수의 효력**이 생긴다(제265조).

4. 심판

(1) 참가요건과 소송요건의 조사

참가요건에 흠이 있는 경우 부적법 각하하여야 하고, 참가요건을 갖춘 때에도 참가인의 청구에 소송요건의 흠이 있는 경우라면 참가신청을 각하하여야 한다.

(2) 본안심리

① [**제67조 규정의 준용**] – 독립당사자참가소송은 참가인·원고·피고 3자 사이의 분쟁을 일거에 모순 없이 해결하려는 소송형태이므로 판단자료와 심리의 공통을 위하여 **제67조 필수적 공동소송의 특별규정**을 준용하고 있다(제79조 제2항). 다만 원고·피고·참가인의 공동소송이 강제되는 것은 아니므로 유사필수적 공동소송의 법리에 따라 규율된다.

② [**소송자료의 통일**] – 두 당사자 사이의 소송행위는 나머지 1인에게 불이익이 되는 한 두 당사자 간에도 효력이 발생하지 않는다(제67조 제1항). ∴ **원고·피고 사이에만 재판상 화해를 하는 것은 3자 간의 합일확정의 목적에 반하기 때문에 허용되지 않는다.**

③ [**소송진행의 통일**] – 한 사람에 대한 중단·중지의 사유가 생기면 당사자 모두의 관계에서 소송이 정지한다(제67조 제3항). 변론의 분리도 허용되지 않는다.

(3) 본안판결

① 전 청구에 대하여 1개의 판결로 동시에 재판을 하여야 하고, 법원이 변론을 분리하여 **일부판결을 할 수도 없다.** ② **일부판결을 한 경우**에는 추가판결로써 누락 부분을 정리할 수는 없고, **판단누락**에 **준**하여 **상소**나 **재심**으로 처리한다(제451조 제1항 제9호).

(4) 판결에 대한 상소

1) 이심의 범위

원고·피고·참가인의 세 당사자 가운데 두 당사자가 패소하였으나 패소당사자 중 한 사람이 승소당사자를 상대로 상소를 제기하였을 경우, **상소불가분의 원칙**이 **적용**되어 사건 **전부가 확정이 차단**되고 **이심**의 효력이 생긴다.

2) 상소하지 않은 당사자의 상소심에서의 지위

합일확정의 요청 때문에 불가피하게 상소심에 관여해야 하는 '단순한 상소심당사자'라고 본다.

3) 심판의 범위

① [**불이익변경금지의 원칙 적용 여부**] – ⅰ) 항소심의 심판대상은 실제 항소를 제기한 자의 항소 취지에 나타난 **불복범위**에 **한정하되**, / ⅱ) 세 당사자 사이의 결론의 **합일확정의 필요성을 고려**하여 그 **심판의 범위를 판단하여야 하고**, 이에 따라 항소심에서 심리·판단을 거쳐 결론을 내림에 있어 위 세 당사자 사이의 결론의 **합일확정을 위하여 필요한 경우**에는 그 한도 내에서 항소 또는 부대항소를 제기한 바 없는 당사자에게 결과적으로 **제1심 판결보다 유리한 내용으로 판결이 변경되는 것도 배제할 수는 없다.**

② [**불이익변경금지의 원칙의 적용배제 요건**] – 참가인의 **참가신청**이 **적법하고** 나아가 **합일확정의 요청상 필요한 경우**에 한한다.

※ [비교] (불이익변경금지 원칙의 적용 사안) – 독립당사자참가소송에서 원고의 피고에 대한 청구를 인용하고 참가인의 참가신청을 각하한 제1심 판결에 대하여 참가인만이 항소하였는데, 참가인의 항소를 기각하면서 제1심 판결 중 피고가 항소하지도 않은 본소 부분을 취소하고 원고의 피고에 대한 청구를 기각한 것은 부적법하다(∵ 참가인의 참가신청이 부적법한 경우로서 합일확정의 필요도 없게 되었으므로 불이익변경금지의 원칙이 적용된다고 본 사례이다).

## 5. 단일소송 또는 공동소송으로의 환원

(1) 본소의 취하

① [**참가인의 동의요부**] – 원고의 본소 취하에는 피고의 동의 외에 당사자 **참가인의 동의를 필요**로 한다.

② [**본소취하 후의 소송관계**] – ⅰ) (**쌍면참가의 경우**) : 독립당사자참가소송에서 본소가 적법하게 취하된 경우에는 삼면소송관계는 소멸하고, 그 이후부터는 당사자참가인의 원·피고들에 대한 청구가 일반 공동소송으로 남아 있게 된다. / ⅱ) (**편면참가의 경우**) : 참가인과 원고 또는 참가인과 피고 사이의 단일소송으로 남는다.

### (2) 참가의 취하

본소의 원고나 피고가 본안에 관하여 응소한 경우에는 **쌍방의 동의**가 **필요**하다(제266조 제2항). 참가를 모두 취하한 뒤에는 원고의 피고에 대한 본소가 그대로 남는다(참가가 각하된 경우도 마찬가지이다).

### 6. 소송탈퇴

① [**의의**] – 제79조의 규정에 따라 자기의 권리를 주장하기 위하여 소송에 참가한 사람이 있는 경우 그가 참가하기 전의 원고나 피고는 상대방의 승낙을 받아 소송에서 탈퇴할 수 있다. 다만, 판결은 탈퇴한 당사자에 대하여도 그 효력이 미친다(제80조).

② [**요건**] – 본소송의 당사자 + 제3자의 참가는 적법하고 유효 + 상대방 당사자의 승낙 필요

※ [**참고**] – ① 권리주장참가에 한하지 않고 사해방지참가의 경우에도 탈퇴할 수 있다. ② 제80조의 문언상 참가인의 승낙은 필요하지 않다.

③ [**효과**] – ⅰ) 탈퇴자는 당사자의 지위를 상실하게 되어 소송은 2당사자 소송구조로 환원되고, 참가인은 탈퇴자의 소송상 지위를 승계하지 않는다. / ⅱ) 탈퇴자에게도 판결의 효력이 미치는데, 그 내용은 기판력뿐만 아니라 집행력을 포함한다고 봄이 타당하다.

## Set 79 임의적 당사자변경

### ※ 당사자변경의 개관

| 당사자변경 | | |
|---|---|---|
| 당사자적격 승계 ✗ | 임의적 당사자변경 (1) 명문규정 ○ ┬ 혼동 : 교환 – 피고경정(제260조)  　　　　　　　　└ 누락 : 추가 ┬ ① 고유필수적 공동소송인 추가(제68조) 　　　　　　　　　　　　　　　　└ ② 주관적 예비적·선택적 공동소송인 추가(제70조) (2) 명문규정 ✗ (예 원고경정, 통상공동소송인 추가) ➡ 판례 : 불허 | |
| 당사자적격 승계 ○ | (1) 당연승계(제233조 이하) ➡ 실체법상 포괄승계 원인 발생(예 사망, 합병 등) (2) 특정승계(소송물의 양도) ┬ 자발 : 참가승계(제81조) 　　　　　　　　　　　　　　└ 강제 : 인수승계(제82조) ┬ 교환적 인수 　　　　　　　　　　　　　　　　　　　　　　　　　└ 추가적 인수 | |

## 1. 의의
①  임의적 당사자변경은 소송계속 중에 당사자가 될 사람을 잘못 삼은 것이 판명되거나 또는 어느 일부의 사람을 누락한 때에 이를 보정하기 위하여, 실체관계에 변동이 없음에도 불구하고 당사자의 의사에 따라 절차상 당사자를 바꾸는 것을 말한다.
② 당사자표시의 변경 전후에 있어서 당사자의 동일성이 있는 경우에는 당사자표시정정이고, 동일성이 없는 경우에는 임의적 당사자변경이라고 풀이하는 것이 일반적이다.

## 2. 허용 여부
명문의 규정이 있는 경우를 제외하고는 그 **경위가 어떻든 간**에 **형식 여하**를 불문하고 **일체의 임의적 당사자변경의 형태**를 불허 → ∴ 통상공동소송인의 추가나 원고경정은 불허

## 3. 누락된 자의 추가
(1) 고유필수적 공동소송인의 추가(제68조)
  ① [**의의 및 성질**] – 필수적 공동소송인 가운데 일부가 누락된 경우에는 원고의 신청에 따라 누락된 사람을 추가하는 것으로서(제68조), **신소 제기**의 **성질**을 가진다(∴ 서면에 의한 신청).
  ② [**요건**] – **필**수적 공동소송인 중 일부가 누락된 경우 + **공**동소송의 요건 구비 + 제**1**심 변론종결 전 + **원**고측 추가의 경우 추가될 당사자의 **동**의 필요
  ③ [**효과**] – ⅰ) 처음의 소가 제기된 때에 추가된 당사자와의 사이에 소가 제기된 것으로 본다(제68조 제3항). 따라서 시효중단과 기간준수의 효과는 소장제출시에 소급하여 발생한다. ⅱ) 종전의 필수적 공동소송인의 소송수행결과는 유리한 소송행위인 경우에 추가된 당사자에게도 효력이 미친다.

(2) 예비적·선택적 공동소송인의 추가(제70조, 제68조 준용)
  ① [**의의**] – 원·피고 사이에 소송계속중 제1심 변론종결시까지 당사자를 추가하여(제68조 준용), 후발적으로 예비적·선택적 공동소송으로 할 수 있다(제70조).
  ② [**요건**] – **예**비적·**선**택적 공동소송인 중 일부가 누락된 경우 + **공**동소송의 요건 구비 + 제**1**심 변론종결 전 + **원**고측 추가의 경우 추가될 당사자의 **동**의 필요

## 4. 피고의 경정(제260조, 제261조, 제265조)
  ① [**의의 및 성질**] – 원고가 피고를 잘못 지정한 것이 분명한 경우에 제1심 법원이 변론을 종결할 때까지 원고의 신청에 따라 결정으로 피고를 경정하는 것으로서(제260조), **신소 제기 및 구소 취하의 실질**을 가진다(∴ 서면에 의한 신청 + 피고의 본안변론시 동의 要).
  ② [**표시정정과 피고경정의 구별**] – **동일성 유무** : 당사자표시의 변경 전후에 있어서 당사자의 동일성이 있는 경우에는 당사자표시정정이고, 동일성이 없어서 새로운 사람을 끌어들이는 경우라면 피고경정이다.

③ [**요건**] – 원고가 피고를 잘못 지정함이 **명**백할 것 + 소송물이 **동**일할 것 + 제**1**심 변론종결 전일 것 + 피고가 본안변론한 때에는 피고의 **동**의를 얻을 것

※ [**비교**] (**의무자 혼동 사안의 경우 피고를 잘못 지정함이 명백한 경우에 해당하는지 여부**) – 청구취지나 청구원인의 **기재내용 자체로 보아** 원고가 법률적 평가를 그르치는 등의 이유로 **피고의 지정이 잘못된 것이 분명한 경우** 등을 말하고, 피고로 되어야 할 자가 누구인지를 증거조사를 거쳐 사실을 인정하고 그 인정된 사실에 터 잡아 법률 판단을 해야 인정할 수 있는 경우는 이에 해당하지 않는다.

④ [**효과**] – ⅰ) 경정허가결정이 있는 때에는 **종전의 피고에 대한 소는 취하**된 것으로 **본다**(제261조 제4항). / ⅱ) 경정된 피고에 대한 소 제기의 효과, 즉 **시효중단이나 기간준수의 효과**는 **경정신청서 제출시 발생**한다(제265조). 이 점이 고유필수적 공동소송인의 추가와 다르다.

## Set 80  소송승계

### 1. 의의

소송승계란 소송계속 중에 소송목적인 권리 또는 의무의 실체관계(당사자적격)가 변동한 결과, 이에 따라 제3자(승계인)가 새로운 당사자가 되어 종전당사자의 소송상 지위를 이어 받는 것을 말한다. 그 유형으로는 당연승계와 특정승계가 있고, 특정승계는 다시 참가승계와 인수승계로 나뉜다.

### 2. 당연승계

① [**의의**] – 소송계속 중 실체법상 포괄승계가 있는 때에 제3자가 법률상 당연히 당사자 지위를 취득하는 경우를 말한다. 다만 승계인이 곧바로 소송수행을 할 수 있는 것은 아니므로 소송절차의 중단·수계라는 절차적 규정을 마련하고 있다.

② [**참칭수계인의 수계신청과 소송계속 중 발견한 법원의 조치 및 간과한 경우의 효과**] – ⅰ) 당사자의 사망으로 인한 소송수계 신청이 이유 있다고 하여 소송절차를 진행시켰으나 그 후에 **신청인이 그 자격없음이 판명된 경우**에는 **수계재판을 취소**하고 **신청**을 **각하**하여야 한다. / ⅱ) 만약 **법원이 수계재판을 취소하지 아니하고** 수계인이 진정한 재산상속인이 아니어서 청구권이 없다는 이유로 **본안에 관한 실체판결을 하였다면** **진정수계인에 대한 관계**에서는 **소송은 아직도 중단상태**에 있다고 할 것이다. / ⅲ) 다만 참칭수계인에 대한 관계에서는 판결이 확정된 이상 기판력을 가진다.

### 3. 특정승계(제81조, 제82조)

(1) 의의·유형 및 성질

① [**의의**] – 소송계속 중 소송물인 권리관계에 관한 당사자적격이 특정적으로 제3자에게 이전됨으로써 소송을 인계받게 되는 경우를 특정승계라 한다. 그 유형에는 승계인이 자발적으로 소송을 승계하는 참가승계와 종전당사자가 양수인을 강제로 소송에 끌어들이는 인수승계가 있다.

② [**참가승계**] – 소송계속 중 소송목적인 권리 또는 의무의 전부나 일부를 승계하였다고 주장하며 독립당사자참가신청의 방식으로 스스로 참가하여 새로운 당사자가 되어 소송을 승계하는 경우로서(제81조), **소 제기의 실질**이 있다.

③ [**인수승계**] – 소송계속 중 소송목적인 권리 또는 의무의 전부나 일부의 승계가 있는 경우 종전 당사자의 인수신청에 의해 승계인인 제3자를 새로운 당사자로 강제로 끌어들이는 것을 말한다(제82조). 피고 측으로의 인수참가신청은 **소 제기의 실질**이 있다.

(2) 요건

1) 참가승계

① [**일반**] – 타인 간의 소송**계**속 중 + 소송의 목적인 권리·의무의 전부 또는 일부의 **승**계

② [**타인 간의 소송계속 중**] – **사실심의 변론종결 전**에 한하여 **허용**되며, **상고심에서는 불허**한다.

③ [**소송의 목적인 권리의무의 승계**] – ⅰ) (**승계의 원인**) : 소송승계의 원인으로는 **소송물인 권리관계 그 자체**가 양도된 경우뿐만 아니라, 그 권리관계가 귀속되는 **계쟁물**(물건)이 **양도**되어 당사자적격이 이전된 경우도 포함된다. / ⅱ) (**승계의 범위**) : 참가승계·인수승계에서의 승계인과 변론을 종결한 뒤의 승계인(제218조 제1항)을 통일적으로 처리한다. 따라서 (ㄱ) **소송물인 권리관계 자체의 양수인은 승계인에 해당**하고, (ㄴ) **계쟁물의 양수인은 청구권의 성질이 채권적 청구권의 경우에 양수인은 승계인에 해당하지 않지만, 물권적 청구권의 경우에 양수인은 승계인에 해당**한다.

※ [**비교**] (채권양도와 승계참가신청) – ① **채권을 양수하기는 하였으나 아직** 양도인에 의한 통지 또는 채무자의 승낙이라는 **대항요건을 갖추지 못하였다면 채권양수인**은 채무자와 사이에 **아무런 법률관계가 없어** 채무자에 대하여 **아무런 권리주장을 할 수 없고**, 양도인이 채무자에게 채권양도통지를 하거나 채무자가 이를 승낙하여야 채무자에게 채권양수를 주장할 수 있다. 이에 따라 **채권양수인이** 소송계속 중의 승계인이라고 주장하며 **참가신청을 한 경우**에, **채권자로서의 지위의 승계가 소송계속 중에 이루어진 것인지 여부는 채권양도의 합의가 이루어진 때가 아니라 대항요건이 갖추어진 때를 기준으로 판단**하여야 한다. ② 반면, 민사소송법 제81조의 권리승계참가는 소송의 목적이 된 권리를 승계한 경우뿐만 아니라 채무를 승계한 경우에도 이를 할 수 있으나, 다만 그 승계는 소송의 계속 중에 이루어진 것임을 요함은 위 법조의 규정상 명백하다. 그러므로 **소송이 계속되기 전에 권리를 양수한 경우**에는 특단의

사정이 없는 한 **승계참가의 요건이 결여된 것으로서** 그 참가인정은 **부적법**한 것이라고 볼 수밖에 없다.

2) 인수승계

① [**일반**] - 타인 간의 소송**계**속 중 + 소송의 목적인 권리·의무의 전부 또는 일부의 **승**계
② [**타인 간의 소송계속 중**] - 참가승계와 동일
③ [**소송의 목적인 권리의무의 승계**] - 참가승계와 동일

※ [**비교**] (**면책적 채무인수와 중첩적 채무인수의 경우 인수참가신청 인정 여부**) - ① 채무자의 채무를 소멸시켜 당사자인 채무자의 지위를 승계하는 이른바 **면책적 채무인수**는 위 조항에서 말하는 **승계인**에 **해당**한다고 볼 수 있지만, ② **중첩적 채무인수**는 당사자의 채무는 그대로 존속하며 이와 별개의 채무를 부담하는 것에 불과하므로 **승계인에 해당하지 않는다.**

※ [**비교**] (**공유지분의 일부양도와 승계참가신청 및 인수참가신청의 인정 여부**) - 공유물분할청구에 관한 소송계속 중 변론종결일 전에 공유자 중 1인의 공유지분 일부가 제3자에게 이전된 경우, 변론종결 시까지 민사소송법 제81조에서 정한 **승계참가**나 민사소송법 제82조에서 정한 **소송인수 등의 방식으로 일부 지분권을 이전받은 자가 소송의 당사자가 되었어야 함**에도 그렇지 못하였다면 위 소송 전부는 부적법하다(※ [**정리**] - **공유물분할청구권**은 공유지분에 기한 형성권이고, **그 법적 성격상 물권적 청구권에 준하여 처리**함이 타당하다. 따라서 공유물분할청구에 관한 소송계속 중 공유지분을 양수한 자는 **계쟁물 승계인**에 **해당**한다고 보아야 한다).

(3) 신청절차와 심판

1) 참가승계

① [**절차·참가의 형태**] - 참가신청은 독립당사자참가의 신청방식에 따라서 하므로 반드시 **서면**에 의하여야 한다. → ※ [**형태**] : i) **전주가 승계사실을 다투지 않는 경우**에는 **편면참가**를 하게 되며, / ii) **피참가인과 참가인 사이**에 양도의 유무나 효력에 관한 **다툼이 있는 경우**에는 **쌍면참가**를 하게 되고, 이때에는 독립당사자참가에 준하여 처리하므로 제79조를 적용하여 심판한다.

② [**심판**] - 참가신청은 **소 제기**의 **실질**이 있으므로, 참가요건은 직권조사사항으로서 소송요건에 해당한다. 따라서 i) 법원은 **참가요건에 흠이 있는 때에는** 판결로 **참가신청을 부적법 각하**하여야 한다. / ii) 다만 **승계인에 해당하는지 여부**(승계사실의 유무)는 참가인의 **주장 자체**(참가이유)**로 판단**한다.

※ [**비교**] (**본안심리 결과 승계의 효과가 인정되지 않는 경우 법원의 조치**) - 본안심리의 결과 승계가 인정되지 않으면 법원은 **청구기각**의 **판결**을 하여야 한다(예 **채권양도가 금지특약의 위반이나 소송행위를 하게 하는 것을 주목적으로 한 경우**).

2) 인수승계

① **[절차·참가의 형태]** – 인수신청의 방식에 관하여는 특별한 제한이 없으므로 서면 또는 말로 할 수 있다(제161조). → ※ **[형태]** : ⅰ) 소송목적인 채무 자체를 제3자가 승계한 경우에는 **교환적 인수**를 하게 되며, / ⅱ) 소송목적이 된 채무 자체의 승계가 아니라 소송의 목적이 된 채무를 전제로 '**새로운 채무**'가 생김으로써 제3자가 새로 피고적격을 취득한 경우에는 **추가적 인수**를 하게 된다.

※ [비교] (추가적 인수의 허용 여부) – ⅰ) (부정 예) : 소송당사자가 민사소송법 제82조의 규정에 의하여 제3자로 하여금 그 소송을 인수하게 하기 위하여서는 그 <u>제3자가 소송계속 중 그 소송의 목적된 채무를 승계하였음</u>을 전제로 하여 그 제3자에 대하여 인수한 소송의 목적된 채무이행을 구하는 경우에 허용되고, 그 **소송의 목적된 채무와는 전혀 별개의 채무의 이행을 구하기 위한 경우**에는 **허용될 수 없다** 할 것이므로, 본건 소송의 목적된 채무인 본건 건물철거 채무의 승계를 전제로 한 그 건물의 철거채무와는 전혀 별개의 채무인 본건 건물에 관하여 상대방 등 명의로 경료된 각 등기의 말소채무의 이행을 구하기 위한 본건 신청은 <u>부적법하다</u>. / ⅱ) (긍정 예) : **<u>공유물분할청구에 관한 소송계속 중 공유지분의 일부양도 사안</u>**이나 **<u>이전등기말소소송의 피고가 제3자에게 다시 이전등기를 하였을 때에 제3자도 피고로 하여 그에게 이전등기말소청구를 하기 위한 인수참가신청</u>**은 <u>허용</u>된다.

② **[심판]** – 인수신청이 있으면 법원은 당사자와 제3자를 심문하여 신청의 허부에 대한 결정을 한다(제82조 제2항). 이 경우 **승계인에 해당하는지 여부**(승계사실의 유무)는 **신청인의 주장 자체**(신청이유)**로 판단**한다. 즉 소송계속 중에 소송목적인 의무의 승계가 있다는 이유로 하는 소송인수신청이 있는 경우에 **신청의 이유로서 주장하는 사실관계 자체에서 그 승계적격의 흠결이 명백하지 않는 한 결정으로 그 신청을 인용하여야 한다.**

※ **[비교]** (인수결정 후 승계인이 아님이 밝혀진 경우 법원의 조치) – 승계인에 해당하는가의 **여부**(승계효과의 유무)는 피인수신청인에 대한 **청구의 당부와 관련하여 판단할 사항**으로 심리한 결과 승계사실이 인정되지 않으면 <u>청구기각의 본안판결</u>을 하면 되는 것이지 인수참가신청 자체가 부적법하게 되는 것은 아니다(예 면책적 채무인수에서 채권자의 승낙이 없는 경우).

(4) 효과

1) 참가승계

① **[시효중단·기간준수의 효과]** – 참가신청을 하면 참가시기에 관계없이 소송이 법원에 처음 계속된 때에 **소급**하여 시효의 중단 또는 법률상 기간준수의 효력이 생긴다(제81조).

② **[종전당사자가 한 소송수행결과에의 구속]** – 승계인은 독립당사자참가와 달리 전주의 소송상 지위를 승계하므로, 유·불리를 불문하고 참가할 때까지 전주가 한 소송수행의 결과에 구속된다.

2) 인수승계
① [**시효중단·기간준수의 효과**] – 참가승계와 동일(제82조 제3항, 제81조)
② [**종전당사자가 한 소송수행결과에의 구속**] – 참가승계와 동일

(5) 종전당사자의 지위와 소송탈퇴
1) 탈퇴한 경우의 소송관계
① 전주라고 하여도 이미 계쟁물을 양도한 이상 **상대방의 승낙을 얻어 탈퇴**할 수 있고, 이 경우 **전주는 당사자적격을 상실**한다. 따라서 전주와 상대방 사이의 소송관계는 소송탈퇴로 적법하게 종료된다.
② 결국 소송은 승계참가인과 상대방 사이에서 계속되고 **통상의 이당사자대립구조**가 된다. **탈퇴자에게는 판결의 효력이 미친다**(제80조).

2) 탈퇴하지 못한 경우의 소송관계
① **전주가 승계 여부에 대해 다투지 않으면서도 전주의 소송탈퇴에 「상대방이 동의하지 않아」 탈퇴하지 못한 경우**, 최근 전원합의체 판례는 "원고 승계참가인과 피참가인인 원고의 중첩된 청구를 모순 없이 **합일적으로 확정할 필요성** 등[→ 권리승계형 **승계참가의 경우**에도 원고의 청구가 그대로 유지되고 있는 한 독립당사자참가소송이나 예비적·선택적 공동소송과 마찬가지로 **필수적 공동소송에 관한 규정을 적용하여** 같은 소송 절차에서 두 청구에 대한 판단의 모순, 저촉을 방지하고 이를 **합일적으로 확정할 필요성이 있다**. 민사소송법 **제81조**는 승계인이 독립당사자참가에 관한 **제79조에 따라 소송에 참가할 것을 정하는데, 제79조는 제2항에서** 필수적 공동소송에 관한 특칙인 **제67조를 준용**하고 있으므로, **제81조**는 승계참가에 관하여도 **필수적 공동소송에 관한 특별규정을 준용할 근거가 된다**]을 종합적으로 **고려**하면, 소송이 법원에 계속되어 있는 동안에 제3자가 소송목적인 권리의 전부나 일부를 승계하였다고 주장하며 민사소송법 **제81조에 따라 소송에 참가한 경우, 원고가 승계참가인의 승계 여부에 대해 다투지 않으면서도 소송탈퇴, 소 취하 등을 하지 않거나 이에 대하여 피고가 부동의하여 원고가 소송에 남아 있다면** 승계로 인해 중첩된 원고와 승계참가인의 청구 사이에는 **필수적 공동소송에 관한** 민사소송법 **제67조가 적용**된다. 그러므로 종래 통상공동소송 관계에 있다는 취지로 판단한 판결을 비롯하여 그와 같은 취지의 판결들은 이 판결의 견해에 배치되는 범위 내에서 이를 모두 변경하기로 한다."고 하였다.
② 다만 「**피참가인과 참가인 사이에 승계의 유무나 효력에 관한 다툼**」이 있어서 전주가 소송에서 **탈퇴하지 못한 경우**에는 독립당사자참가와 마찬가지로 3면소송관계가 성립하므로 **독립당사자참가에 준하여 처리**한다. 따라서 이 경우에는 제79조를 적용하여 심판한다.

## 박문각 법무사

# 이혁준 민사소송법
## 2차 | 핵심 암기장

**초판 인쇄** 2025. 8. 20. | **초판 발행** 2025. 8. 25. | **편저자** 이혁준
**발행인** 박 용 | **발행처** (주)박문각출판 | **등록** 2015년 4월 29일 제2019-0000137호
**주소** 06654 서울시 서초구 효령로 283 서경 B/D 4층 | **팩스** (02)584-2927
**전화** 교재 문의 (02)6466-7202

이 책의 무단 전재 또는 복제 행위를 금합니다.

정가 15,000원
ISBN 979-11-7262-929-8

저자와의
협의하에
인지생략